职业能力提升指定教材

职业生涯规划
概念知识手册

［加］Jeff Deniels 著

天向互动教育中心 编译

清华大学出版社
北京

职业生涯规划：概念知识手册

北京市版权局著作权合同登记号 图字：01-2009-2616 号

图书在版编目(CIP)数据

职业生涯规划：概念知识手册/(加)丹尼尔斯(Deniels. J.)著；天向互动教育中心编译.
—北京：清华大学出版社，2009. 6(2024. 5重印)
书名原文：Concepts and Knowledge Manual of Career Planning
ISBN 978-7-302-20334-6

Ⅰ. 职… Ⅱ. ①丹… ②天… Ⅲ. 职业选择—手册 Ⅳ. C913. 2-62

中国版本图书馆 CIP 数据核字(2009)第 083977 号

责任编辑：徐学军
责任校对：王荣静
责任印制：丛怀宇

出版发行：清华大学出版社
网　　址：https://www.tup.com.cn，https://www.wqxuetang.com
地　　址：北京清华大学学研大厦 A 座　　**邮　　编**：100084
社 总 机：010-83470000　　**邮　　购**：010-62786544
投稿与读者服务：010-62776969，c-service@tup. tsinghua. edu. cn
质 量 反 馈：010-62772015，zhiliang@tup. tsinghua. edu. cn
印 装 者：三河市铭诚印务有限公司
经　　销：全国新华书店
开　　本：185mm×230mm　　**印　张**：14. 75　　**字　　数**：301 千字
版　　次：2009 年 6 月第 1 版　　**印　　次**：2024 年 5 月第 28 次印刷
定　　价：38. 00 元

产品编号：033471-01

教材编审委员会

序　言

近一段时间，我们听到的最频繁的词就是“危机”。不知不觉中，我们进入了一个充满危机的世界。金融海啸和随之而来的经济危机，引发了诸多如就业率下降、失业人数剧增、工资停滞不前、购买力疲软、生活水准滑落等等一系列危机。尽管我们能理解，人类社会从繁荣到危机，或从危机到繁荣，是经济发展、科技进步和社会不断变革向上的必经循环过程。但是，面对危机给生活带来的真切挑战，每一个人都只能自强不息地应对。因此，不断提升自己的职业能力才是硬道理。

我高兴地向大家——即将走出校园、走向社会的青年人推荐这一套职业能力提升系列教材。这套教材针对大学毕业生这个特殊的群体，根据其特点设计了职业生涯规划课程、就业辅导和创业辅导等三大课程，按照大学毕业生走向社会、实现职业化的四个步骤，通过三期规划和训练，在不同发展阶段为其提供了相应的职业能力提升解决方案。我们可以通过下图，一目了然地了解这套方案的核心内容。

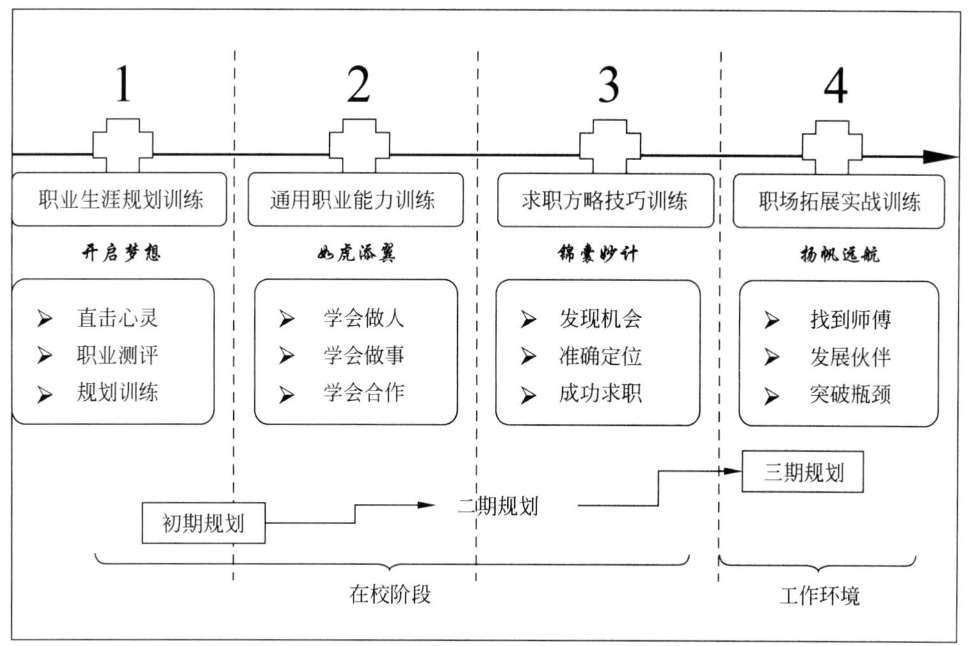

职业能力提升解决方案图示

实践证明，这套方案很好地弥补了现行高等教育在职业生涯设计和就业、创业训练方面的不足，为大学生进入社会、实现职业化提供了良好准备，是大学生从入学到毕业的就业准备过程中的一个良好的专业化一站式解决方案。

我们希望，广大高等院校正在学习和即将毕业的同学们，能够认清自己的优势和劣势，尽快走出应试教育脱离实际应用的影响，勇敢地投身到职业生涯设计、就业训练和创业训练的社会实践中去，实现自己人生的梦想。只要努力，每个人都能达到梦想成真的境界。

中国就业促进会副会长
中国民办教育协会副会长
北京大学中国职业研究所所长
首都经济贸易大学博士研究生导师
中华职业教育社专家委员会副主任
中国就业培训技术指导中心学术委员会主任
人力资源和社会保障部职业技能鉴定中心学术委员会主任
2009 年 5 月 15 日

编 译 者 序

大学生的就业已经成为关系到国计民生的一个大问题，每年数以万计的大学生满怀抱负和梦想走上社会，可是迎接他们的却是残酷的现实。很多大学生不禁要问：究竟怎么样才能凭其所学找到满意的工作呢？如何才能获得职业生涯的成功呢？究竟有没有一本既有深度，读起来又不枯燥的书来指导就业呢？

《职业生涯规划》这套教材是引自国外先进资源，经过数位专家呕心沥血的本土化改造而形成的一本教材。该教材一个最大的特点是：以活动为导向，通过真实的职业生涯案例去剖析有关大学生职业生涯规划的相关问题。书中以睿智的指引来取代大段的学说，将职业生涯规划的知识和理论贯穿在真实的案例中。也正因为这个特色，本书受到了业界资深人士的赞许。

一、资源体系

《职业生涯规划——概念知识手册》简称《概念知识手册》是职业生涯规划课程的主教材，除此之外，职业生涯规划课程还包括：《行动训练手册》、"实训学习包"（参见图1）。《行动训练手册》及"实训学习包"可以指引学习者上网学习和训练。

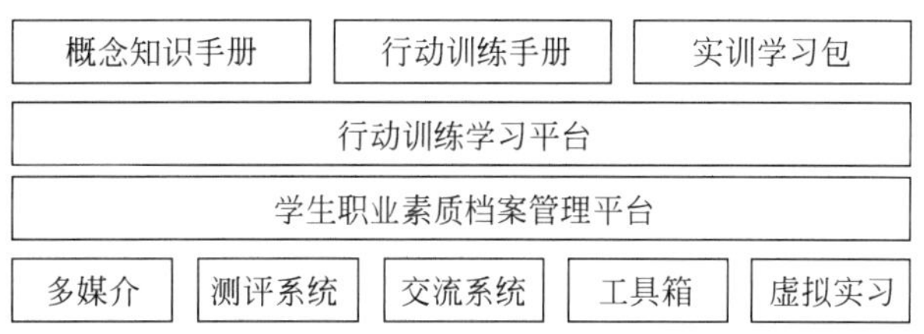

图1　职业生涯规划课程资源体系

《概念知识手册》是本课程的主要教学媒体，学习的主要内容来源于文字教材。文字教材内容充实，既有一般阐述，又有案例引导，还有活动实践与网上实训，可读性强，兼具知识性和实用性。文字教材引用的一些案例对学习和理解课程内容有很大的帮助。

本课程还设计了《行动训练手册》用于指导学生自主学习。其内容包括学习方法、学习步骤、练习题、模拟题和大作业，以帮助学生尽快了解本课程的主要内容，有的放矢地进行学习，从而取得最佳的学习效果。

本课程在互联网上设置了互动专区，帮助学生更好地理解和运用教材中的知识，真正将知识运用于实践之中。

二、内容结构

本课程依照职业生涯规划的相关理论，将职业生涯规划过程归纳为连续的七个步骤，即本书的7个章节，在每一个大的步骤下面又设计了若干个活动，即教材中的小节。课程的章节脉络十分清晰，如图2所示。

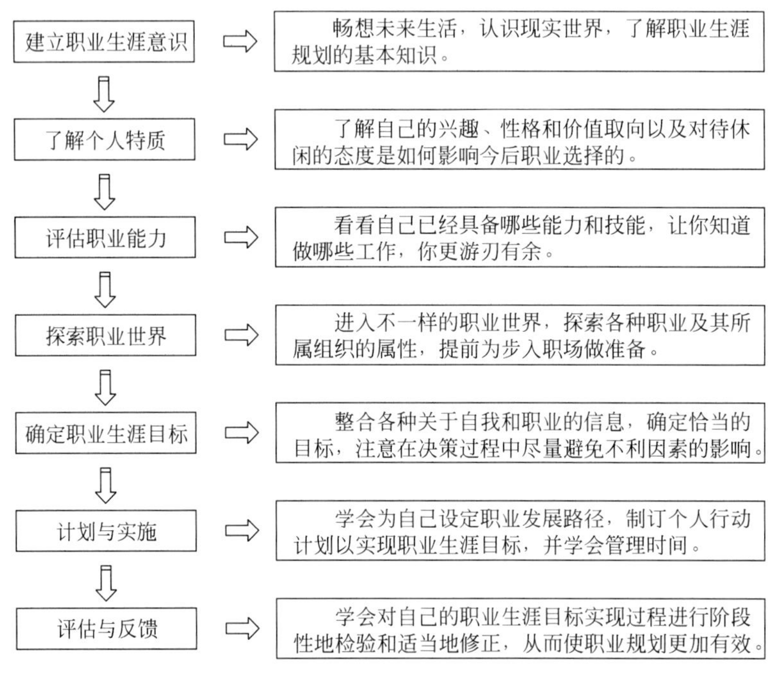

图2 《职业生涯规划——概念知识手册》内容结构

三、学习导航

主教材采用“活动＋实践”的结构，通过前导性的活动导图和活动思考、理论性的预备知识、技能性的实践操作、综合性的活动实践等元素，同时结合网络资源，全面提升学习者的学习效率和效果。具体元素的作用说明如下：

章前页： 对相应范围的内容做出介绍。

A  活动思考： 针对本章导言，提出各章学习的重点问题。

B  活动导图：以活动导图的方式介绍内容，并在出现活动实训的章节旁边做了标注。

C  生涯故事：给出与内容相关的案例材料，并引导学员进行讨论，然后解决案例中的实际问题，给出指导和总结。

D 活动实践：紧密地结合上下文的知识点，通过问题思考及训练，解决实际问题，进一步理解并掌握书中的内容。

E  活动实训：与本书相关的实训平台，包括测评、训练、练习、视频等网络资源。

F 活动知识：活动实践和案例的背景知识。

G  名人名言：引发读者的思考与共鸣，加深读者对教材内容的理解和记忆。

H  补充资料：对书中讲到的知识做进一步的补充，使知识体系更加完善。

I  本章小结：对章节内容进行回顾，强调重点、难点和知识点。

J  关键词：提取本章重要的概念。

四、课程特色

职业生涯规划是一门实践性较强的课程，在本书的编写过程中，我们一直以帮助读者有效地学会职业生涯规划的理论和方法为最终目标。为了达到这个目标，我们特意在本套课程中设置了两个环节：一是建立一套网络实训平台，作为书面教材的拓展，最大程度地实现以“活动为主”的理念；二是专门为教材编写了一系列故事，期望读者从教材中的人物身上找到自己的努力方向。

职业生涯规划实训平台(www.woshibao.com)作为职业生涯规划课程的网络实训平

台，利用互联网的便利与数据处理快捷的优势，实现了对课程理论知识及工具方法的实践演练。其具有以下一些特点：

(1) 平台的功能模块与主教材的章节一致，并且模拟现实环境，进行活动实践，便于学习者应用和操作。

(2) 平台实践与教材的理论相结合，是和教材内容相对应的同步练习，以增强学习的效果，提高学习者自主学习的积极性。

(3) 资料库收集了丰富的学习资料，引导学习者从有限的书本知识延伸到更为广阔的领域，拓宽学习者的视野，丰富学习者的知识。

(4) 给学习者提供了一个自我认识、自我了解和自我挖掘的平台，为今后的职业生涯打下了牢固的基础。

我们从大量职业生涯相关的案例和事件中，筛选出有代表性的一部分作为生涯故事的内容奉献给读者，另外还专门挑选了三位在学生当中很有代表性的形象作为贯穿全书的线索，陪伴读者一起学习。三位主人公的故事来源于真实的故事，贴近学生生活，对读者具有现实的指导意义。以下是三位主人公的简单介绍。

小强是一所重点大学软件工程专业的大一新生。由于生活在知识分子家庭，小强从小养成了独立、上进、热爱思考的性格。上大学是父母的期望也是小强梦寐以求的愿望，如愿以偿考取了自己心仪的学校之后，小强决心利用在学校学习的宝贵时光为今后自己的发展打下坚实的基础……

一向是好学生的农村学生小进高考时意外落榜，为了减轻家里的负担，他最终选择了一所高等专科学校学习工商管理专业，入学后的小进似乎还没有走出高考失利后的阴影，变得消极、迷茫，对一切失去了兴趣，曾经的理想、抱负都烟消云散……

小米对自己的评价就两个字：普通。生长在一个普通的家庭，从小到大在学习上普普通通，成绩不好也不坏，属于老师很少注意、在班上也不特殊的学生。由于是家里唯一的孩子，父母总是为小米安排好一切，就连现在就读的学校和专业都是父母为她挑选的。小米本身就是个内向、安静的孩子，因此也很享受父母的这种呵护，凡事听从他们的安排。如今小米要离开父母到外地上学，她的生活也将发生巨大的变化……

小强在学校中将如何安排自己的生活？如何在校园里一显身手？小进会一直沉迷颓废下去吗？在他的生活中还会遇到怎样的挫折？小米能适应离开父母的生活吗？她将如何独自应对各种问题？三位主人公的成长历程一直贯穿全书，在本书的学习过程中，他们将陪伴读者一起学习、成长，我们可以把主人公作为镜子去观察自己的迷茫和困境，也可以把主人公当做榜样，共同学习怎样在现实与理想之间架起桥梁——职业生涯规划，通过这座桥梁和主人公一起在通往成功与幸福的道路上前进……

本书的编写过程中，天向互动教育中心和职业生涯规划课程的教材编写委员会的人员付出了大量的心血，许多国内外学者、专家人士也给予了悉心指导和热情帮助，限于篇幅，这里不能一一列出。在此，谨对所有关心和支持职业生涯规划课程教材的各界人士表示由衷的感谢！

目　录

开篇　三位学子的成长

有人说：大一的时候你不知道自己不知道

大二的时候你知道自己不知道

大三的时候你不知道自己知道

大四的时候你知道自己知道

认真品读，我们会觉得它就是我们大学生活的缩影，行进在一段段探索的道路上，在迷茫与顿悟之间徘徊。在本书中，三位主人公也遇到过同样的困境，但是他们用行动一步步走出迷茫，走向希望。如果你愿意和我们的主人公一样去改变，去一步步走向成功，先学会它——职业生涯规划！

小强　独立、上进、热爱思考。在一所重点大学学习软件工程专业。

小强生活在知识分子家庭，父亲在一所中等师范院校担任领导职务，母亲是中学教师，一家三口生活充满了温馨。但因父母一直都很忙，使得小强从小学会了自我管理，就像个小大人似的，独立性强、遇事有主见、做事有条理。

初中、高中，小强一直担任班长，品学兼优。如今又顺利地进入了他喜欢的大学、所向往的专业。“春风得意马蹄疾”，进入大学的小强踌躇满志，谋划着美好的大学生活。小强觉得要想为自己的将来打好基础，专业知识一定要学扎实。此外，做学生工作是一个不错的选择，能够锻炼多方面的能力。还有，跨入大学也算迈入半个社会了，倒不妨先到社会上锻炼一下自己。

于是小强为自己定下了新的目标，即首先要竞选班干部，锻炼自己的领导才能。在接到大学录取通知书的那一天，小强就开始了筹划。他认真清点自己的能力、长处，并积极做着竞选的准备。机会总是眷顾有准备的人，入学的第一项工作，就是班长竞选，小强过关斩将，如愿以偿。

小强明白，过去的成就不能代表未来的成功，日子还久，路还长，接下来要做的事还很多……

小进　消极、迷茫、对事物缺乏兴趣。在某高等专科学校学习工商管理专业。

从小学到高中，小进一直是十里八村夸赞的好学生，意外的高考失利使他和理想的大学失之交臂。他想回学校复读，父母从家庭经济考虑，想把他送进一所费用很低的学校。看着父母被太阳晒得黝黑，被岁月侵蚀得沟壑纵横的脸，他接受了命运的安排……

来这里之前，他对学校一无所知。因为知与不知，在他看来已无关紧要，自己生在土窝窝里，又进了这么一所不入流的大学，还谈什么梦想啊，成功啊……唉！不过混日子而已……小进除了心不在焉地上课——反正以他的智力各门功课拿个及格不成问题，就是整天呆在宿舍上网聊天、打游戏，从不参加学校、班级的任何活动。

时间就这样悄悄溜走，转眼间大一结束了。暑假结束返校时，父母递给他一个小包，里面是他半年的生活费。看着父母满是皱纹的脸，小进一下子感觉心被掏空了……

回到学校，他变得六神无主，无心听课，无心上网聊天，他怀疑自己是不是得了抑郁症。偶然的一天，路过通宵自习室，看到满教室的同学正在静静地看书，小进心猛地一震。这情景是多么熟悉！以前的我也曾这样勤奋努力，每天在教室或图书馆看书，甚至为此而错过饭点，而今……想到这里，小进心中涌起一股莫名的羞愧。

小进觉得心中隐隐作痛，似乎有一种东西在慢慢苏醒。这一年自己都做些了什么？那个自尊、自强的我哪里去了？我也可以去考研，我也可以去做兼职，我可以做的其实很多很多……

小米　乖巧、娴静、喜欢吉他。在某经贸外语学院学习人力资源管理专业。

她生在一个普通的家庭，虽不富裕，却和睦温馨。上大学之前，小米的生活都是由父母安排，遇事由父母做主，除了学习，从不为任何事操心。高中三年，学校几乎是半军事化管理，上课、吃饭、睡觉，都有严格的时间限制。她要做的就是按学校的规定、按老师的要求做事，即一切按程序进行。小米很适应这种生活，刻苦努力，再加上踏实认真，各门功课虽不突出，但也均衡发展。

在父母的安排下，她进了这所没什么名气的大学，接受了自己所学的专业。生活本来如此，小米并没有觉得这样有什么不好。进入大学，一切都变了。首先是父母不在身边，生活琐事全靠自己料理，更糟糕的是学与不学，不再有人督促，全看你自己。任课教师除了上课，很难见到。小米似乎觉得一切秩序都被打乱了，虽然照样按点起床、按点就餐、按课程表去上课，可总感觉心里空落落的，不踏实。一个学期下来，居然有一门功课挂了。老师上课讲的全听了，老师让查的资料全查了，她真不知道自己是怎么学的。

每次和同学聊天，小米总是不免茫然慨叹：我的人生谁来做主？

成长的道路不会是一帆风顺的，或许大家也会像主人公那样，在走向理想彼岸的过程中会遇到各种困惑与难题。在本书的学习中，我们可以把主人公当做一面镜子去观察自己的迷茫和困境，也可以把主人公作为榜样，学习怎样在现实与理想之间架起一座桥梁——职业生涯规划，通过这座桥梁和主人公一起走在通往成功、通向幸福的道路上……

第1章　建立职业生涯意识

每个人都有五光十色的梦想，大学校园里的莘莘学子更是对未来生活充满着憧憬与期待。但是如今世界高速发展、科学技术日新月异，仅抱着美好的憧憬显然是不够的。我们可能会把世界看得太理想化，而不能清楚地认识今天的世界。这个世界有着它独特的规则和魅力，在激发我们用心地去体验和探索。

许多学生可能这么认为：我学了这么多年的知识，难道会看不清楚这个世界？世界再变，“天道酬勤”的道理总不会变的，只要认真学习，门门功课优秀，拿到厚厚的一摞证书，以后走上工作岗位就能获得成功！其实这话并不完全正确，认真学习固然重要，能让你掌握相关的专业知识，为你今后的职业发展铺筑道路，但是如果没有正确的职业规划，仅靠专业技能是不能保证你未来的职业发展一帆风顺的，所以树立正确的、科学的职业生涯意识就显得十分重要。通过本章的活动以及故事中主人公的一些经历，希望帮助你理解这样一些问题：职业对于生活的意义是什么？成功的人生到底需要什么？怎么样才能让求职路一帆风顺？

活动思考

- ❑ 你想象的未来生活是什么样的？
- ❑ 职业对个人生活的意义是什么？
- ❑ 当今的就业形势是怎样的？
- ❑ 影响职业生涯发展的因素有哪些？
- ❑ 谈一谈自己对就业问题的思考和认识。

活动导图

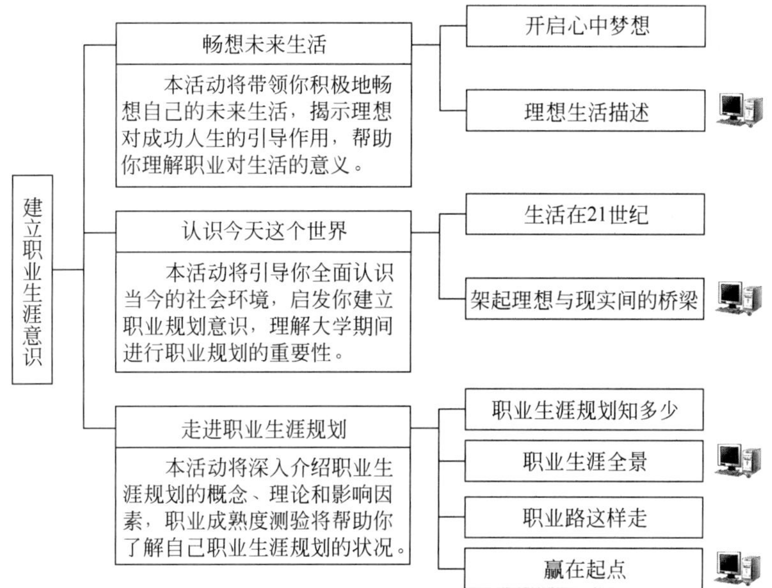

1.1 畅想未来生活

每个人或多或少都喜欢回忆过去并憧憬未来。回忆过去令人羡慕的辉煌，叹息过去惨痛的失败，惋惜过去令人心痛的遗憾；而对未来，时常沉湎于对未来美好生活的幻想之中，有时也会产生对今后未知生活的无端忧虑。然而，昨天已成为过去，明天即将到来，未来才是属于我们的。对于未来，谁都有幻想的权利。不少人曾无数次地在心中勾勒出自己未来的生活图景，也有不少人会迷茫地问自己："我的未来是什么样的？我的人生之路到底该如何去走？"每个人都应设计自己的人生，期待更美好的未来。

1.1.1 开启心中梦想

小的时候，时常会有人问"你长大后想干什么？"你还记得你当时的回答吗？那就是我们梦想的摇篮。每个人都有自己的梦想，却往往因为各种各样的现实，很多人无法实现当初的梦想，也许他们曾经为梦想而奋斗过，也曾经为现实而困惑过、迷茫过。你心中的梦想是什么？你是否还在追梦的途中？下面我们来看看小米的梦想，来了解一下她为什么而困惑。

生涯故事

小米的困惑

大一军训期间，有一天吃过晚饭，管理班全体同学在教室里进行军事知识学习。指导员穿着笔挺的军装站在讲台上，透过指导员威严的表情小米还是从中看出几分慈祥和睿智。

指导员让大家做完自我介绍后，问了大家一个问题：你的理想是什么？每一个人都要说，从第一排开始。

大家开始了对未来的畅想，小米却感到很茫然……

小米从小就喜欢吉他，在读小学和初中的时候父母倒也不反对，同意让小米参加吉他学习班，使得小米一直沉醉在吉他的美丽旋律之中。自从上了高中，学习任务加重，小米的父母开始反对小米学习吉他。可是小米的梦想却是把吉他作为终身的事业，想考音乐学院的作曲专业。对于这样的理想父母坚决反对，认为那是不务正业，作为业余爱好还说得过去，若要把它当成饭吃那是万万不行。小米从小就是爸爸妈妈的乖乖女，在父母的反对下，小米只好挥泪告别了相伴多年的吉他。在小米的努力下，总算考上了一所大学。按照父母的意思学了他们认为有前途的管理专业。爸爸说学这个专业以后可以做厂长、经理。可是父母想让自己做自己就能做成吗？自己的理想怎么办呢？在现实面前，小米那个深藏在内心的理想只能搁浅了……指导员提醒道："小米，该你了。"小米支支吾吾地说："我的梦想是做公司经理。"指导员笑着夸奖小米很聪明，学了自己喜欢的专业。可是，只有小米知道，自己做的只不过是爸爸妈妈喜欢的事情……

【专家指导】

在大学里，很多人有小米这样的迷茫，生活失去了目标，但是又不甘平凡，好像突然站在了十字路口，找不到方向。有时可以选择自己喜欢的环境，有时需要自我调整去适应环境。在人生道路上，我们建议大家：要尽量抓住那些可以供选择的机会，去创造你想要的生活。如果无法选择，不如顺其自然，主动接受，积极面对。

活动知识

理想是成功的翅膀

如果一个人充满信心地朝他的理想迈进，并努力地去争取他想要的生活，他常常会有意想不到的成功。理想是成功的翅膀，有翅膀的鸟儿不一定会飞，没有翅膀的鸟儿就注定以地为归宿。理想与成功是成正比的，只有在人生之路上树立起自己的奋斗标杆，确立最适合自己的人生目标，才能有所成就。对于即将步入社会工作的大学生来说，理想具有更加重要的意义。

- 理想可以使大学生明确自己的人生目标；
- 理想可以给予大学生探索世界的动力；

❍ 理想可以指引大学生的个人行动；
❍ 理想可以帮助大学生树立坚定的生活信念。

1.1.2 理想生活描述

很多人可能对自己的未来感到迷茫，下面的活动能够帮助你去思考未来的生活，你也可以借此机会好好审视一下自己目前的生活状态，无论如何，及时地明确自己的人生目标总是有益无害的。

活动实践

我的理想生活

实践指导：这是一个幻想活动，不需要考虑现实问题，也不需要过多地去思考难题和障碍。你只需发挥你的想象力，运用你的创造性思维，让你的思绪闲庭信步，遐想自己的理想工作和生活是什么样子。下面列出了未来生活中的几个方面供你参考，请勾选出你理想的生活特征(可以选择多个选项)。

❍ 学业成就

1. 你理想中的自己应该获得什么样的教育或培训？

____大专学历　　____学士学位　　____硕士学位
____双学士学位　　____双硕士学位　　____博士学位
____博士后　　____海外留学教育　　____四级证书
____英语六级证书　　____计算机二级证书　　____英语口语证书
____优秀班干部证书　　____学校荣誉证书　　____优秀社团干部证书
____技能证书　　其他________

2. 你理想的专业是____，除此之外，你还想学习____专业。

❍ 工作成就

1. 你希望未来的工作在哪些方面给你带来满足？

____有安全感　　____富有创造性　　____高收入
____有成就感　　____获得权利和地位　　____得到领导认可
____迎接挑战　　____发展新友谊　　____接近自然
____享受家庭　　____有他人支持　　____保持健康
____有独立性　　____影响他人　　____帮助他人
____学习新事物　　____旅行　　____拓展使命
____创造美　　____离家很近　　____兴奋
____运用我的能力　　____发现真理　　____和他人竞争
____展示我的机敏与力量　　____解决问题　　____是团队的核心成员
____展现生活风采　　____获得财富　　____保持清洁
____坚持我的信仰　　其他________

2. 你希望工作的地点是________。

____家里　　____商店　　____学校

____工厂　　____餐馆　　____医院

____博物馆　　____部队　　____图书馆

____剧院　　____公园　　其他________

❍ 娱乐爱好

1. 在学校的大部分时间里,你希望怎样度过?

____一个人　　____和同学　　____和男(女)朋友在一起

____和社团里的朋友　　____去做兼职　　____参加志愿活动

____和家人　　其他________

2. 你理想的休闲活动是________

____体育运动　　____旅游　　____唱歌

____登山　　____舞蹈　　____逛街

____打台球　　____上网　　____看书

____玩乐器　　____绘画　　____打牌

____集邮　　____下棋　　其他________

❍ 家庭起居

1. 你希望自己将来是________。

____单身　　____组建家庭　　孩子数目(理想)____

2. 你希望每天上班的代步工具是________。

____自行车　　____公交车　　____出租车

____私家汽车　　____无所谓

3. 您理想的住宅区,应该是________。

____交通便利　　____临近超市　　____靠近郊区

____在工作单位附近　　____在市中心　　____离朋友家很近

____有休闲娱乐场所　　____有便利的医疗条件　　____有良好治安

____有书店　　____靠近大学

活动实训　我的理想生活

关于我们未来的理想生活,并不仅仅局限于上面列出的内容,还包括我们的交通方式、拥有的朋友、理想的另一半等等。你应该清楚,对自己未来的生活描述得越详细,你对自己未来的目标就会越清晰。在职业生涯规划实训平台上,呈现了更加丰富的关于生活的方方面面,能够帮助你全面描绘未来生活。

❑ 职业生涯规划实训平台
❑ 建立职业生涯意识
❑ 我的理想生活

活动知识

职业对人生的意义

仔细回顾刚才你对未来理想生活的描述，你会发现，职业是你未来生活中不可或缺的一部分。在现代社会中，人生的大部分时间是在工作中度过的，工作时间跨越人生中精力最充沛、知识经验日益丰富和完善的几十年，职业成为绝大多数人生活的重要组成部分。然而，很多人都未曾认真地考虑过自己为什么要选择一种职业？其实，职业赋予我们人生太多美丽的东西。

1. 职业赋予时间更多的意义。

人类在任何时候，都希望有充实感。我们通过学习、工作、休闲，与朋友、亲友交流等方式使时间充实起来。正如作家尤金·得拉克洛尔斯所说，通过工作"我们不但创造产品，而且赋予时间意义"。相信每个人都有过"有时间，而不知道做什么"的无聊。而工作，真正让我们有了有所事事的感觉。

2. 职业赋予我们一个全新而重要的社会角色。

当人们第一次相遇时，首先开始的对话便指向工作："你是做什么的？""你的专业是什么？""你毕业后打算干什么？"当被问到"你是谁"时，绝大多数人会这样回答："一名教师""一名律师"或"一名公司职员"。这里的"教师"、"律师"、"公司职员"，就是我们的社会角色。当我们有一份工作时，就会扮演一定的社会角色，承担一定的社会责任，并得到同学、朋友、家庭及社会的认同。当我们获得一份很有竞争力的工作时，我们会有一种特殊的优越感。如果我们没有工作，就会沮丧、失落，甚至自卑。

3. 职业可以满足我们重要的生活需求。

当被问及工作的缘由时，大多数人可能会说："当然为了谋生。"之所以出现这种情况，原因在于人们对于工作缺乏更深入的认识和理解。虽然工资应该成为工作目的之一，但是从工作中可以获得更多比工资更重要的东西。比如，老板交给的工作任务能锻炼我们的意志，上司分配给我们的工作能发挥我们的才能，与同事的合作能培养我们的人格，与客户交流能训练我们的品性。工作可以丰富我们的思想，增强我们的智慧，发展我们的技能，增加我们的社会经验，提升个人的魅力。金钱、能力、经验、机会，这都是我们在职业中获得的财富。

4. 职业决定我们的生活方式。

选择一个职业，实际上就是选择了一种生活方式。仔细看看我们身边的人，从事不同职业的人是不是具有各自不同的生活方式？在商店做导购员，就意味着要放弃周末的时间为顾客服务；如果当警察就要时刻准备接受命令去解决突发的问题；而一位作家或画家就会有更多可以自由支配的时间。这种不同完全是由其各自的职业特点决定的，然而不同的人享受不同的生活方式。

没错，职业对人们的生活有如此重要的影响。职业赋予人生意义，使我们努力工作以充实时间，实现社会角色，满足生活需要，追求满意的生活方式。因此，我们一定要认真地为将来的职业做准备。

名人名言

➢ 人的活动如果没有理想的鼓舞，就会变得空虚而渺小。

——车尔尼雪夫斯基

➢ 人若没有目标，很快会变得一无所有。有个低微的目标也胜似毫无目标。

——［英］卡莱尔《致丘顿·柯林斯》

➢ 上大学永远都不是生活的最终目标，只是人生路上的一个阶段。

——佚名

1.2 认识今天这个世界

无论我们对未来生活有多么美好的愿望，我们都先要面对今天这个世界，当你了解了职业在过去的十几年中发生的变化，当你看到目前工作者的择业和就职状态时，你就会发现从现在开始认真地对待你将来的职业有多么的重要。

1.2.1 生活在21世纪

21世纪是高科技的时代，是科技、经济、文化、社会协调发展的世纪。世界从来没有像今天这样变化如此之快，科学技术变化的速度是前所未有的。由于社会经济科学技术的快速变化，学习、工作和生活之间的界限已变得越来越模糊不清。如何机智灵活地去适应时代的变化，在眼花缭乱的世界里，看清真正有价值去从事的职业是什么，就必须认识这个变化的世界。只有清醒地认识现在的世界，才能更主动地掌握未来。那么，今天的世界在你的眼里是什么样的呢？

活动实践

生活在21世纪

实践指导：这个活动是一系列关于未来工作正反两方面的陈述。你认为哪种陈述更精确地描述了21世纪？未来难以预测，但是每个人都喜欢预测未来，你也可以加入预测未来的行列，并解释或举例说明你做出这个选择的原因。

21 世纪，将有……

——更多的大学毕业生。
——更少的大学毕业生。

——大学毕业生就业越来越容易。
——大学毕业生就业越来越困难。

——大学学习期间会有更多的实习机会。
——大学学习期间会有更少的实习机会。

——更多的职业选择。
——更少的职业选择。

——大学生的职业素质更高。
——大学生的职业素质更低。

——高技能工作的竞争加剧。
——高技能工作的竞争减少。

——失业更少。
——失业更多。

——工作中更多的个人满足。
——工作中更少的个人满足。

——更多的工作需要综合能力。
——更多的工作需要专业能力。

——更多的工作需要工作经验。
——更多的工作需要自主创新。

——更轻松快乐的工作环境，从业者工作起来变得更开心。
——更单调乏味的工作环境，从业者工作起来变得更沉闷。

——更多有趣而富有挑战性的工作。
——更多机械化、程式化的工作。

——与人接触多、与机器接触少的工作更多。
——与人接触少、与机器接触多的工作更多。

——社会人才观不断改进。
——社会人才观慢慢落伍。

——从业者的工作时间越来越灵活。
——从业者的工作时间越来越不灵活。

——更多的休闲时间或工作外时间。
——更少的休闲时间或工作外时间。

——工作地点更随意。
——工作地点更固定。

——性别和年龄因素给工作机会带来更少的障碍。
——性别和年龄因素给工作机会带来更多的障碍。

——对终身培训和教育的更多需求。
——对终身培训和教育的更少需求。

——更为严重的社会问题(污染、犯罪等)。
——仍有社会问题,但没有现在严重。

——更多强调个性和个人发展。
——服从组织或社会目标的压力越来越大。

——人们之间的社会距离和收入差距更大。
——人们之间的社会地位和收入更加平等。

——更强的家庭纽带和对家庭更强的社会支持。

——父母与孩子隔阂更多。

——收入用于生活必需品的比例升高。
——收入用于生活必需品的比例降低。

——更强调自我利益和"争第一"。
——更强调社会福利和与他人合作。

——更人性化的生活方式。
——更不人性化的生活方式。

当你做完这个练习后，请就你得出的结论跟你的同学和老师交流探讨一下，看看你与大家的看法有什么不同。你觉得自己对现在的就业环境了解多少？你对今后的就业有多大的把握？与他人分享你的学习感悟，将会帮助你理清思路，得到更多有效的建议。

活动知识

变化的世界

无论你是否意识到，我们生活的世界一直在不断地发生着变化，而且变化的速度也越来越快。当今时代，是一个伟大变革的时代，社会环境复杂多变。

1. 社会问题增多。改革开放在促进我国社会和经济高速发展的同时，也带来了人们价值观混乱、城市的就业问题增多、贫富差距增大等系列问题，社会呈现出多种思想观念并存的局面。

2. 全球化的好与坏。经济全球化使得世界范围内的资金、技术、产品、市场、资源、劳动力进行了有效合理的配置，为发展中国家提供了一次迎接机遇和挑战的机会，为世界各国人民提供了选择物美价廉的商品和优质服务的好机会，加速了技术转让和产业结构调整的进程。但全球化的威胁也极其真实，贫富差距日益扩大和社会矛盾急剧恶化。

3. 社会生活变化大。随着市场经济结构的调整，我国社会经济成分、利益分配机制、组织形式、就业方式以及人们生活方式日益多样化。

4. 信息时代发展快。网络信息时代彻底改变了现有的生产、消费观念和生活方式，现阶段以互联网为代表的一系列信息技术已在人们的日常生活中发挥了重要的作用，今后人们可以足不出户，在家中通过互联网就可以完成上班、学习、娱乐和购物等生活和工作事宜。

这种社会生活环境前所未有的复杂性，使人们对世界未来与个人今后生活的期望发生了巨大变化。学生是一个容易为外界感染的群体，对市场经济的种种负面作用"免疫力"不强，自然更容易受到侵蚀。

1.2.2 架起理想与现实间的桥梁

生涯故事

理想与现实有多远

大一的国庆节,学校放假了,刚刚过五关斩六将、在竞选中脱颖而出当上了班长的小强打算回家向父母汇报一下自己的"光辉战绩",顺便放松一下。到家的第一天晚上,小强妈妈烧了几道好菜,爸爸拿出小酒,让儿子也陪几杯。借着酒精的作用,小强把这些年自己的成就一一列举出来,激昂地描绘着未来的宏伟蓝图,言谈之间充满了自信与激情。看着意气风发的儿子,妈妈笑得很开心。同样听着小强的豪言壮语的爸爸似乎无动于衷。酒足饭饱之后,爸爸给小强讲了这样一个故事:

说有一对兄弟,他们的家住在一个公寓的80层楼上。有一天他们外出旅行回来,发现大楼停电了!虽然他们背着大包的行李,但看来也没有什么别的选择,于是哥哥对弟弟说,我们爬楼梯吧。于是,兄弟俩背着两大包行李开始爬楼梯。爬到20楼的时候他们开始累了,哥哥说:"行李太重了,不如这样吧,我们把行李放在这里,等来电后坐电梯来拿。"于是,他们把行李放在了20楼,轻松多了。他们有说有笑地继续往上爬,但是好景不长,到了40楼,两人又累了。想到才只爬了一半,两人开始互相埋怨,指责对方不注意大楼的停电公告,才会落得如此下场。他们边吵边爬,就这样一路爬到了60楼。到了60楼,他们累得连吵架的力气也没有了。弟弟对哥哥说:"我们不要吵了,爬完它吧。"于是他们默默地继续爬楼,终于80楼到了!兴奋地来到家门口兄弟俩才发现他们的钥匙留在了20楼的行囊里了。

说到这里,爸爸问小强:"儿子,你说这个故事说明了什么问题呢?"小强眉头紧锁,似乎明白了什么,似乎又有所困惑。爸爸接着说,这个故事其实就是反映了我们的人生:20岁之前,我们活在家人、老师的期望之下,背负着很多的压力、包袱,自己也不够成熟、能力不足,因此步履难免不稳。20岁之后,离开了众人的压力,卸下了包袱,开始全力以赴地追求自己的梦想,愉快地过了20年。可是到了40岁,发现青春已逝,不免产生许多的遗憾和追悔,于是开始遗憾这个、惋惜那个、抱怨这个、忌恨那个,就这样在抱怨中度过了20年。到了60岁,发现人生已所剩不多,于是告诉自己不要再抱怨了,珍惜剩下的日子吧!于是默默地走完了自己的余年。到了生命的尽头,才想起自己好像有什么事情没有完成,原来,我们所有的梦想都留在了20岁的青春岁月。

听到这里小强恍然大悟,这是一个很"残酷"的故事,爸爸想让自己知道,如果一个人有了梦想,就一定要脚踏实地地为梦想努力。如果过早地为眼前的自由与小成就沾沾自喜,就会牵绊住前进的脚步,继而又在抱怨、责备中度过,那么原本可以创造辉煌的岁月就在蹉跎中度过,最终只能把梦想留在年轻的梦想中,抱憾终身了。小强明白,接下来的路还很长,他该认真地准备加入学生会和加强社会实践。

【专家指导】

现实生活中，有很多人就像故事中的两兄弟一样，没有明确的规划，只是为了到达而前行。我们想告诉大家：在这个知识爆炸、变化无处不在的世界，不能像从前一样，认为学习可以一劳永逸。我们要想强大自己，就要有清晰的理想和目标，因为机会永远垂青那些有准备并立即行动的人。此外，如果不能一直更新、完善自己的目标和规划，并勇于挑战自己，那么现在安逸的生活会很快被现实社会越来越激烈的竞争所打破。

活动知识

理解职业生涯规划的重要性

急剧变化的社会环境让许多人变得迷惘、困惑、不知所措，甚至失去了人生方向：从政？经商？搞学术研究？求名求利？眼前利益还是长远利益？左右徘徊，举棋不定，人生没有了核心价值，没有了根本方向。俗话说“上进之心，人皆有之”，这是人的本性。然而，将理想变成现实，并非人人都能如愿。问题何在？如何做才能获得成功？职业生涯规划为我们提供了一条走向成功的路径，它是我们职海航行的罗盘，为我们指明正确的前进的方向。

让规划成为一种习惯。无论世界怎样多变，从古至今，一个国家、一个城市或是组织都在为自身的发展制订规划。作为学生制订职业生涯规划的意义不在于控制变化，而在于认识自我、发现优势、寻找方向，在变化中适时地调整自己的坐标，使职业发展之舟顺利前行。

职业生涯规划提供了一种先进的理念，它站在更高的层面上，指导人们对自己的整个人生的发展制订目标、确定方向，用心走好自己的人生之路。俗话说：机遇只偏爱有准备的人。有些人认为“计划不如变化快，没有必要制订职业生涯规划”或者是“不制订职业生涯规划照样成功”是错误的，他们没有理解职业生涯规划的真正意义。

职业生涯规划展示了一种行之有效的方法，它改变了学生传统的学习、思维以及行为方式，使他们主动走出“象牙塔”，到社会生活中去锻炼自己，同时使他们在竞争激烈、复杂多变的就业市场中能够保持一份清醒与自信，更好地适应社会发展与就业市场的要求。

正如一位资深职业规划师曾经说过的：“职业生涯规划教育越早越好，早一些认识自己，明确方向，就能打有准备的就业之战。同时，职业生涯规划教育还有助于拓宽学生的视野和就业渠道，树立科学的就业观念，缓解就业的心理压力。”因此，科学地进行职业生涯规划，可以帮助你更早地明确自己的目标，更有效地度过每一天，更快更好地实现自己的人生目标。

名人名言

➢ 一个没有自我人生规划的人，是不可能“顺其自然”走向成功的。

——佚名

➢ 机遇是规划出来的，不是偶然降临的。

——佚名

1.3 走进职业生涯规划

回顾你学过的其他课程,在每一个学科的开始都要介绍一下本学科特定的知识和术语,职业生涯规划作为社会学科的一个研究领域,同样,也有一套特定的概念。对你来说,重要的是理解它们,以便在本书或者其他有关职业发展的学习中,能够更好地运用相关知识解决你遇到的职业生涯问题。

1.3.1 职业生涯规划知多少

近几年,职业生涯规划逐渐走进校园,成为一时较热的话题。对于很多人来说,即使没有认真学过这门课程,对"职业生涯规划"一词也并不陌生,也许在你拿到这本书之前,已经对职业生涯规划有了自己的看法。下面的活动实践中列出了目前社会上存在的对职业生涯规划概念的几种理解,对比一下,与你自己的看法有哪些异同。

活动实践

关于职业生涯规划的 N 种说法

实践指导:下面列出了一些有关职业生涯规划的观点,哪些是符合你的看法的?

1. 计划不如变化快,没必要制订职业生涯规划。
2. 不制订职业生涯规划照样成功。
3. 现实如此残酷,职业生涯规划过于理想化。
4. 职业生涯规划与学校学习没有多大关系。
5. 没有参加过工作,规划不出什么。
6. 职业生涯规划是工作后才需要考虑的事情,大学期间就开始规划太早了。
7. 职业生涯规划是毕业时才要面临的事情,刚入学用不着想。
8. 职业生涯规划可以帮助我们了解自己的职业全景,找出自己的优劣势。
9. 职业生涯规划就等同于介绍一份好工作。
10. 职业生涯规划就是求职技巧。
11. 职业生涯规划是对整个职业历程的规划。
12. 越早地规划自己的职业生涯,就能够越早地得到发展。
13. 职业生涯规划是一项一生的事业,包括人生各个阶段的规划。
14. 规划职业生涯是为了使我们少走弯路和错路,更快地实现自己的目标。
15. 进行职业生涯规划不如介绍一份好工作更实惠。

仔细清点一下,对以上的诸多说法你有多少是赞同的,有多少是反对的。试着说说你赞同和反对的原因。我们暂不去评判以上 N 种说法的正确与否。当你对职业生涯规划的内涵有了全面的认识之后,你就能客观地对这些说法进行判断了。下面将为你解读职业生涯规划的真正含义。

解读职业生涯规划

为了让你更好地理解职业生涯规划的含义，我们将对职业生涯规划的相关概念一一做阐述，并简单列举了它们之间的区别和联系。

活动知识

❍ 生涯

生涯一词的英文是 career，意思是指两轮马车，引申为道路，也就是人生的发展道路，它包含两层含义。

第一，生涯是一个过程，从我们出生到生命结束，其中包括我们的生活方式、我们工作的形态，还有我们对过去的审视和对未来的策划。这些点点滴滴连缀成我们的生涯。

第二，生涯是一个人一生所扮演多个角色的综合结果，这些角色包括儿女、学生、公民、工作者、配偶、父母及退休者等；而这些角色体现在四个主要场所——家庭、小区、学校及工作场所。因此，生涯包含职业生涯、家庭生涯、社会生涯和休闲生涯等。

❍ 职业生涯

顾名思义，职业生涯就是指与工作相关的整个人生经历，包括就业的形态、工作的经历以及与职业相关的活动等。对于职业生涯，需要说明以下几点：

第一，职业生涯不仅仅是职业活动，而且包括与职业有关的行为和态度等内容。

第二，职业生涯是一个动态的过程，是一个人一生在职业岗位上所度过的、与工作活动相关的连续经历，并不包含在职业上成功与失败或进步快与慢的含义。也就是说，不论职位高低，不论成功与否，每个工作着的人都有自己的职业生涯。

第三，职业生涯是人的最大的生涯，职业生涯对人的生涯的影响也是最大的，我们评判别人一个普遍的标志通常就是这个人是做什么工作的，工作做到了什么级别。因此，拥有成功的职业生涯，才可能实现完美的人生。

❍ 职业规划

职业规划就是通过规划的手段来找到适合自己的职业的过程。找到适合自己的职业是职业规划的核心标志，把“职业规划”称为“规划职业”更容易理解其所代表的含义。

❍ 职业生涯规划

简单地说，职业生涯规划就是规划你从开始为工作学习到退休的整个职业历程。职业生涯是你从事职业工作的所有的时间，职业生涯规划包括职业规划、自我规划、理想规划、环境规划、组织规划等。规划职业生涯的目的就是争取最大的收益，在职业探索的征程中少走弯路、不走错路、避免走回头路，能够通过选择走最佳的路径来实现职业理想。

❍ 生涯规划

生涯规划就是对你的人生进行的从生到死的规划。这个过程包括你的职业生涯规划、家庭生涯规划、社会生涯规划、生活生涯规划、休闲生涯规划等等。

图 1-1 展示了生涯和职业生涯两者之间，职业规划、职业生涯规划和生涯规划三者之间的关系。

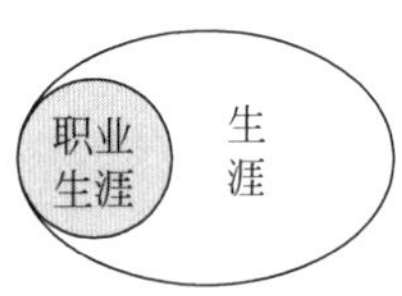

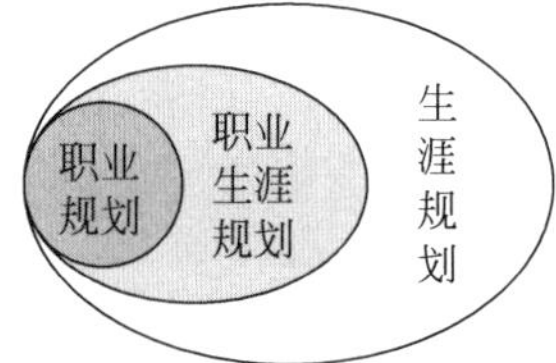

图 1-1　职业生涯规划相关概念之间的关系图

名人名言

➤ 如果你对自己没有一个正确的定位，即使是宝贝，放错了地方也是一堆废物。

——本·富兰克林

1.3.2　职业生涯全景

一个人的职业生涯宛如漫漫长路，每时每刻我们都在努力地前进着，领略一路上的不同风景。在你的职业生涯道路上，你需要明白自己的方位，了解自己的行进速度。

活动知识

职业生涯发展阶段

1953 年，美国心理学家唐纳德·舒伯(Donald Super)提出了一套完整的职业发展阶段模式。他按照人的生理年龄，大致将人的生涯发展分为下述阶段，如表 1-1 所示。

表 1-1　舒伯的职业生涯发展阶段

发展阶段及职业发展任务	时期和年龄	各时期特点
成长阶段——发展自我形象，形成对工作世界的正确态度，并了解工作的意义	幻想期 4 岁至 10 岁	以“需要”为主要考虑因素，在这个时期幻想中的角色扮演很重要
	兴趣期 11 岁至 12 岁	以“喜好”为主要考虑因素，喜好是个体抱负与活动的主要决定因素
	能力期 13 岁至 14 岁	以“能力”为主要考虑因素，能力逐渐具有重要作用

续表

发展阶段及职业发展任务	时期和年龄	各时期特点
探索阶段——使职业偏好逐渐具体化、特定化并实现职业偏好	试探期 15 岁至 17 岁	考虑需要、兴趣、能力及机会；作暂时的决定；在幻想、讨论、课业及工作中加以尝试
	过渡期 18 岁至 21 岁	进入就业市场或专业训练，更重视现实，并力图实现自我观念，将一般性的选择转为特定的选择
	试验并稍作承诺期 22 岁至 24 岁	生涯初步确定并试验其成为长期职业生活的可能性，若不适合则可能再经历上述各时期以确定方向
建立阶段——统整、稳固并求上进	试验——承诺稳定期 25 岁至 30 岁	个体寻求安定，也可能因生活或工作上若干变动而尚未感到满意
	建立期 31 岁至 44 岁	个体致力于工作上的稳固，大部分人处于最具创意时期，由于资深往往业绩优良
维持阶段——维持既有成就与地位	45 岁至 65 岁	个体仍希望继续维持属于他的工作"位子"，同时会面对新的人员的挑战
衰退阶段——注重发展新的角色，寻求不同方式以替代和满足需求	65 岁以上	由于生理及心理机能日渐衰退，个体不得不面对现实——从积极参与到隐退

20 世纪 80 年代，舒伯提出了更为广阔的观念——生命/生涯彩虹理论。他认为职业发展是人生成长的一部分，除了职业角色之外，每一个人在一定的年龄还扮演着某些其他的角色，而且，对每一个人来说，每一种生活角色的强度随时间而发生变化。生涯发展阶段与角色彼此间交互影响，描绘出一个多重角色的生涯发展关系——"生命彩虹图"。

在一生生涯的彩虹图中，横向层面显示人生的主要发展阶段和大致的生理年龄：成长阶段、探索阶段、建立阶段、维持阶段和衰退阶段；彩虹图纵向层面的不同颜色代表了人生中的不同角色，舒伯定义了九种生活角色，分别是：①孩子；②学生；③休闲者；④公民；⑤工作者；⑥退休者；⑦配偶或者伴侣；⑧持家者；⑨父母/祖父母。各种角色之间相互作用，某一个角色上的成功，可能带动其他角色的成功；反之，某一角色的失败，也可能导致另一角色的失败。

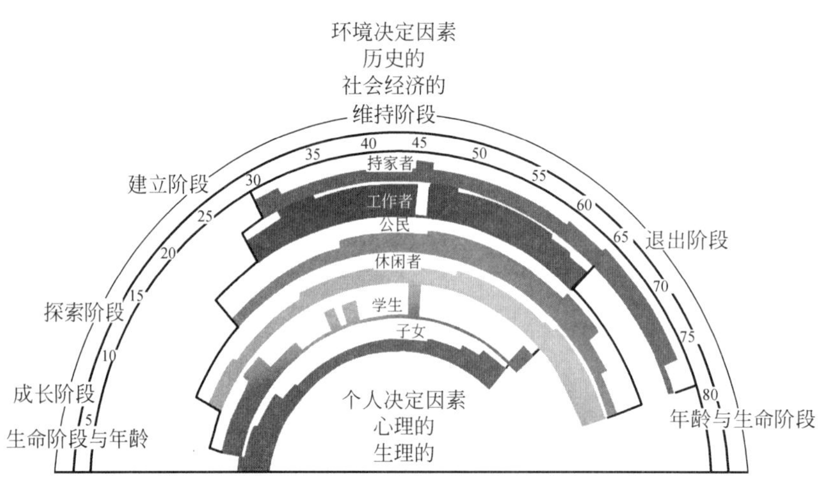

图 1-2　舒伯的职业生涯发展阶段

活动实训　我的生命彩虹图

你预期在你的生活中或生涯中将扮演哪些角色？你即将卷入这些角色的强度或力度如何？这些角色将在什么年龄或者年龄阶段是积极主动的？你对这些角色的参与是如何被决定的？请登录我们的网络平台，绘制你的生命彩虹图。

❑ 职业生涯规划实训平台
　❑ 建立职业生涯意识
　　❑ 我的生命彩虹图

1.3.3　职业路这样走

在你的职业生涯中，拥有一个适合自己的目标，有着执著的追求，能够灵活地应付各种压力和负担，是你成功的必要因素。而这些都来自正确的职业生涯规划。合理而准确的职业生涯规划，将会成为你职业发展道路上的灯塔，成功的航标。那么，你如何才能一步步地走入职业生涯的佳境呢？

活动知识

职业生涯规划步骤

由于我们的个体差异和个人偏好，很难对职业生涯规划或问题解决建立一个精确的按部就班的程序。职业指导专家归纳总结出以下步骤：

❍ 建立职业生涯意识

只有当你意识到问题存在时，你才能开始解决诸如职业生涯规划之类的问题。当你认识到自己需要设立职业目标时，你必须投入到职业生涯规划中，并积极地筹划未来。

❍ 认识你自己

也就是要全面了解自己，一个有效的职业生涯规划必须是在充分且正确认识自身条件与相关环境的基础上进行的。要审视自己、认识自己、了解自己的兴趣、特长、性格、思维方式等。要弄清我想干什么，我能干什么，我应该干什么，在众多的职业面前我应该如何做选择等问题。

❍ 探索职业世界

在职业生涯规划中，你需要对备选的职业和可能的工作组织进行深入了解，收集相关信息，为确定目标做准备。

❍ 确定职业生涯目标

确定目标是制订职业生涯规划的关键，通常目标有短期目标和长期目标之分。长期目标需要个人经过长期艰苦努力、不懈奋斗才有可能实现，确立长期目标时要立足现实、慎重

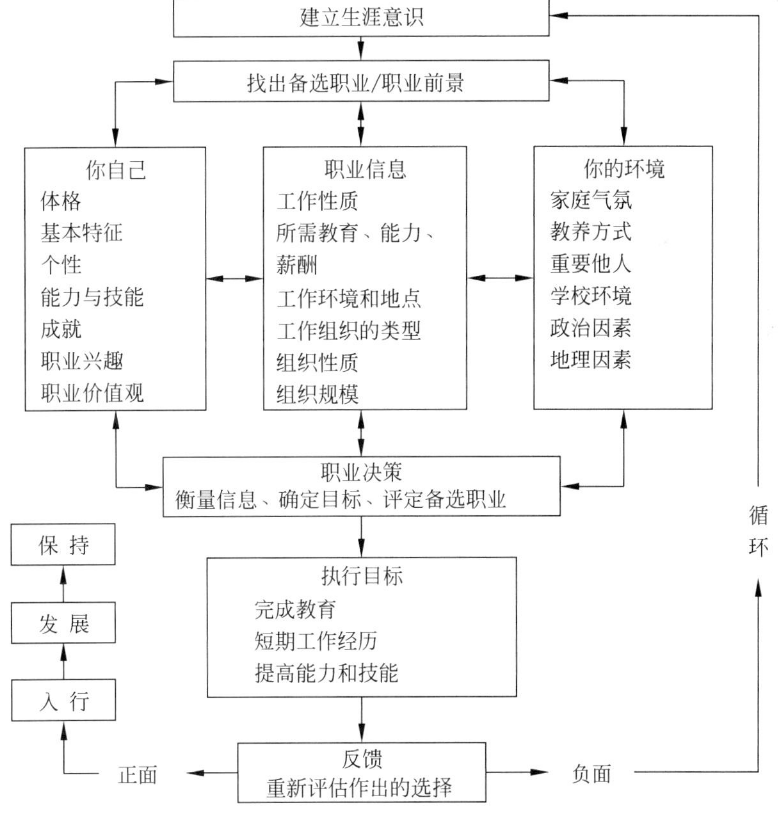

图 1-3 一个全面的职业生涯规划模型

选择、全面考虑,使之既有现实性又有前瞻性。短期目标更具体,对人的影响也更直接,也是长远目标的组成部分。

❍ 计划与实施

就是要制订实现职业生涯目标的行动方案,并要有具体的行为措施来保证。没有行动,职业目标只能是一种梦想。要制订周详的行动方案,更要注意去落实这一行动方案。

❍ 评价与反馈

整个职业生涯规划效果如何要在实施中去检验。适时总结,及时诊断生涯规划各个环节出现的问题,找出相应对策,对规划进行调整与完善。

生涯故事

工作中的艾琳

艾琳的目标是成为某著名杂志社的编辑,她毕业以后开始从本地一家书店的业务通讯收集员做起。艾琳似乎很适合这份工作:她平易近人,而且在圈子里小有名气;她有艺术细胞,并且从前也干过业务通讯的工作。工作中,艾琳开始收集文章和重要的日期,她不放过任何一个学习的机会,她会认真地阅读每一篇文章,并常常以书店工作人员的身份向读者或文章作者调查咨询相关问题。艾琳的认真很快引起了一位常来这个书店的顾客的注意,这位顾客正好是那家著名杂志社的一位负责人。经过交谈,艾琳很快获得了去这家杂志社实习的机会。

这次实习机会给了艾琳很大的鼓舞,她认真工作,即使很小的细节问题都不会放过。艾琳的努力得到了编辑部所有员工的认可。很快,艾琳获得了提升。

艾琳的这种努力、勤奋、平和的性格主要得益于她的家庭。艾琳的母亲是一位作家,母亲的勤奋给了艾琳很大的鼓舞。艾琳从小就是在这种书香氛围和工作氛围很浓的环境下成长的。她的职业目标的确立和性格的形成都源于她的家庭对她的影响。

【专家指导】

从案例中大家可以看出艾琳的职业发展既是个人决策的结果,也有父母潜移默化的影响。所以大家在进行职业规划的过程中,要明白:职业生涯是人一生的工作经历,这个过程要受到各种各样因素的影响。家庭的因素是其中重要的一个方面。

活动知识

影响职业生涯的因素

世界上存在着各种各样的不公平或是你觉得不合理的现象:有些人赶上了天时、地利、人和,发展可能非常顺利;有些人可能有优异的高考成绩,却进不了心仪的北大、清华;有些人可能拥有专业化的技术资格,却因为产业结构的改变,对他们这类人才的需求减少;有些人因为性别上的差异长期被工作、家庭和休闲的时间分配顺序困扰着;有些人因为要负担家庭放弃了继续深造的机会。这些因素往往综合影响了你职业发展的抉择,从而可能影响你的职业生涯道路。

任何人的职业生涯都不是一帆风顺,它受到个人和环境等多种因素的影响。下面我们将为你介绍影响你的职业生涯的因素。

❍ 个人条件的影响

一个人的性别、年龄、成长经历和教育背景都会影响到他的职业生涯的发展。

1. 健康。健康是最具影响力的因素,几乎所有的职业都需要健康的身体。

2. 负担。负担是指对别人(多为家人和朋友)、对社会及对财务状况所承担的义务。成人必定会受各种义务的束缚,选择职业也绝不可能毫不考虑个人的生活状态。

3. 性别。虽然男女平等是基本国策,但"性别因素"仍然在职业发展中扮演着重要的角色。职业性别隔离严重存在,很少人能漠视性别问题。当然,如果你坚信男女两性在智力和能力上相同,那么你的性别也许不会影响你的事业选择和事业成功。

4. 年龄。对工作的看法和态度、尝试机会的勇气、胜任工作任务的能力和经验,不同的年龄其表现也有所不同。

5. 所受的教育。一个人所受到的教育程度和水平,直接影响他的职业选择方向和获取他喜欢的职业的概率。

❍ 家庭的影响

一个人小时候生长的环境,会对他们将来的职业选择产生很大影响。首先,教育方式的不同,造成他们认知世界的方法不同;其次,父母职业是孩子最早观察模仿的角色,孩子必然会受到父母职业技能的熏陶;再次,父母的价值观、态度、行为、人际关系等都对孩子的职业选择起到直接和间接的影响。因而,我们常常看到艺术世家、教育世家、商贾世家等。

❍ 朋友、同龄群体的影响

朋友、同龄群体的工作价值观、工作态度、行为特点等不可避免地会影响到个人对职业的偏好、选择从事某一类职业的机会和变换职业的可能性等。

❍ 社会环境的影响

社会环境中流行的工作价值观、政治经济形势、产业结构的变动等因素,无疑都在个人职业选择上烙下深深的印记。"20 世纪 50 年代的兵,70 年代的工人,90 年代的个体户,21 世纪的 IT 业精英",每年的职业地位排序都会对专业选择和就业选择产生深刻的影响。不同的社会环境所给予个人的职业信息是不同的。

不能否认,一个人的职业生涯决策的决定因素中也有称之为机遇的随机性的成分,但完全接受命运的摆布毕竟是不可取,一个对自己负责任的人应该对自己的未来发展进行理性分析,以便有效地进行职业生涯的选择。

1.3.4 赢在起点

在就业形势普遍严峻的情况下,大学生就业难已经成为不争的事实。然而同样是大学生为什么有的人很快地就找到了工作,而且是自己满意的工作,而有的人却为找工作而焦头烂额,或找不到适合自己的工作。分析起来,除了先天素质的差异之外,大学生是否对自已的职业生涯发展做出合理的规划往往成为一个显性因素。

生涯故事

一帆风顺求职路

小李的专业是行政管理，他大一的时候就决定将来做一名公务员。

他清楚地认识到，要使自己的职业生涯顺利发展，大学时最好不要有挂科记录，并且除学习之外，组织、策划能力都必须有所锻炼。

小李从开学第一天就让自己忙碌起来，夯实英语，竞选学院学生工作，组织策划大型迎新节目等各类活动，取得了优秀奖学金、优秀学生干部等荣誉。

他并不盲目跟随潮流参加计算机考级——将来作为公务员没有机会使用C语言编程，不如真正熟练掌握各种办公软件，对工作更有帮助。

体育项目，他也选修了网球而不是篮球，这是为了职业交际做准备。暑期的社会实践，其他同学都到一些政府机关打杂盖章了事，他却选择了一家报社实习，他认为媒体的工作经验，特别是各种文体写作的锻炼，对他的公务员生涯帮助很大。

毕业的时候，由于软硬件都合适，小李顺利成为一名公务员。

【专家指导】

小李早早地就开始关注自己的职业生涯之路，对求职方向也有明确的认识，并有针对性地在大学期间培养自己的能力，使得他在毕业时顺利地谋到自己向往的工作。因此，我们建议大学生要及早制订职业生涯规划并依照计划进行有目的地求职，这对大家会更有帮助。

活动知识

大学期间的职业生涯策略

大学的学制一般为3～5年，在每一学年中，大学生的学习重点与心理特征都有所不同。根据这一自然的年限划分，大学生可以按学年阶段设置阶段目标，进行自己的职业生涯规划，并按照每个阶段的不同目标和自身成长特点，制定一些有针对性的实施方案。下面是一个四年制本科的大学生的职业生涯规划实施方案（如表1-2所示），供参考。

表1-2　大学期间职业生涯策略

年级	阶段	阶段目标	实施方案
大学一年级	探索期	职业生涯认知和规划	1. 完成由高中生到大学生的角色转变，重新确定自己的学习目标和要求； 2. 开始接触职业和职业生涯的概念，重点了解自己未来希望从事的职业或与自己所学专业对口的职业，进行初步的职业生涯设计； 3. 熟悉环境，建立新的人际关系，提高交际沟通能力，在职业探知方面可以向高年级同学，尤其是大四的毕业生询问就业情况； 4. 积极参加各种各样的社团活动，增加交流技巧； 5. 在学习方面，要巩固扎实专业基础知识，加强英语、计算机的学习，掌握现代职业者所应具备的最基本技能。

续表

年级	阶段	阶段目标	实施方案
大学二年级	定向期	初步确定毕业方向以及相应能力与素质的培养	1. 认识自己的需要和兴趣,确定自己的价值观、动机和抱负; 2. 考虑未来的毕业方向(深造或就业),了解相关的活动,并以提高自身的基本素质为主,通过参加学生会或社团等组织,培养和锻炼自己的领导组织能力、团队协作精神,同时检验自己的知识技能; 3. 尝试社会实践活动,并要具有坚持性,最好能在课余时间长时间从事与自己未来职业或本专业有关的工作,增强自己的责任感、主动性和受挫能力,并不断地总结分析从中得到职业的经验; 4. 增强英语口语和计算机应用的能力,通过英语和计算机的相关证书考试,并开始有选择地辅修其他专业的知识充实自己。
大学三年级	准备期	掌握求职技能,为择业做好准备	1. 加强专业知识学习的同时,考取与目标职业有关的职业资格证书或通过相应的职业技能鉴定; 2. 参加和专业有关的暑期工作,和同学交流求职心得,掌握一定的求职技巧,如学习写简历、求职信等求职技巧,了解搜集就业信息的渠道; 3. 如果决定考研,要做好复习准备; 4. 希望出国留学的学生,可多接触留学顾问,参与留学系列活动,准备TOEFL、GRE的应试,注意留学考试资讯,向相关教育部门索取简章。
大学四年级	冲刺期	成功就业	1. 检验自己已确立的职业目标是否明确,前三年的准备是否已充分; 2. 开始毕业后工作的申请,积极参加招聘活动,在实践中校验自己的积累和准备; 3. 预习或模拟面试; 4. 撰写毕业论文时,大胆提出自己的见解,锻炼自己独立解决问题的能力和创造性; 5. 重视实习机会,通过实习从宏观上了解单位的工作方式、运转模式、工作流程,从微观上明确个人在岗位上的职责要求及规范,为正式走上工作岗位奠定良好基础。

既然职业生涯如此的重要,你是不是已经迫不及待想要为自己的将来进行规划了呢?然而为自己做一个恰当可行的职业生涯规划并不是件简单的事情。那么,现在的你有多大的能力为自己进行规划,换句话说,你现在到底能不能为自己进行规划呢?

活动实践

你准备好为自己规划了吗?

实践指导:对照自己现在的状况,思考下面的问题。

1. 你能明确地说出自己擅长做哪些事情吗?
2. 你清楚自己的做事风格吗?
3. 你了解自己专业的就业前景吗?

4. 你能清楚地描述出自己感兴趣的职位的工作内容吗?

5. 当你遇到困难时,是如何处理问题的?

6. 你认为在做职业规划时,是应该听从老师、父母的意见还是应该听从朋友的意见?

这些问题是为了帮助你认清自己目前的职业成熟度。职业成熟度是职业生涯中一个十分重要的概念,它是指个人在其职业发展接管相适应的职业发展目标上的准备程度。职业成熟属于个体整体发展的一部分,如果个体能完成某一阶段的生涯发展任务,则代表其生涯已经达到某一阶段的成熟水平。

为什么要关注职业成熟度? 意识决定行动,行动才会导致效果,职业成熟度恰恰用来衡量你的思维和行动方式。职业成熟度越高,表明对职业的规划与执行能力越强,能够做出适当的职业选择,进而获得成功的职业发展。对于个人的职业生涯而言,职业成熟度的高低反映你的职业选择能力的高低。

活动实训　我的职业成熟度

如果你希望更深入地了解自己目前的职业规划能力,请登录职业生涯规划实训平台,里面提供了更为详细的职业成熟度测验,从自我认知、职业认知、信息应用、个人调适、职业态度、价值观念、职业选择、条件评估8个方面全面评估你的职业成熟度。

- ❑ 职业生涯规划实训平台
  - ❑ 建立职业生涯意识
    - ❑ 我的职业成熟度

本章小结

- 每个人都应该有自己的人生目标,对自己的人生目标越清晰,努力的方向就越明确,详细地描述出自己的理想生活,将有助于明确人生目标。
- 职业是生活的重要组成部分,它赋予人生意义,使人们努力工作以充实时间,实现社会角色,满足生活需要,追求满意的生活方式。因此,要认真地为将来的职业做准备。
- 当今的世界飞速发展,职场世界和就业形势变化莫测,大学生需要及早认清形势,对自己的未来进行规划,避免盲目和失败。
- 职业生涯规划简单地说就是规划你从开始为工作学习到退休的整个职业历程。职业生涯是你从事职业工作的所有的时间。
- 舒伯将人的生涯分为5个阶段: 成长阶段、探索阶段、建立阶段、维持阶段和衰退阶段。他认为职业发展是人生成长的一部分，除了职业角色之外，每一个人在一定的年龄还扮演着孩子、学生、公民等其他角色。

- 影响个人的职业生涯发展的因素包括自身条件、家庭、朋友和社会环境等多种因素。
- 完整的职业生涯规划应该包含以下几个步骤：认识自己、探索职业、评估环境、确定生涯目标、计划与实施以及评价与反馈。
- 大学生在校期间可以根据每个学年的不同目标和自身成长特点进行规划，大一要重点了解自己未来所希望从事的职业或与自己所学专业对口的职业，进行初步的职业生涯设计；大二初步确定毕业后的职业方向以及相应能力与素质的要求；大三培养职业能力，掌握求职技能，为择业做好准备；大四完善自我综合素质，实施求职计划，实现成功就业。
- 职业成熟度是指个人在其职业发展接管相适应的职业发展目标上的准备程度，职业成熟度的高低反映职业选择能力的高低。

关键词

职业生涯　职业生涯规划　职业生涯规划理论　职业生涯规划过程　职业生涯影响因素　职业成熟度

第2章　了解个人特质

通过第一章知识的学习和活动的体验，大家对职业生涯有了一定的认识，职业生涯贯穿着我们生活的大部分过程，所以我们从大学时代起就应该树立清晰的生涯与职业意识。

许多大学生都有着较高的理想和追求，他们自信、时尚并乐于接受新事物，对于他们所喜欢的，可以不顾一切地去追求，而对于他们不喜欢的，则漠然视之。我们不禁要问：他们真的了解自己吗？真的知道自己喜欢什么吗？在自我认知上是否还存在着某些偏差呢？

许多年轻人常喊着要“把握命运”。殊不知：性格往往决定命运。要想把握命运，就要先从了解性格做起。兴趣和价值观对我们的发展也有着不可小觑的影响。兴趣在一定程度上决定着以后从事的行业类型，甚至在某种程度上决定了一个人未来的生活走向；而价值观决定了我们的价值取向，在职业选择和职业生活中，它告诉我们优先考虑的因素是什么；此外，休闲，是现代人生活中不可缺少的一部分，也是一种全新的生活观念，它会受性格、兴趣、价值观的影响，同时，也影响着我们的职业选择。

本章主要通过主人公身临其境的活动体验，引发大家思考：自己到底是什么性格，有哪些兴趣，如何明确自己的价值观，该怎样看待休闲。我们相信，如果你对自己的个人特质有了足够的了解，你就能够缩小信息搜索的范围，避免走不必要的职场弯路，把精力投入到自己更擅长的领域中去。

活动思考

- ❑ 你是一个什么样的人？有哪些特质？
- ❑ 你对什么感兴趣？
- ❑ 你能够成为什么样的人？
- ❑ 你适合做什么样的工作？
- ❑ 你需要什么？什么对你最重要？

活动导图

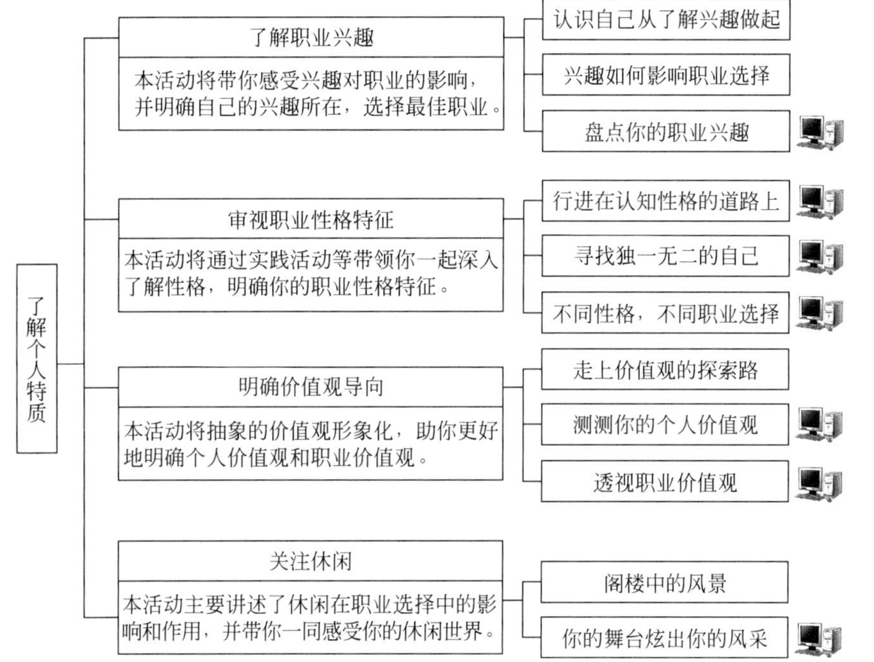

2.1　了解职业兴趣

特长班、兴趣小组、高中文理分科、大学选专业……从小到大，我们一直依据自己的兴趣做出种种选择。中国有句老话“爱一行，干一行”，说的正是兴趣和职业选择的关系。兴趣对我们进行自我了解具有十分重要的意义。因此，让我们从探索职业兴趣开始认识自己、了解自我。

2.1.1　认识自己从了解兴趣做起

生涯故事

如果再给我一次机会

大一第二学期，自从小米知道自己的“西方经济学”挂科之后，她就一直觉得自己好像行走在太空中，处于失重状态。小米强烈地质疑自己到底适不适合学习管理学专业。同宿舍的人不忍心看小米难过，于是和她一起就所学专业与未来这个话题讨论起来。

诚诚说："小米，其实我觉得只要不是技术性很强的专业，选择哪个都无所谓。我当时填报的是外国语大学的法语专业，结果差几分被调剂到这里。也挺好的啊！我想既来之则安之，既然已经来到这里，就应该顺其自然地过日子，尽力做好眼前的事。现在大学生找工作，大部分都是从基础性工作开始干，开始学，除了那些理工科的还能从事相应的技术性工作，其余的专业对口的能有多少啊！"

娇娇没有过多考虑小米的感受，眉飞色舞地说："老实说，我觊觎这个专业很久啦！我从小就是那种喜欢做领头羊、做'小官儿'的人，我一直希望自己向着管理的方向发展，因此当初毫不犹豫地选择了人力资源管理这个专业。尽管现在的专业知识有些枯燥。"

小米听到这里更加焦虑："哎，说起这个我就慌。我的专业是父母选的，他们觉得做管理有前途，可我却学得有点力不从心。大一刚开始那会儿，我跟你们一样，天天按点起床，按时上课，老师让查的资料全部查阅了，上课也很努力很认真地听讲，结果还是挂科。有时候想想，觉得可能是我真的不适合学这个专业吧。"

"咳，这话说的，哪有什么适合不适合的啊！小米，那你觉得咱寝室里谁适合啊？"诚诚接过话茬。

小米回道："娇娇啊！你看她，从小到大都是地地道道的管理者，如今在大学这个地方更是如鱼得水，学生会干部、班级干部，每一样工作都做得很好。"

【专家指导】

同小米一样，我们身边有很多人对自己的专业存在着困惑。有的同学选择了自己喜欢的专业，可本专业存在就业难的问题。虽然读的是自己喜欢的专业，但毕业后未必能从事本专业的工作；有些同学则选择了容易就业的热门专业，可又担心工作中会不开心。我们认为，应该在结合兴趣的基础上选择专业，并制订自己的职业生涯规划，稳扎稳打地学好专业知识，积极参与社会实践，积累经验、增长见识，相信，大家在毕业的时候会找到自己真正喜欢的工作。

活动知识

话说兴趣

所谓"萝卜青菜，各有所爱"，"兴趣是最好的老师"说的就是兴趣或者兴趣的作用。在心理学中，兴趣是人们探究某种事物或从事某项活动的心理倾向，它以认识或探索外界的需要为基础，是推动人们认识事物、探求真理的重要动机。人们对有兴趣的东西会表现出很高的积极性，并且产生出某种肯定的情绪体验。兴趣是一种无形的动力，当我们对某件事情或某项活动感兴趣时，就会很投入，而且对其中环节、细节等印象深刻。比如，一个对美术感兴趣的人，会非常关注画展、摄影等方面的信息，观看展出时，对每一幅作品都会认真欣赏、点评，对好的作品甚至还会收藏。如果学生对某一学科有兴趣，就会推动他努力学习，广泛涉猎有关知识，并很可能影响他对未来职业的选择。

当然，兴趣不只是对事物表面的关心，任何一种兴趣都是由于获得这方面的知识或参与这种活动而使人体验到情绪上的满足而产生的。例如，一个人对跳舞感兴趣，他就会主动地、积极地寻找机会去参加各种有关的活动，并且在跳舞时会有愉悦和放松的情绪体验。也正是这种在参与活动中的积极的情绪体验，使得个体不断地去主动从事这些活动。

因此，简单地说，兴趣是个体积极而自觉自愿的行为倾向，是人们爱做的事、想做的事、能给其带来快乐的事。

活动实践

哪里没有兴趣，哪里就没有记忆

实践指导：请大家用最快的速度浏览下面的两句话。

1. 今晚我们全班同学集体去电影院看电影，时间定在晚上7点。
2. 1995年，我国国民生产总值达到5.76万亿元。

浏览完毕，请大家合上书本，把上面的两句话默写在纸上。并请大家思考：

1. 哪句话更好记？
2. 你对哪句话更感兴趣？
3. 兴趣对记忆有帮助吗？

歌德曾经说过，"哪里没有兴趣，哪里就没有记忆。"兴趣对于记忆很重要。那么，兴趣对于我们个人的成长和发展又有哪些作用呢？

活动知识

兴趣之于个人的成长和发展

兴趣对一个人的成长和发展有着巨大的作用。主要表现在以下两个方面。

首先，兴趣具有定向作用。

兴趣的定向作用是指一个人现在和将来要做的事情往往是由自己的兴趣来定向的。它可以奠定一个人事业的基础并指示进取的方向。如果一个人从小喜欢探究小动物的生活习性，将来就可能去学习生物学或心理学，并作为终身研究的方向。著名的儿童心理学家皮亚杰就是如此。

其次，兴趣具有动力作用。

兴趣的动力作用是说人的兴趣可以转化为动机，从而激励人们，成为人们进行某种活动的推动力。达尔文在他的自传中写道：就他在学校时期的性格和各种表现来说，其中对他后来发生影响的，就是他对事物有强烈的兴趣，他沉溺于研究自己感兴趣的东西，狂热于了解任何复杂的问题和事物。可见，兴趣是活动的重要动力之一，也是活动成功的重要条件。如果学生对某学科产生了浓厚的兴趣，他会主动地克服各种困难，满怀乐趣地去钻研，甚至达到废寝忘食的程度。因此，教师在教学中应善于唤起并培养学生的兴趣，以便激励他们更好地去学习。

名人名言

> 趣味是活动的源泉，趣味干竭，活动便跟着停止，好像机器房里没有原料，发不出蒸汽，任凭你多大的机器，总要停摆。……人类若到把趣味完全丧失掉的时候，老实说，便是生活得不耐烦，那人虽然勉强留在世间，也不过是行尸走肉。
>
> ——梁启超

> 任何科学研究，最重要的是要看对自己所从事的工作有没有兴趣，换句话说，也就是有没有事业心，这不能有任何强迫，比如搞物理实验，因为我有兴趣，我可以两天两夜，甚至三天三夜在实验室里，守在仪器旁，我急切地希望发现我所要探索的东西。
>
> ——丁肇中

2.1.2 兴趣如何影响职业选择

生涯故事

兴趣点燃职业之火

严俊是一位计算机工程师。他从小就非常喜欢摆弄机械，把家里的闹钟、玩具汽车、甚至自行车等一个一个地拆开，然后再把它们重新装好。因为他的爱好，高考填志愿时，他冲破父母的万般阻挠，坚决地选择了电学专业。毕业后，因为毕业院校没有名气，严俊只能委身于一家制造计算机的小工厂。但他在技术领域勤奋钻研，不断得到晋升，现在的严俊已经担任公司的管理职务。虽然忙，但他不无自豪地说："只要我看到计算机程序图像，就觉得时间飞似的过去了，常常连饭都忘了吃。"一谈到工作，严俊就像个快乐的孩子，眼里闪烁着光芒。

【专家指导】

选择职业，对每个人来说都是至关重要的。然而，职业选择有太多的未知数，除去要考虑一些与职业相关联的功利因素，如职业在社会中的需求程度、该职业的报酬等，人们更关心的是自己对这一职业是否能持有长久的兴趣。带有兴趣工作，成功的可能性就大，如案例中的严俊。

活动知识

兴趣在职业中的作用

○ 兴趣是职业生涯选择的重要依据

兴趣是最好的老师，是一种强大的精神力量。兴趣可以使人集中精力去获得你所喜欢的职业知识，启迪智慧并创造性地开展工作。当一个人对某种职业产生兴趣时，他就能充分地调动自己的主动性，积极地去感知和关注该职业的相关知识、动态，并积极地思考，大胆地探索；就能全身心地投入，使情绪高涨，想象力丰富，增强记忆效果，增强克服困难的意志。反之，"强按牛头不喝水"，没有兴趣，是不会取得良好效果的，当然也就很难在该职业上发挥个人的优势、做出巨大贡献了。正像你在日常生活中喜欢从事自己感兴趣的活动一样，具有一定兴趣的你将更倾向于寻找与此有关的职业，特别是在外界环境限制较小时，你将更倾向于选择自己感兴趣的职业。

❍ 兴趣可以提高工作效率，充分发挥才能

一个人对某一工作感兴趣时，枯燥的工作也会变得丰富多彩、趣味无穷。兴趣使工作不再是一种负担，而是一种享受。因为兴趣可以调动人的积极性，使其积极主动地思考、全身心地投入到工作中去；兴趣可以使人集中全部的精力，充分发挥其敏锐的观察力、高度的注意力、丰富的想象力。因此，兴趣和能力的合理结合会大大提高工作效率。曾有研究：如果你从事自己感兴趣的职业，则能发挥你的全部才能的80%～90%，而且长时间保持高效率而不感到疲劳；若对你所从事的工作没有兴趣，则只能发挥你全部才能的20%～30%。

❍ 兴趣是保证职业稳定、职场成功的重要因素

对某一职业有浓厚的兴趣，是智力开发的"孵化器"。兴趣是工作动力的主要源泉之一。对于一个人来说，对工作感兴趣，就愿意去钻研，就容易出成就——这正是兴趣的作用所在。

一般来说，兴趣是职业生涯适应的一个基本方面，可以为职业生涯的选择提供有效的信息。兴趣主要用于预测工作满意度和工作稳定性，工作满意是职业生涯适应的一大标志。在其他条件相似的情况下，从事自己感兴趣的职业不但让你自己感到满意，而且能够让你的工作单位感到满意，由此导致你工作的长期性和稳定性。此外，多方面的兴趣可以使人善于应付多变的环境。如果你需要变换工作，多方面的兴趣可以帮助你顺利地作出选择、求职成功，并能够很快地熟悉和适应新的工作、新的岗位。因此，兴趣是职场成功的一个重要因素，它能将你的潜能最大限度地发挥出来，使你长期专注于某一方向，做出艰苦的努力，取得令人瞩目的成绩。爱迪生就是个很好的例子。他几乎每天都在实验室里辛苦工作十几个小时，在那里吃饭、睡觉，但丝毫不以为苦，反而宣称，"我一生中从未间断过一天工作"，"我每天其乐无穷"。也难怪他会获得成功。

因此，在选择长期、稳定的职业生涯时，不仅要知道自己有能力从事什么样的工作，更重要的是要知道自己对哪类工作感兴趣。只有将能力和兴趣结合起来考虑，才更有可能规划好职业生涯，进而取得职业生涯的成功。

2.1.3 盘点你的职业兴趣

通过前面的学习，你已经很清楚自己的兴趣所在，也了解到兴趣对于个人成长和发展的重要性。接下来，请继续盘点你的职业兴趣，相信你会收获得更多。

活动实践

职业兴趣自我评定量表

实践指导：请你认真回答下面的问题，若回答是肯定的，请在问题的后面与“是”对应的括号内打“√”；若回答是否定的，请在问题的后面与“否”对应的括号内打“×”。

第一组	是	否
1. 你喜欢自己动手修理收音机、自行车、缝纫机、钟表等家用物品吗？	（ ）	（ ）
2. 你对自己家里使用的电扇、电熨斗等电器的性能、质量了解吗？	（ ）	（ ）
3. 你喜欢动手做小模型(如汽车、轮船、建筑模型)吗？	（ ）	（ ）
4. 你喜欢与数字、图表(如记账、制图、制表)一类的工作打交道吗？	（ ）	（ ）
5. 你喜欢制作工艺品、装饰品和衣服吗？	（ ）	（ ）
总计次数：	（ ）	（ ）

第二组	是	否
1. 你喜欢在别人买东西时给他(她)当顾问吗？	（ ）	（ ）
2. 你热衷于参加集体活动吗？	（ ）	（ ）
3. 你喜欢接触不同类型的人吗？	（ ）	（ ）
4. 你喜欢拜访别人，与人讨论各种问题吗？	（ ）	（ ）
5. 你喜欢在会议上积极发言吗？	（ ）	（ ）
总计次数：	（ ）	（ ）

第三组	是	否
1. 你喜欢没有干扰地、有规则地从事工作吗？	（ ）	（ ）
2. 你喜欢做任何事情都预先进行周密的安排吗？	（ ）	（ ）
3. 你善于查阅字典、辞海和资料索引吗？	（ ）	（ ）
4. 你喜欢按固定的程序有条不紊地工作吗？	（ ）	（ ）
5. 你喜欢有规律的、内容程式化的工作吗？	（ ）	（ ）
总计次数：	（ ）	（ ）

第四组	是	否
1. 你喜欢倾听别人的难处并乐于帮助别人解决困难吗？	（ ）	（ ）
2. 你愿意为残疾人服务吗？	（ ）	（ ）
3. 在日常生活中，你愿意为他人提供帮助吗？	（ ）	（ ）
4. 你喜欢向别人传授知识和经验吗？	（ ）	（ ）

5. 你喜欢防病治病和照顾病人的工作吗？　（　）（　）

总计次数：　（　）（　）

第五组　是　否

1. 你喜欢主持班级集体活动吗？　（　）（　）
2. 你喜欢接近领导和老师吗？　（　）（　）
3. 你喜欢当众发表自己的观点和意见吗？　（　）（　）
4. 如果老师不在，你能主动地维持班里的学习和生活的正常秩序吗？　（　）（　）
5. 你具有强烈的责任感且工作上很有魄力吗？　（　）（　）

总计次数：　（　）（　）

第六组　是　否

1. 你爱读文学著作中对人内心世界的细致描写吗？　（　）（　）
2. 你喜欢听人们谈论他们的活动和想法吗？　（　）（　）
3. 你喜欢观察和研究人的心理和行为吗？　（　）（　）
4. 你喜欢读有关领导人物、政治家、科学家等名人的传记吗？　（　）（　）
5. 你很想了解世界各国的政治和经济制度吗？　（　）（　）

总计次数：　（　）（　）

第七组　是　否

1. 你喜欢参观技术展览会或收听（收看）技术新闻节目吗？　（　）（　）
2. 你喜欢阅读如《我们爱科学》之类的科技杂志吗？　（　）（　）
3. 你想了解生机勃勃的大自然的奥秘吗？　（　）（　）
4. 你想了解科学精密仪器和电子仪器的使用方法吗？　（　）（　）
5. 你喜欢复杂的绘图和设计工作吗？　（　）（　）

总计次数：　（　）（　）

第八组　是　否

1. 你喜欢设计一种新的发型或服装吗？　（　）（　）
2. 你喜欢作画吗？　（　）（　）
3. 你尝试着写小说或编剧本吗？　（　）（　）
4. 你很想参加学校宣传队或演出小组吗？　（　）（　）
5. 你爱用新方法、新途径来解决问题吗？　（　）（　）

总计次数：　（　）（　）

第九组　　　　　　　　　　　　　　　　　　　　　　　　　　　　是　　否

1. 你喜欢操作机器吗?　　　　　　　　　　　　　　　　　　　　（　）（　）
2. 你很羡慕机械类工程师的工作吗?　　　　　　　　　　　　　　（　）（　）
3. 你想了解机器的构造和工作性能吗?　　　　　　　　　　　　　（　）（　）
4. 你喜欢交通驾驶类的工作吗?　　　　　　　　　　　　　　　　（　）（　）
5. 你喜欢参观和研究新的机器设备吗?　　　　　　　　　　　　　（　）（　）

总计次数:　　　　　　　　　（　）（　）

第十组　　　　　　　　　　　　　　　　　　　　　　　　　　　　是　　否

1. 你喜欢从事非常具体的工作吗?　　　　　　　　　　　　　　　（　）（　）
2. 你喜欢做很快就看到产品的工作吗?　　　　　　　　　　　　　（　）（　）
3. 你喜欢做能让别人看到效果的工作吗?　　　　　　　　　　　　（　）（　）
4. 你喜欢做那种时间短但可以做得很好的工作吗?　　　　　　　　（　）（　）
5. 你喜欢参与有形的而不是抽象的活动吗?　　　　　　　　　　　（　）（　）

总计次数:　　　　　　　　　（　）（　）

计分方式:

组别	回答“是”的次数	相应的兴趣类型编号
第一组	（　）	兴趣类型 1
第二组	（　）	兴趣类型 2
第三组	（　）	兴趣类型 3
第四组	（　）	兴趣类型 4
第五组	（　）	兴趣类型 5
第六组	（　）	兴趣类型 6
第七组	（　）	兴趣类型 7
第八组	（　）	兴趣类型 8
第九组	（　）	兴趣类型 9
第十组	（　）	兴趣类型 10

分数解释:

回答“是”的次数越多,表示兴趣越强烈,反之,表示兴趣越弱。然后参照下列(表 2-1)兴趣类型的特点与相应职业,找出适合你兴趣的相应职业。

表 2-1 兴趣类型与相应职业对照表

兴趣类型编码	兴趣类型	类型解释与相应职业
1	愿与事物打交道	这一类人喜欢与事物打交道(如工具、器具或数字等)的职业,而不喜欢与人或动物打交道的职业。相应的职业有:修理工、裁缝、木匠、出纳员、会计等。
2	愿与人打交道	这一类人喜欢与他人接触的工作,喜欢销售、采访、传递信息一类的活动。相应的职业有:记者、营业员、服务员、推销员等。
3	愿干有规律的工作	这一类人喜欢常规的、有规律的活动,喜欢做有预先安排的细致的工作。相应的职业有:邮件分拣员、图书馆管理员、办公室职员、档案管理员、统计员等。
4	愿从事社会福利和助人的工作	这一类人乐意帮助别人,试图改善他人的状况,喜欢独自与人接触。相应的职业有:医生、律师、护士、咨询人员等。
5	愿做领导和组织工作	这一类人喜欢管理工作,爱好掌管一些事务,他们在企事业单位中起到重要的作用。相应的职业有:辅导员、行政人员、管理人员等。
6	愿研究人的行为	这一类人喜欢谈论涉及人的话题,他们爱研究人的行为举止和心理状态。相应的职业有:心理学咨询师、政治学老师、人类学研究人员等。
7	愿从事科学技术工作	这一类人喜欢分析的、推理的、测试的活动,擅长理论分析,喜欢独立地解决问题,也喜欢通过实验获得新发现。相应的职业有:生物学家、化学老师、工程师、物理学家等。
8	愿从事抽象的和创造性的工作	这一类人喜欢能充分发挥想象力和创造力的工作,爱创造新的式样和概念。相应的职业有:演员、创作人员、设计人员、画家等。
9	愿从事操纵机器的技术工作	这一类人喜欢运用一定的技术,操纵各种机械,制造产品或完成其他任务。相应的职业有:机床工、驾驶员、飞行员等。
10	愿从事具体的工作	这一类人喜欢制作能看得见、摸得着的产品,希望很快看到自己的劳动成果,他们从完成的产品中得到自我满足。相应的职业有:厨师、园林工、理发师、室内装饰工等。

活动知识

如何理解职业兴趣

通过上面的实践活动,已经测试出你的职业兴趣类型了。那么,究竟什么是职业兴趣?职业兴趣是一个人积极探究某种职业或从事某种职业活动所表现出来的特殊个性倾向,它使人对某种职业给予优先的注意,并具有向往的情感。正如英国著名的人类科学家古道尔,从小就喜欢动物,特别是黑猩猩,这种兴趣使得她从十几岁起就开始了对猩猩的研究,并30年如一日,在原始森林与猩猩一起生活,探索猩猩的行为习惯及人类早期的演变,为人类的进化研究做出了突出的贡献。

对兴趣测验的研究可以追溯到20世纪初,但在霍兰德(Holland)之前,关于职业兴趣测试和个体分析彼此是孤立的。霍兰德职业兴趣理论的提出将二者有机地结合起来。

霍兰德将人格分为现实/实际型(R)、调研型(I)、艺术型(A)、社会型(S)、企业型(E)和传统/常规型(C)六种类型。

补充资料　霍兰德的六种人格类型

霍兰德认为人的人格类型、兴趣与职业密切相关，兴趣是人们活动的巨大动力，凡是具有职业兴趣的职业，都可以提高人们的积极性，促使人们积极地、愉快地从事该职业，且职业兴趣与人格之间存在很高的相关性。霍兰德认为人格可分为现实/实际型(R)、调研型(I)、艺术型(A)、社会型(S)、企业型(E)和传统/常规型(C)六种类型。关于这六种类型的详细介绍请登录我们的网络平台进行深入地了解。

- ❑ 职业生涯规划实训平台
  - ❑ 资源库
    - ❑ 霍兰德的六种人格类型

人们通常倾向选择与自我兴趣类型匹配的职业环境，如具有现实型兴趣的人希望在现实型的职业环境中工作，这样，可以最好地发挥个人的潜能。但职业选择中，个体并非一定要选择与自己兴趣完全对应的职业环境。因为个体本身常常是多种兴趣类型的综合体，单一类型显著突出的情况不多，因此在评价个体的兴趣类型时，也时常以其在六大类型中得分居前三位的类型组合来评价。组合时根据分数的高低依次排列字母，构成其兴趣组型，如 RCA、AIS 等；此外，影响职业选择的因素是多方面的，不完全依据兴趣类型，还要参照社会的职业需求及获得职业的现实可能性。因此，在进行职业选择时会不断妥协，寻求相邻职业环境、甚至相隔职业环境，而在这种环境中，个体需要逐渐适应工作环境。

活动实训　霍兰德职业兴趣测试

霍兰德职业兴趣理论将人的兴趣及社会职业划分为六种基本类型，并以此为基础建立了目前世界上应用最广泛的霍兰德职业兴趣测验。如果你已经考虑好或选择好了自己的职业生涯，本测试将使你的这种考虑或选择具有充分的理论基础，或者为你提供其他合适的职业生涯；如果你至今尚未确定职业生涯方向，本测试可为你的职业生涯规划提供参考依据。请你根据下面提供的地址登录我们的网络平台参与测试。

- ❑ 职业生涯规划实训平台
  - ❑ 了解个人特质
    - ❑ 霍兰德职业兴趣测试

生涯故事

跳槽后，更开心

玲玲是河南某大学行政管理专业的毕业生，工作才一年多，却已经换了两份工作：行政助理以及现在的影楼摄影助理。摄影助理这份工作虽然工资微薄，仅仅够维持基本的生活，玲玲却做得十分开心，干劲十足。一谈到专业和职业兴趣这个话题，她总有说不完的话。

"高考选专业其实就是一个错误的起点。当时成绩平平，对学什么根本没仔细考虑，就草草地选择了当前比较火的行政管理专业。对女生来说，这可能是比较好的专业，不像理工科那样辛苦。但是，我却对它根本不感兴趣。"

毕业时进入一家房地产公司做行政助理，每天就是接电话、管理办公用品、安排会议室，偶尔处理业主的投诉等等。"这种感觉就像是打杂，真的没法忍受。有时候想想可能是自己不肯吃苦。毕竟一份工作在开始时都得付出相当多的努力去适应，并且只有通过这个过程才能真正了解它。"玲玲这样想着便说服自己坚持下来。但在工作将近一年时，她依然决定辞职。

"我的理想是做一份能符合我兴趣的工作。所以最后我还是选择了做自己最感兴趣的摄影。尽管现在只是从助理做起，工资也很低，但每天都过得很开心，也可以学到很多东西。也许以后我会拥有自己的摄影棚，不过这都需要很多努力啦！"说到自己的新工作，玲玲兴高采烈。

【专家指导】

职业兴趣是人们从事职业的巨大动力，只有从事符合自己职业兴趣的职业，人们的积极性才会被充分地调动起来，对某一职业浓厚的兴趣会促使人们积极地、愉快地从事该职业。反之，缺乏职业兴趣就会感觉工作枯燥、乏味。因职业兴趣的缺乏而干一行厌一行，不断地寻找新职业，就如案例中的玲玲。因此，要注意职业兴趣在职业中的作用。

活动知识

职业兴趣的功能

❍ 影响职业定向，坚定职业理想

兴趣发展一般经历有趣、乐趣、志趣三个阶段。从有趣开始，逐渐产生乐趣，进而与奋斗目标相结合，发展成为志趣，表现出方向性和意志性的特点，使人坚定地追求某种职业，并为之尽心竭力。

❍ 促进智力开发，挖掘自身潜能

一个人对于某一事物具有较为浓厚的兴趣，就会激发他对寻求该事物相关知识的欲望以及探索热情，并促使他调动全身心的积极性，以饱满的激情投入到学习和工作之中。这时，他的智力和体力都能够达到最佳状态，从而最大限度地调动主观能动性和创造性，发挥自身潜能，充分施展才华，取得意想不到的成功。

❍ 增强职业适应能力，提高工作效率

职业兴趣可以使人更快地熟悉并适应职业环境和职业角色。进而可提高工作效率。前面的有关研究资料也显示：如果一个人对某一工作感兴趣，便能发挥其全部才能的80%～90%，并且能够长时间、高效率地工作而不感到疲劳。

❍ 保持心情愉快，有利身心健康

心理研究证明，当一个人对自己所从事的职业有着浓厚的兴趣时，即使工作再苦再累，他也会感到精神愉快，充满乐趣。相反，如果一个人从事了一种自己不喜欢的职业，他就不可能积极主动地去做，甚至工作上被动、拖拉，还会产生消极的、抵触的情绪。因而得不到领导的肯定和同事的赞扬，甚至在工作中还会经常和他们发生矛盾，进而加剧了对工作的厌烦情绪和抑郁不快的心情，这样工作对他是一种惩罚，他的整个生活就因此失去了绚丽的色彩。由此可见，职业兴趣类型对职业有着极大的影响。

生涯故事

跟着感觉走

秦梦珂已经工作了十年。大学时学的是工科，毕业后先是在一家企业工作。一段时间后，发现自己对金融更感兴趣，于是便辞职去沿海城市闯荡。她做过秘书、业务员、销售经理，在各个职位上做得都很开心。可是多年之后，她发现自己的职业发展得并不成功。她认为这不单单是机遇的问题，很大程度上是自己的问题。她很想客观地了解一下自己具有哪些职业兴趣，到底适合做什么样的工作，但她不知道该采用什么方法来确定自己的职业兴趣。于是只能跟着感觉走，心里向往尝试的职业，便付诸行动、大胆实践，有时甚至不顾及可能带来的后果。而今陷入失业困境的她开始发愁了。面对大量的招聘广告，她真的不知道该如何选择。

【专家指导】

这样的例子不胜枚举。许许多多的人都是跟随自己的感觉找工作。一时间感觉自己有交际能力或说服力，便尝试走进营销行业；偶然听到别人夸奖他精通电脑，于是就设法进入与电脑相关的行业；过些日子发现自己的写作水平也不低，继而又加入撰稿作家的行列。至于自己的职业兴趣是什么却一直没有弄清楚，可能他们也曾像秦梦珂那样想过要采用什么方法来评定一下自己的职业兴趣，但最终苦于找不到评定的方法只能跟着感觉走。所以在选择职业之前了解一些评定职业兴趣的方法就显得非常重要。

活动知识

职业兴趣的评定方法

❍ 量表测评法

前面我们做过的职业兴趣自我评定量表，就是评定职业兴趣的有效方法，它是量表测评法之一。量表测评法不论在国外还是在国内都已经发展得相当成熟了。专业的职业兴趣测评工具也很多，如斯特朗兴趣量表、库德职业兴趣量表、霍兰德职业兴趣量表等等。

❍ 工作观察法

1. 你对目前的工作哪些方面感到最满意？

哪些方面感到最不满意？

你认为理想的工作应该是怎样的？

2. 你曾经做过的什么事情让你最有成就感？

3. 你学过的新知识、新技能，哪些是你学得很快并且非常有兴趣学的？

哪些是学得很认真但总是很吃力而且掌握不好的？

4. 记下你取得的成绩、受到的肯定，以及你觉得有收获且充实的事情。

记录以上的问题及回答，大约每3个月或半年左右分析一次，如是几次，你就能够逐步地明白你的兴趣所在。而且，即使你没有参加工作，你也可以从自己的生活中获得相关的资料。

❍ 羡慕他人工作法

我们都曾经有过羡慕别人工作的经历。在人生的某个特定阶段，或者在某个特定的场合，比如我们参加某个培训或者论坛，觉得如果我们能够从事那个主讲人的工作该是多么幸福的事啊。有时这种羡慕只是一个很短暂的念头，很快就消失了；而有时这种羡慕会在我们的脑海中一直徘徊。当然，我们的这种羡慕往往是我们对被羡慕对象的最光鲜一面的片面理解，当我们了解了那份工作的全部内容，或许我们并不喜欢它背后的东西。但是毕竟我们羡慕别人的工作，是一种美好的感觉，这种感觉往往是我们自身兴趣的一种投射。一个喜欢IT的人会羡慕比尔·盖茨而不会羡慕周杰伦；一个对管理感兴趣的人会羡慕张瑞敏的工作而不太可能喜欢王朔的工作。所以找个安静的地方静静地回忆、品味在过去的某段时间里你曾经对某个工作有比较强烈的羡慕体验，从中可以体会出你乐意为之奋斗的工作。

活动实训　我的职业家谱树

一个人的职业选择会受很多因素的影响，其中最主要的莫过于来自家庭成员的影响，他们对于你的期望影响着你的职业选择。本测验帮助你了解你的家庭成员所从事的工作，以及他们工作中的喜怒哀乐。虽然他们所从事的职业不一定是你所向往的，但通过了解他们职业的特性，你就可以掌握了解职业的方法，并对职场有个初步的认识。别再犹豫，请赶快登录我们的网络平台参与测评吧。

- ❑ 职业生涯规划实训平台
  - ❑ 了解个人特质
    - ❑ 我的职业家谱树

2.2 审视职业性格特征

观察一下你身边的人，每个人都有着自己独特的一面，有的热情外向，有的沉着冷静，有的火爆急躁，有的内敛稳重……他们在工作和生活中会表现出各种各样的处世态度，并使用不同的处世方法。而不同的工作岗位对员工性格也有着不同的要求，如对做文秘工作的人就要求其心思缜密、做事有条不紊，对教师则要求其耐心细致、善与人相处。难以想象一个脾气暴躁的人来做教师工作会带来什么样的后果。不仅仅是工作失误不断，给学生成长造成影响，也使得个人发展受到限制。对于终要踏入职场的大学生来说，选择职业时，应根据自己的性格，选择适合个人性格特点的职业。接下来请跟随故事的主人公一起来对自己的性格做一深入的了解。

2.2.1 行进在认知性格的道路上

生涯故事

五个同学五个样儿

小强寝室里一共5个人，来自祖国的大江南北。他们住到一起还不到一个月，彼此都还不是很了解。

身高182cm穿着一身的运动名牌的那位叫小健，此时，正拿着一瓶可口可乐狂喝猛饮。他来自东北，是个地地道道的东北大汉，骨子里流淌着悍勇好斗的血液，对各项体育赛事都相当地狂热。

戴着耳机且长发过耳的男孩，叫大乐，他正旁若无人地哼着周杰伦的歌曲。这咿咿哇哇的哼声惹火了平时不怎么说话的上海本地人小侬，此人一向精明过人，最不喜欢的就是人家侵犯到他的利益。他从被窝里探出头来大骂："唧唧歪歪的烦死了，还让不让人睡觉了！"

大乐特别喜欢音乐，他觉得音乐能给他力量，但这人天生胆小怕事。所以面对上海本地人那种天生的优越感，大乐怯生生地不敢分辩。旁边的小健看不下去了，就冲小侬嚷："吼啥吼！再说了，现在也没到就寝时间，人家唱歌碍着你啥了！"

小侬这人好面子，就和小健吵了起来，两人大有动手之势。正在看书的和事佬小勇，看着局势越来越紧张，只得放下手中的书，推了推眼镜，慢条斯理地说："大家都是文化人，别动手啊，别伤了和气！"

无奈大家的情绪都比较激动，小勇的话也只是耳旁风。看着形势越来越严峻，身为寝室长的小强当然不能袖手旁观，站出来横挡在两人中间，强行制止。在小强的调解下，大乐只好向小侬道歉，这场风波总算平息了。

几天后，学校社团开始招新了。小健想也没想，就报名参加了令许多人望而却步的柔道社，他觉得在那里才能体现出男人的力量。

大乐比较内向，只有音乐才能让他寻找到自我，所以，他毫不犹豫地报名参加了吉他社。

小侬整天就爱和人辩论，沉浸于怎么算计别人才能让自己不吃亏。他参加了法学社。

小勇则选择了无人问津的中国古典文学史社，研究他的中庸和老庄哲学去了。

而小强则因为出色的组织和领导能力顺利地进了校学生会。

【专家指导】

从开学初的一次争执中，我们不难看出小强寝室里的五位同学有着不同的性格，而最后因其不同的性格，他们选择加入了不同的社团。同样，性格也影响着我们的职业生涯。由于不同的职业对人有着不同的性格要求，因此不同的职业也需要不同性格的人去从事。

活动知识

你知道性格是什么吗

性格是指一个人对待现实的稳定态度和与之相适应的习惯性的行为方式中具有核心意义的个性心理特征。

首先，性格表现在人对现实的态度和与之相适应的行为方式上。性格是在社会实践活动中，在与客观环境相互作用的过程中形成的。当客观事物作用于个体时，人往往会对它抱有一定的态度，并作出与这种态度相应的行为反应。个体对客体的态度和行为方式通过不断重复得以保存和巩固下来，就构成了个人所特有的、稳定的态度和习惯性的行为方式。这种主体对客体的态度体系和行为方式是性格的本质特点。例如，有的人热情、真诚，宽以待人；有的人则冷酷、虚伪，尖酸刻薄；有的人谦虚谨慎、虚怀若谷；有的人则自高自大、盛气凌人；有的人面对危险，勇敢无畏；有的人则在困难面前怯懦退缩。体现这些态度和行为方式的心理特征就是性格。

其次，性格是个体稳定的个性心理特征。在某种情况下，那种属于一时的、情境性的、偶然的表现，不能构成人的性格特征。一个人在一个特别的场合偶然地表现出胆怯的行为，不能据此就认为这个人具有怯懦的性格特征。一个人在某种特殊条件下，一反常态地发了脾气，也不能据此就认为这个人具有暴躁的性格特征。只有那些经常的、一贯的表现才会被认为是个体的性格特征。

最后，性格又是个性中具有核心意义的心理特征。人的性格是后天获得的一定思想意识及行为习惯的表现，是客观的社会关系在人脑中的反映。所以，性格有好坏之分，在性格特征中占主导地位的是思想道德品质。正因为如此，在各种个性特征中，性格最能表征个性的差异，它是个性中最具核心意义的部分，它直接影响着气质、能力的表现形式与发展方向。

补充资料　性格、气质、能力

性格、气质、能力三者既相互区别，又彼此联系，密不可分。为了帮助大家更好地理解性格，更加明确性格、气质、能力三者之间的关系，请大家登录我们的网络平台对相关内容进行更深入地了解。

- ❑ 职业生涯规划实训平台
  - ❑ 资源库
    - ❑ 性格、气质、能力

2.2.2　寻找独一无二的自己

不同的个体，其性格也会存在差异，就像世界上没有完全相同的两片树叶。亦如小强寝室的五个室友五个样。那么，你是个什么性格的人？下面通过这个测验，找找你的性格。

活动实践

趣味性格测验

实践指导：依据你现在的而非过去的实际情况选择下列各题。

1. 一天中，你何时感觉最好？________

A. 早晨　　B. 下午及傍晚　　C. 夜里

2. 你走路经常是________

A. 大步地快走　　B. 小步地快走

C. 不快，仰着头走，面对着世界　　D. 不快，低着头走

E. 很慢

3. 和人说话时，你________

A. 手臂交叠地站着　　B. 双手紧握着

C. 一只手或两手放在臀部　　D. 碰着或推着与你说话的人

E. 玩着你的耳朵，摸着你的下巴，或用手整理头发

4. 坐着休息时，你的________

A. 两膝盖并拢　　B. 两腿交叉

C. 两腿伸直　　D. 一腿蜷在身下

5. 碰到令你发笑的事时，你的反应是________

A. 一个人欣赏地大笑　　B. 笑着，但不大声

C. 轻声地咯咯地笑　　D. 羞怯地微笑

6. 当你去一个派对或社交场合时，你________

A. 很大声地入场以引起别人的注意

B. 安静地入场，找你认识的人

C. 非常安静地入场，尽量保持不被人注意

7. 当你非常地专心工作时，有人打断你，你会________

A. 欢迎他　　B. 感到非常恼怒　　C. 反应在两极端之间

8. 下列颜色中，你最喜欢哪一种？

A. 红或橘色　　B. 黑色　　C. 黄或浅蓝色

D. 绿色　　E. 深蓝或紫色　　F. 白色

G. 棕或灰色

9. 临入睡的前几分钟，你在床上的姿势是________

A. 仰躺，伸直　　B. 俯躺，伸直　　C. 侧躺，微蜷

D. 头睡在一只手臂上　　E. 被盖过头

10. 你经常梦到你在________

A. 下落　　B. 打架或挣扎　　C. 找东西或人

D. 飞或漂浮　　E. 你平常不做梦　　F. 你的梦都是愉快的

分数对照表：

题　号	A	B	C	D	E	F	G
1	2	4	6				
2	6	4	7	2	1		
3	4	2	5	7	6		
4	4	6	2	1			
5	6	4	3	5			
6	6	4	2				
7	6	2	4				
8	6	7	5	4	3	2	1
9	7	6	4	2	1		
10	4	2	3	5	6	1	

计分方式和结果解释：

将你选择的所有答案所对应的分数相加，再对照后面的分析，找出你所属的性格及其特点。

低于21分：内向的悲观者

人们认为你是一个害羞的、神经质的、优柔寡断的、需人照顾的、永远要别人为你做决

定的、不想与任何人或事有关系的人。他们认为你是一个杞人忧天者，一个永远能看到不存在的问题的人。有些人可能会认为你令人乏味，而只有那些深知你的人知道你不是这样的人。

21分到30分：缺乏信心的挑剔者

你的朋友认为你勤勉刻苦、很挑剔。他们认为你是一个谨慎的、十分小心的人，一个缓慢、稳定而辛勤工作的人。你做任何冲动的或无准备的事，都会令他们大吃一惊。他们认为你会从各个角度仔细考虑并检查一切之后仍经常决定不做，认为你的这种反应一部分是由你的小心的天性引起的。

31分到40分：以牙还牙的自我保护者

别人认为你是一个明智、谨慎、注重实效的人，一个伶俐、有天赋、有才干且谦虚的人。你不会很快、很容易地和人成为朋友，但是你是一个对朋友非常忠诚的人，同时要求朋友对你也同样忠诚。那些真正有机会了解你的人会知道要动摇你对朋友的信任是很难的，但相等地，一旦信任被破坏，会使你很难熬过。

41分到50分：平衡的中道

别人认为你是一个新鲜的、有活力的、有魅力的、好玩的、讲究实际的而且永远有趣的人；认为你经常是群众注意的焦点，但也是一个有足够平衡能力的人，不至于因此而昏了头；他们也认为你亲切、和蔼、体贴、能谅解人，是一个永远能使人高兴并会帮助别人的人。

51分到60分：吸引人的冒险家

别人认为你是一个令人兴奋的、高度活泼的、相当易冲动的人，一个天生的领袖、做决定很快的人，虽然你的决定不总是对的；别人还认为你是个大胆的人，一个欣赏冒险并愿意尝试冒险的人。你愿意尝试做任何事情，至少一次。因为你浑身散发着刺激，他们喜欢跟你在一起。

60分以上：傲慢的孤独者

别人认为对你必须小心对待。在别人的眼中，你是自负的、以自我为中心的、是个极端的、有支配欲和统治欲的人。别人可能钦佩你，希望能多像你一点，但不会永远相信你。他们对与你有更深入的来往时会有所犹豫。

做完上面的测验，你可能会想：这就是性格的全部类型吗？当然不是。其实，不同的学说所采用的分类标准不同，划分出的性格类型也有差异，下面将向你详细介绍这部分的内容。

活动知识

性格类型

性格的类型是指在一类人身上所共有的性格特征的结合。由于性格表现比较复杂，目前还没有一个公认的、统一的性格分类标准，常见的性格分类如表2-2所示。

表 2-2 性格类型列表

<table>
<tr><th>划分维度</th><th colspan="2">学说类型</th><th colspan="6">性格类型</th></tr>
<tr><td>按心理机能划分</td><td colspan="2">机能说</td><td>理智型</td><td>情绪型</td><td>意志型</td><td></td><td></td><td></td></tr>
<tr><td>按心理的倾向性划分</td><td colspan="2">向性说</td><td>外倾型</td><td>内倾型</td><td></td><td></td><td></td><td></td></tr>
<tr><td>按个体独立性程度划分</td><td colspan="2">独立顺从说</td><td>独立型</td><td>顺从型</td><td></td><td></td><td></td><td></td></tr>
<tr><td>按个体社会生活方式划分</td><td colspan="2">社会文化学说</td><td>理论型</td><td>经济型</td><td>审美型</td><td>社会型</td><td>权力型</td><td>宗教型</td></tr>
<tr><td rowspan="3">按性格不同特征的结合划分</td><td rowspan="3">特质说</td><td>卡特尔特质说</td><td>表面特质</td><td>根源特质</td><td></td><td></td><td></td><td></td></tr>
<tr><td>吉尔福特特性说</td><td>A 型</td><td>B 型</td><td>C 型</td><td>D 型</td><td>E 型</td><td></td></tr>
<tr><td>艾森克特性说</td><td>内倾稳定型</td><td>内倾不稳定型</td><td>外倾稳定型</td><td>外倾不稳定型</td><td></td><td></td></tr>
</table>

❍ 按心理机能划分性格类型(机能说)

美国心理学家培因等人根据理智、情绪、意志三种心理机能在性格中何者占优势,把人的性格划分为理智型、情绪型和意志型。理智型的人,通常以理智来评价周围发生的一切,并以理智支配和控制自己的行动;情绪型的人,言行举止易受情绪左右,情绪体验深刻强烈,好感情用事;意志型的人,具有明确的行动目的和较强的自制力。除了上面三种典型的性格类型,还有一些中间型,如理智—意志型。

❍ 按心理的倾向性划分性格类型(向性说)

瑞士心理学家荣格根据人的心理活动是倾向于外部还是内部,把性格分为外倾型(外向型)和内倾型(内向型)。外倾型的人心理活动倾向于外部,经常对外部事物表示出关心和兴趣,性情开朗活泼,情感外露,不拘小节,善于交际,热情、随和;内倾型的人心理活动倾向于内部,较少向别人显露自己的思想,沉静、谨慎、顾虑,适应环境困难,交往面窄。多数人并非典型的内倾和外倾型,而是介于两者之间的中间型。

❍ 按个体独立性程度划分性格类型(独立顺从说)

按照一个人独立性程度的大小,可把性格分为独立型和顺从型。独立型的人不易受外界因素的干扰,善于独立地发现问题和解决问题,应变能力强,易于发挥自己的力量;顺从型的人独立性差,易受外来因素的干扰,常不加分析地接受别人的意见,应变能力差。

❍ 按人的社会生活方式划分性格类型(社会文化学说)

德国哲学家、教育家斯普兰格根据人类社会生活方式及由此而形成的价值观,把人的性格分为理论型、经济型、审美型、社会型、权力型和宗教型六种。理论型的人以探求事物本质为其最大价值，哲学家、理论家多属此类；经济型的人以谋求利益为最大价值，实业家多属此类；审美型的人以感受事物的美为人生最高价值，艺术家多属这种类型；社会型的人以善于与人交往、帮助别人为最大价值，社会活动家、慈善家多属这种类型；权力型的人以利用别人、掌握权力为最高价值，领袖人物多属此类；宗教型以追求宗教信仰为最高价值。

❍ 按性格不同特征的结合划分性格类型（特质说）

按照性格的多种特性的不同结合来确定性格类型，主要有以下几种。

1. 卡特尔的特质说

卡特尔把性格特征分为经常发生的、从外部可以观察到的表面特质和隐藏在其后并制约表面特质的根源特质两种类型。他从表面特质中确定了16种行为的根源特质：乐群性、聪慧性、稳定性、恃强性、兴奋性、有恒性、敏感性、怀疑性、幻想性、忧虑性、敢为性、世故性、实验性、独立性、自律性、紧张性。只要测出某个人的这16个因素各自达到了什么程度，就能得知他的性格特点。

2. 吉尔福特的特性说

吉尔福特等人认为，性格与人的情绪稳定性、社会适应性和心理活动的倾向性有关，他把人的性格分为12种特性。根据这些特性的不同结合，他又把人的性格分为五种类型。A型：性情急躁、直爽坦率、好胜心强，人际关系不太融洽，其行为常引起人们的注意或议论，又称行为型。B型：情绪稳定、乐观、温和，能力一般，不善交际，能够正确对待困难与挫折，人际关系融洽，社会适应性较好，又称平衡型。C型：情绪稳定、社会适应性良好，内心封闭、孤僻，好幻想，又称安定型。D型：情绪稳定、外向，活泼开朗、善交际，与人关系较好，有组织领导能力，又称管理者型。E型：情绪不稳定、社会适应性较差或一般，内向、自卑、易激怒、多愁善感，也称消极型。

3. 艾森克的特性说

艾森克认为人的性格可以从情绪的稳定与不稳定、内倾与外倾两方面加以描述。他通过测验和统计，找到这两方面特征相互制约的关系，以此归纳出内倾稳定型、内倾不稳定型、外倾稳定型、外倾不稳定型等性格类型。

生涯故事

性格危机

苏先生，本科学历，已有5年工作经验，现在一家企业做销售工作。苏先生销售业绩不错，其认真的工作态度也得到了大家的肯定。然而今年公司面临着更加激烈的市场竞争，苏先生所在的部门进行结构调整，销售模式也相应改变，苏先生突然觉得自己不适应工作的要求了。因为公司赋予了销售人员更多的权利，而且工作环境也更加复杂，性格比较内向的他发觉自己处理不了那么多不确定的事情。他的压力感愈来愈强，工作业绩也不太理想，苏先生开始怀疑自己的性格不适合做这份工作了，并最终决定放弃这份工作。

【专家指导】

不要认为性格不适合就轻易地放弃工作，一定要进一步挖掘深层次的原因，同时，要对自己的性格进行科学地评定与分析。确定自己的性格类型，把握自己的性格特点，寻找与性格相匹配的工作，从而避免在职场中走弯路。

几种常用的性格评定方法

对性格的评定方法有很多种，下面我们简单介绍其中几种，如行为评定法、量表法、投射法。如图2-1所示。

活动知识

❍ 行为评定法

通过在自然条件下观察一个人的行为，从而对他的性格特征进行评定，这种方法叫行为评定法。日常生活中，行为评定法是了解性格的一种重要的方法。教师了解学生的性格、父母了解子女的性格，大多采用这种方法。行为评定也可以通过自然实验的方法来进行，即研究者创设某种实验情境，主动引起被试在相应情境下的行为，然后通过行为分析对性格作出鉴定。例如，苏联心理学家阿格法诺曾设计了一个“拾柴火”的实验，研究者为40名保育院的孩子安排了这样一个实验情境：一天夜晚，在孩子们的住房附近堆放了一堆湿柴，而在远处山沟里堆放着许多干柴。研究者要求孩子们拾回干柴生火取暖。结果，小部分孩子跑到山沟里拾回干柴，而多数人不敢走远，只把近处的湿柴抱了回来。也有一部分孩子对布置的任务有抵触情绪，他们继续留在屋里，并说些抱怨的话。根据孩子们在实验情境中的行为，可以看出孩子的性格特征，有的勇敢，有的胆怯、动摇，甚至有点怨天尤人。孩子们事先并不了解研究者的意图，他们的行为较真实地表现了自己的性格特点。

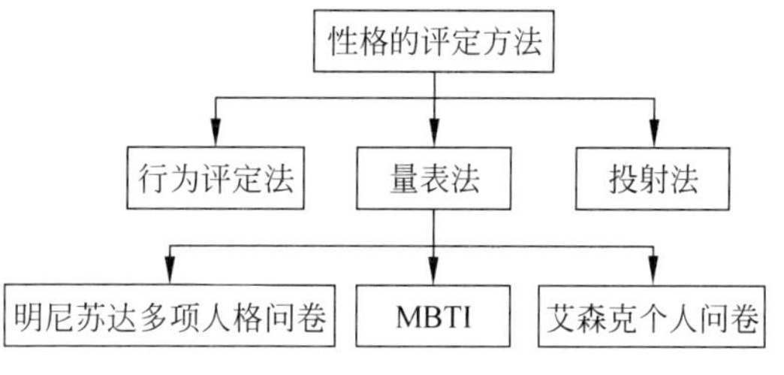

图2-1　性格评定的方法

❍ 量表法

这是一种常用的评定性格的方法。即向被试提出一系列经过标准化的问题，要求被试按照自己的情况作出回答。由于选定的问题与人的性格特点有关，因此通过分析被试的答案就可以对他们的性格特点作出评定。国内外常用的性格量表测验有下列几种：

1. 明尼苏达多相人格问卷。该问卷经过几十年的应用和修订，目前已成为国际上广泛应用的个性问卷。它的1966年修订版包括566个题目。可划分为10个临床量表和4个效度量表。10个临床量表，可以得到10个分数，代表10种个性特质。

2. 艾森克个性问卷。该问卷相对于其他因素分析的个性问卷而言，涉及的概念较少。有成人问卷和少年问卷两种，分别测量16岁以上成人和7～15岁儿童。各包含100个左右的题目，每种问卷都包括4种量表：外内向量表、情绪稳定性量表、精神质量表和效度量表。

3. MBTI。MBTI 是一份性格自测问卷。它是当今全球最为著名和权威的性格测试。

补充资料　MBTI 性格类型

MBTI 性格类型的评估体系基于人类性格的四个基本方面：我们与世界的相互作用是怎样的以及我们的能量向何方疏导；我们很自然地留意的信息类型；我们如何做决定；我们是喜欢结构性强的工作(做决定)呢，还是更自由随缘的工作(理解信息)呢。这四个维度的具体介绍请大家登录我们的网络平台进行详细地了解。

- ❑ 职业生涯规划实训平台
  - ❑ 资源库
    - ❑ 性格、气质、能力

❍ 投射法

投射测验法是主试向被试提供一些无确定含义的刺激，让被试在不知不觉中自由地把自己的思想感情流露出来，即投射出来，以确定其性格特征。投射测验主要有默里主题统觉测验(TAT)和罗夏墨迹测验两种。

2.2.3　不同性格，不同职业选择

人的性格千差万别，或热情外向，或羞怯内向，或沉着冷静，或火爆急躁……职业心理学研究表明，性格不同，其职业选择也会存在差异。个人的不同性格特征，对企业而言，决定了其工作岗位和工作业绩；对自己而言，决定了其事业的成败。

生涯故事

两个好友的职业定位怎么不一样

陈明和阿伟是同班同学，同为湖北某大学管理学院的学生。两人初中时是邻居，高中时是校友，曾经因为共同的爱好——篮球，而成为志趣相投的好朋友。高中毕业后两人又考进了同一所大学。大学即将毕业，两人商定好一同到某咨询有限公司请职业顾问为他们制订职业规划。规划结果，出乎两人的意料，咨询师为两人的职业定位有很大的差别。陈明和阿伟都是属于内向型和外向型相结合的性格类型，具备一定的沟通能力。但咨询师的分析发现陈明性格文静，其内向性格类型占主导，喜欢做比较稳定、较少变化的事情，所以咨询师将他的职业方向定位为人力资源，可选择金融、IT 等行业的职位，从 HR 发展为 HRM；而阿伟性格开朗、爽快，其外向性格类型占主导，而且沟通能力也很强，喜欢做具有挑战性的事情，所以咨询师给他的定位是电子、IT 行业的市场分析。

【专家指导】

人的性格不同，职业选择不同；人的性格不同，对待工作和职业的态度也不同；人的性格不同，在工作中表现出的行为和成绩当然不可能完全相同。职业心理学研究表明，不同的职业有不同的性格要求。因此我们在选择职业时，应根据自己的性格选择与之匹配的职业。

活动知识

性格与职业选择

性格不同，职业选择不同，同时，每种职业对从业者也有特定的性格要求。有条件的用人单位在挑选人员时会使用有关的性格测验，测试应聘者的性格是否适合其单位设置的岗位，尤其对一些特殊的岗位更是如此。性格与职业匹配并不等于说必须先具有某种性格特征才能从事相适应的职业。但个人如果能根据个体性格特征选择相适应的职业，则能较快适应，也较容易取得成功。有时，某一职业所要求的性格特征是多方面的，而个体只具备其中一部分特征，这时就需要用人单位全面考虑，既要考虑已具备的性格特征占职业所要求的性格特征的比例，又要考虑未具备的性格特征培养的难易，还要与兴趣、能力、气质等其他方面综合考虑后，做出最后的抉择。

用人单位招聘时经常的做法是，先进行职位分析，分析出岗位所需要的人员的性格特征，然后通过人格测验来挑选符合岗位特质的人，这是典型的由职位到人的做法。针对用人单位的此种做法，大学生也可以反其道而行之，从人到职位，先做测验了解自己的性格特点，然后去寻找适合自己的岗位。

活动实训　我的职业性格

职业性格测试 MBTI 是通过一个四项二元轴来测量人在性格和行为方面的喜好和差异的，它是现今比较权威可靠的性格测试。请登录我们的网络平台了解你的职业性格，为你的职业生涯规划做准备！

- ❑ 职业生涯规划实训平台
  - ❑ 了解个人特质
    - ❑ 我的职业性格

2.3　明确价值观导向

生涯规划中，我们常常需要作出这样的选择：是要工作舒适轻松，还是要高标准的工资待遇；是要成就一番事业，还是要安稳太平。当两者有矛盾冲突时，最终影响我们决策的是存在于内心的职业价值观。可见价值观对职业生涯的影响是更高层次上的,也是深远的。

2.3.1 走上价值观的探索路

生涯故事

小进的决定

上了大二以后,同学们都觉得小进像变了个人似的,彻底地脱胎换骨了。不仅加入了学生会,成了宣传部干事。还为了能给老师留下好的印象,主动要求做了学科联系人。同时,小进为了减轻父母的负担,也经常到校外做兼职,可是毕竟一个人的精力是有限的,小进不可能做好所有的事情,虽然每天早出晚归,结果却是经常被上司批评,说他工作不细致;被老师责备,说总也找不着他人;由于没时间交流,偶尔还会和同学产生一些小摩擦。一天下来,小进早已精疲力竭,却还要继续埋头苦干,因为学生会还有大量的工作等着他去做,自己还有那么多的功课没有完成……小进总有做不完的事情。最近他感到越来越郁闷,经常问自己这样一个问题:这种生活是我想要的吗?我要一直这样过下去吗?

当校园呈现一片宁静、同学们渐入梦乡时,小进才拖着疲惫的身体去水房洗漱。看着窗外一排排孤寂的路灯,小进感到了一种难以名状的失落。也许在老师和同学们的眼里,如今的小进是个坚强、上进的学生,可是有谁知道他内心的苦闷和孤独呢?由于整天忙着打工、上课、做学生会工作、完成老师交代的任务,他很难拥有属于自己的时间。约会、恋爱对于他也成了一种奢望。每当下班回来看到校园的林荫小道上一对对情侣甜蜜的样子,小进就会感到更加凄凉。某一个早晨,当他需要按点起床却因为睡得太晚而实在爬不起来的时候,小进忽然意识到,他不能再这样胡子眉毛一把抓,不能再这样生活下去,而应该重新规划自己的人生了。

【专家指导】

在这个社会里,有许多和小进一样的人,他们拼命地埋头苦干,却不知道究竟是为了什么。许多人获得了成功,反而感到空虚;许多人名利双收,却发现牺牲了更可贵的东西。每个人都在追求更多的财富、更高的名誉、更显赫的地位,或者在专业领域更大的发展,这些都没有错,但我们建议大家在为自己做职业规划之前,一定要明确自己的价值观。因为价值观决定了你的价值取向,它让你明白什么对你最重要,什么对你不重要。如果你的工作与你的价值观不相吻合,那么你工作起来就会感到无奈和痛苦。而这些感受通常是金钱和威望所不能弥补的。

初识价值观

活动知识

价值观是人们对周围事物的一种评价或态度，是人们在一定的环境中的动机，是目的需要和情感意志的综合体现。

首先，价值观包含认知、情感和行为成分的信念。它不仅支配着人们的行为、态度、观念、信念等，还支配着人们如何认识世界以及如何认识自我、设计自我等，同时价值观也是人们活动的依据。

其次，价值观是价值观念的内核，是最基本的价值观念，价值观是在价值观念的基础上生成的。人们在日常生活中，在思考实践活动的预期目的和结果时，往往要对参与实践的各种因素进行评价。这不仅对以往的实践有总结作用，对今后的实践也有指导意义。经过反复的生活实践，人们逐渐积累起对各种事物及其各个方面的总体印象和评价，形成感性价值认识。感性认识积累多了，经过多次体验、思考和评价，就会形成理性价值认识，使价值认识达到价值观念的层次。价值观念层次的认识相对来说比较稳定。人们经过对各种价值观念的积淀、筛选、浓缩和经验的反复证明，就产生了一种基本的立场和态度，形成了更加稳定的价值评价、价值目标和价值追求的倾向，这就是价值观。

再次，价值观的主要形式是信念、信仰和理想。价值观包括价值评价、价值目标和价值追求。价值评价以价值标准为依据，蕴含着价值目标和价值追求。价值观一旦形成，就成为一种“先入为主”的立场和态度，成为一种思维定式和行为倾向。在实际生活中，表现为人们判断某种事物好坏的基本态度和立场，即事物对于人的作用、意义、价值的根本观点。对于一个民族来说，价值观就是他们的理想、信念和精神支柱。价值观是世界观、人生观的重要组成部分。每一种世界观、人生观确立的同时，也意味着随之确立起一种价值观，不存在没有价值观的世界观和人生观。

说说他们的价值观

活动实践

实践指导：请阅读下面的三个案例，并思考相关问题。

案例1

一位姓刘的企业家，身患罕见重症，四肢瘫痪，曾四次心跳停止。一次经30多个小时抢救才脱离危险。就是这样，他仍然想的不是自己，并继续保持他喜欢助人、做善事的习惯。他先后资助了全国各地40多位家境贫寒的小学生。2003年，他发病住院打着点滴还签了两份资助两个贫困大学生的协议书。

案例2

某医科大学一位学生在总结他的价值观时写道：“人类的存在，本质上是无意义的，人本来就是可有可无的。我五年毕业后做一个大夫，默默工作几十年，消逝，无意义。即使经过努力自学成才成为一名作家，又有几个人能看到我写的书呢？人的一生是无所谓的，在人世间忙忙碌碌几十年，然后转入另一个世界，这就是人生的全部真谛。”由于他没有树立起正确的价值观，只追求自我实现、自我发展，一心想出人头地，最终因不能如愿而变得消极悲观，最后走上了寻求“永久和谐、宁静”的自杀绝路。

案例 3

某省一位县级官员在一次中学开学典礼上说：“你们为什么要读书呢？读书就是为了升官发财。当官就要当大官，当个科长有什么意思，要当就要当县长、市长、省长，发财就要发大财。”就是在这样的价值观指导下，这位县级官员最终因受贿被捕入狱。

思考：1. 以上三个案例分别反映了主人公什么样的价值观？

2. 对三位主人公的价值观你有何想法？

3. 根据三个案例，说明价值观具有哪些作用和属性？价值观与需要的关系？

活动知识

价值观——人生海洋上的灯塔

价值观影响人的行为选择，决定人的自我认识以及理想、信念、生活目标和追求方向的性质。因此，不同的价值观有着不同的导向作用。主要体现在以下两个方面：

1. 价值观对动机有导向作用。人们行为的动机受价值观的支配和制约，在同样的客观条件下，具有不同价值观的人，其动机模式不同，产生的行为也不同，动机的目的方向受价值观的支配。

2. 价值观反映人们的认知和需求状况。价值观是人们对客观世界及行为结果的评价和看法，因而，它从某个方面反映了人们的人生观，反映了人的主观认知世界。

价值观的属性

❍ 因人而异性

由于每个人的先天条件和后天环境不同，其价值观必然不同。价值观的形成受个人因素的影响，因此，每个人都有自己的价值观和价值观体系。在同样的客观条件下，具有不同价值观和价值观体系的人，其动机模式不同，产生的行为也不同。

❍ 相对稳定性

价值观是随着人们认知能力的发展，在环境、教育的影响下，逐渐培养而成的，是人们思想认识的深层基础，形成了人们的世界观和人生观。所以，人们的价值观一旦形成，便具有相对的稳定性、持久性，并会对人的行为产生深远的影响。

❍ 可变性

由于环境的改变、经验的积累、知识的增长，人们的价值观又是有可能发生变化的。

价值观与需要

需要是个体在生活中感到某种欠缺而力求获得满足的一种内心状态。它是人脑对生理和社会要求的反映。人是自然属性与社会属性的统一体，对其自身与外部生活条件有各种各样的要求，如对空气、食物、水、阳光等自然条件的依赖，对交往、劳动、学习、创造、运动等社会条件的要求。当这些必需的事物反映在人脑中,就成为人的需要。需要与人的行动有着密切的联系。人的活动总是受某种需要驱使,需要一旦被意识到并驱使人去行动时,就以活动动机的形式表现出来。需要激发人去行动,并使人朝着一定的方向去追求,以求得到自身的满足。同时人的需要又是在活动中不断产生与发展的。当人通过活动满足了原有的需要时,人和周围现实的关系就发生了变化,又会产生新的需要。因此说,需要是人的活动的基本动力。

价值观是与人的主体需要相联系的,在价值判断中,所谓是非、善恶、好坏、美丑等,都是以人的需要为标准的。当然,这并不是说价值观与客观性无缘,而是说人的需要与事物有用性之间的特定关系是断定客观事物有无价值及价值大小的评价标准。比如,职业价值观反映的就是人们需要与属性之间的关系,是人们对社会职业的评价。需要不同,人们的价值观也会有差异。

名人名言

➢ 价值观带来目的感,像星星一样指引个人去生命空间的某些地方。那里可以是意义的中心,需要得以满足的地点和让兴趣得以表达的场所。价值观比兴趣更加基础重要,因为价值观表示质量或探索的目标,反之兴趣表示那些追求价值观的活动或事物。

——佚名

2.3.2 测测你的个人价值观

什么对你而言最重要?家庭?工作?金钱?我们首先要明确自己的价值观,然后才能在价值观的引导下朝某个方向行进。如果不清楚自己的价值观,就很可能会到达别的地方。下面请你测测你的个人价值观。

活动实践

生活方式拍卖会

实践指导:你将进入一个虚拟的世界,在这个世界中你的梦想都可以用钱买回来。你必须从下面的拍卖表中选出你想要的梦想,并在紧张刺激的拍卖过程中争取你希望买到的项目。每个人可有2 000元作投标用,但你不一定要全部用完,每个项目的底价是100元,每次叫价也以100元为单位。你需要先在拍卖表上选出你希望得到的项目,并定下投标价。总投标预算不可多于2 000元。拍卖开始后,可视情况用低于或高于你所定下的价钱竞投,但总开支一定不可以多于2 000元。在拍卖的过程中,你需要记录自己及他人的拍卖价。这些项目将被随机地拍卖,它们将从一个信封里抽出,而不是由列表(如表2-3所示)顶端的1号开始按顺序到列表底端,任一项目均可以在任意时间内出现。

每个拍卖项目代表不同的生活方式，也反映出不同的人生观和价值观。（拍卖项目及附注解释见附录）

表 2-3 生活方式拍卖表 测试者姓名________

项　　目	你的预算金额	你赢得的项目	最终获得项目的金额
1. 500 000 元基金			
2. 富挑战性的生命			
3. 365 天环游世界			
4. 从没有苦闷的一刻			
5. 长寿与健康			
6. 美酒佳肴任你选			
7. 健康体魄			
8. 理想职业			
9. 青春常驻			
10. 家佣服务			
11. 无忧信用卡			
12. 图书馆			
13. 运动比赛或节目门券			
14. 私人岛屿			
15. 自由自在			
16. 理想住宅			
17. 事业有成			
18. 管理自己的生意			
19. 免费音乐会、话剧或电影			
20. 没有歧视的世界			
21. 大名鼎鼎			
22. 友谊万岁			
23. 艺术界的天之骄子			
24. 改善环境			
25. 学术成就			
26. 受重视的助人者			
27. 永恒的爱			
28. 自信心			
29. 完美的婚姻			
30. 健美的外形			
31. 模范父母			
32. 自知之明			
33. 改善别人的生活			

思考问题：

1. 你为什么会追求你所竞投的这些项目？

2. 你对每个项目的出价接近自己的预算吗？还是在拍卖中你的情绪打乱了自己原先理性的计划？

3. 你在拍卖测验中体会到自己有什么样的价值观？

4. 你最希望在人生或工作中自己的什么需要可以得到满足？

5. 你是否受别人的影响，而改变了自己的价值取向？

6. 你的价值观和工作兴趣是否吻合？

人生的资源和时间是有限的（正如每个人在拍卖测验中只有按 2 000 元一样），而我们想要得到的东西又会在不能预料的时间内出现（正如拍卖项目没有顺序出现一样），因此，我们需要认真思考究竟自己最想追求的是什么，否则可能会浪费宝贵的资源和时间。

附录：拍卖项目及附注解释

1. 500 000 元基金：你二十三岁生日时，将可得到一个价值 500 000 元的基金，你每年可提取基金的 7%作为利息收入。

2. 富挑战性的生命：你将会生活在大自然的环境中，它给你的挑战你都能迎刃而解，你会感受到这种挑战的乐趣。

3. 365 天环游世界：你可在一年内环游世界，不用负担任何开支。你可选择任何自己喜欢的地方，做自己想做的事。

4. 从没有苦闷的一刻：你将会是一个活力充沛的人，没有忧心苦闷的一刻。你身边的人都会羡慕你的活力。

5. 长寿与健康：你将没有疾病的烦恼，并可活到超过 100 岁。

6. 佳肴美酒任你选：你将可随时得到任何你想吃想喝的东西，并可与家人亲友一起享用。你也可自由选择进餐的地点。

7. 健康体魄：你将会是一个自律地做运动的人，并且享受运动所带来的刺激和活力。

8. 理想职业：你将拥有一份梦寐以求的职业。你可以设定工作的性质、薪金、晋升机会、跟什么人共事和工作地点。

9. 青春常驻：你可选择任何一个年龄，并停留在那年龄。

10. 家佣服务：你将享有一生的家佣服务，包括洗烫、煮食、家具清洁等。

11. 无忧信用卡：你将拥有一张终生、没有金额限制的信用卡。你可在任何百货公司、商店购买你喜欢的东西，所有开支都有人为你付清。但你买的东西只可自用或是给家人用，不能转让给别人。

12. 图书馆：你将拥有你想选取的任何书籍，并可随时加添。

13. 运动比赛或节目门券：你和一个朋友可随意选择观看任何运动比赛或节目。

14. 私人岛屿：你将独拥一座世外桃源式的小岛，岛上备有一切生活所需。

15. 自由自在：你将随时随地做自己喜欢的事，不受任何打扰。

16. 理想住宅：你将拥有一座特别为你及家人设计的豪宅，该豪宅坐落的地点也由你挑选。

17. 事业有成：你将具备各种优秀的条件，令你事业有成。

18. 管理自己的生意：你将会接收一单差劲但仍有商机的生意，你将作出勇敢果断的决定，使生意逆转过来，并有利可图。

19. 免费音乐会、话剧或电影：你将终身拥有免费观赏音乐会、话剧或电影的权利。

20. 没有歧视的世界：你将举办一项活动，这活动可使世界不再存有歧视。

21. 大名鼎鼎：你将会被公认为一个有成就的人，并会被后世所景仰。

22. 友谊万岁：你将会有一小撮很忠实及亲密的朋友，你们可坦诚相对，并彼此珍惜这份友谊。

23. 艺术界的天之骄子：你将拥有至高的艺术天分，艺术界都给予你至高的推崇。

24. 改善环境：你将会参与一个青年活动，致力改善地球的环境。

25. 学术成就：你将会因在校内有出众的学术表现而获得至高荣誉，并可有一定奖学金。

26. 受重视的助人者：你将有能力、资源及影响力去帮助别人，你总是受人爱戴及钦佩。

27. 永恒的爱：你和你的伴侣将拥有永恒的爱，你们的互信与爱使双方都感觉到生命的真谛。

28. 自信心：你将会在年轻时就可感受到自我实现的感觉，并且你可透过持续的学习和发展，继续成长。

29. 完美的婚姻：你将拥有完美和谐的婚姻生活。

30. 健美的外形：你将拥有美丽的外形，永没有肥胖的烦恼，也不用担心要以做运动来保持身形。

31. 模范父母：作为一个父亲或母亲，你完全明白孩子的需要，他们乐于和你讨论他们的问题和困难。你的孩子都健康、快乐与你享受很美好的时光。

32. 自知之明：你将非常了解自己的感觉和感受，这能力也可帮助你更了解你身边的人。

33. 改善别人的生活：你将有能力及机会去改善不及你幸运的人的生活质量。

生活方式拍卖会是明确个人价值观的方法之一，下面重点介绍如何探索价值观以及探索价值观的方法。

活动知识

如何探索价值观

要想成功地规划自己的职业生涯，首先要对自己的价值观有个明确的认识。在一个人的职业生涯选择中，其价值观是很重要的决定因素。所以在选择自己的职业之前，有必要对自己的价值观进行一下探索。价值观探索强调的不是价值观本身，而是获得价值观的过程。价值观探索的步骤和方法如

图 2-2、图 2-3 所示。

❍ 价值观探索的步骤

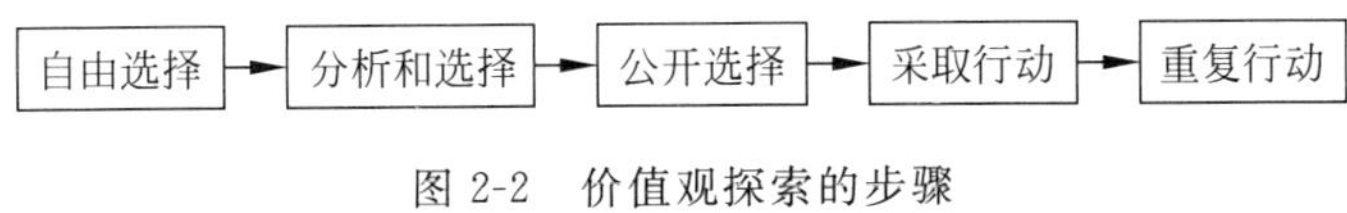

图 2-2 价值观探索的步骤

1. 自由选择

一个人的价值观必须是由自己自由选择的，只有经过自由选择而确立的价值观才能真正起到引导个人行为的作用。反之，如果不是由自己选择的价值观，那么就会出现行为和价值观相悖的情况，很难找到人生的方向。所以首先要自由选择自己的价值观，然后思考每一个选择的后果。

2. 分析和选择

对每一种选择的后果都要仔细分析，然后做出最终选择。最好在头脑冷静的时候进行分析、选择，因为个人感情冲突时，大脑缺乏冷静，这样贸然选择的价值观不一定是自己真正的价值观。只有对各种不同途径的后果经过认真考虑和衡量比较后做出的选择才是有意义的选择，才是自己真正的价值观。

3. 公开选择

如果我们的选择是在自由的环境中经过自己的认真考虑做出的，而且我们非常重视和珍惜它，那么，当有人问起时，我们就会很自然地对外公开宣布我们的选择。

4. 采取行动

根据自己的选择采取行动。一个人的价值观支配着他的生活并能对他的日常行为产生举足轻重的影响，可以说价值观是一只无形的手，默默地操纵着一个人的行为。一个人如果认为某种东西的确有价值，就会非常愿意为之付出时间、精力、金钱甚至生命，他们不断地去尝试、实践、百折不挠、锲而不舍，直到达到自己的目的为止。

5. 重复行动

重复行动，来实现自己的价值观。如果一个人的某种观念态度或兴趣已经上升为他的价值观，那么，它就会在各种不同的时间，一而再、再而三地表现在行为上，长久地支配着人们的行动。

❍ 价值观探索的方法

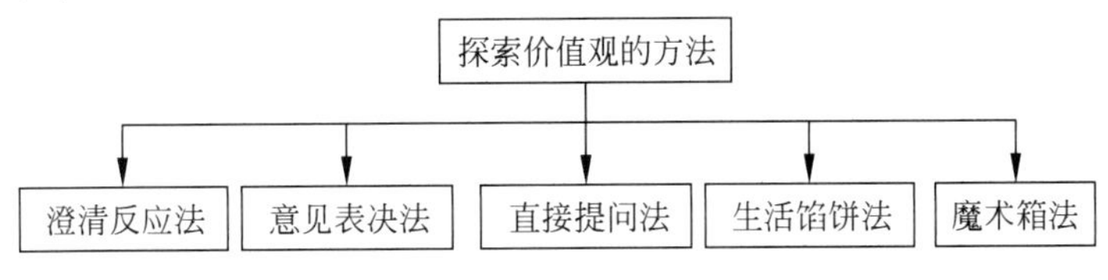

图 2-3 探索价值观的方法

1. 澄清反应法

它是探索价值观最基本、最主要的方法。具体方法：由咨询员向咨询对象进行询问，用适合一定情境的语言来刺激咨询对象的思想过程，使其进行一番深思明辨的内省，从而引出咨询对象的行为和动机，咨询者根据咨询对象的所作所为、所说所感从而判断其价值观的方法。

一些专家认为，最重要的是价值观的澄清过程而不是价值观本身的内容。他们确定了价值观澄清的三个阶段。第一阶段是选择一个价值观。自由地选择一个价值观，不考虑他人的眼光，也不考虑其他的价值观，然后思考每一个选择的后果。第二阶段是珍视你的价值观，包括喜欢和珍爱你的价值观，愿意在合适的时候向他人公开声明自己的选择。最后一个阶段是依照你的价值观行动，包括做出一些与你的选择有关的行动，不断地以一种与你的价值观选择相一致的模式行动。思考一下你自己的重要的工作价值观，看看是否能使你的价值观得到澄清。

2. 意见表决法

它是事先由咨询员拟定几个和价值观密切相关的问题，然后让咨询对象表明自己的意见并做出选择，据此来判断咨询对象价值观的方法。

3. 直接提问法

它是由咨询者向咨询对象直接提问，让咨询对象公开回答咨询者的问题，然后咨询者根据回答归纳总结出咨询对象的价值观。

4. 生活馅饼法

先由咨询者画一个大圆圈，象征着馅饼，然后让咨询对象根据他们生活中各项内容所占的比例将馅饼进行分割。比如，用大的圆圈表示一天24小时，让咨询对象说出以下活动如睡眠、玩、做作业、看电视、吃饭、做家务、独自活动、与父母聊天或其他活动所占的时间，并按照各项活动所占时间的多少分割圆圈。生活馅饼的主要作用是帮助咨询对象对自己的生活做出客观地、具体地、系统地分析和检查，使他们的生活朝着更为理想的境地发展。

5. 魔术箱法

咨询员可告诉咨询对象，魔术箱是伸缩自如的箱子，它装着许多人想要的各种各样的能看见和看不见的东西。然后，向他们提出一些问题，如：你最想要的东西是什么？你想从魔术箱里拿出什么送给你的亲人？你认为人与人之间交往最重要的是什么？你最关心的是什么？你生命中最大的喜悦是什么？你最相信什么？等等。

此方法的目的在于帮助咨询对象认真回顾和思考他所珍视和痛苦的东西，从而进一步帮助他认识自己的价值观，用正确的价值观来指导他的行动。

活动实训 人生价值观问卷

人生价值观在人的一生中发挥着举足轻重的作用，它能帮你确定你的人生目标，指引着你去探索目标实现的途径。明确你的价值观，还能给你提供无形的动力，帮助你实现你的梦想。下面请你登录我们的网络平台测测你的价值观。

- ❑ 职业生涯规划实训平台
  - ❑ 了解个人特质
    - ❑ 人生价值观问卷

2.3.3 透视职业价值观

价值观在人们的职业生涯发展中起着极其重要并且是决定方向的作用，甚至超过了兴趣和性格对自己的影响。由于个人的身心条件、年龄、阅历、教育状况、家庭影响以及兴趣爱好、价值观等方面的不同，人们对职业选择的目标和要求也不相同。

活动实践

探究你的职业价值观

实践指导：思考下列问题，并在横线上写出你的答案。

1. 在这个世界上，你想要改变哪一件事？你想改变你居住的城市中的哪一件事？对于你自己有哪件事想改变？

2. 在你死亡之前，你特别想学会的事是什么？

3. 列出那些对你的一生最重要的价值（如独立、创造性、在户外工作等）。

4. 工作环境即人的环境。有些人可以提升你的能量、效率和自尊，而有些人则会湮没你。分别列举出3个人，并描述他们对你的影响。

5. 你有无限的财富，且不必工作：

A. 你会如何使用你的时间？（不要仅仅局限在一个时间段内，把视野扩大到一种生活方式）

B. 你会参与哪一类慈善事业或公益事业？

很多大学生都认为毕业后找工作只是为了赚钱生活，可是你是否想过，一份工作不仅给你薪水，它可能还得满足你的成就感、符合你的价值观。所以，先了解职业价值观的知识，明确自己的职业价值观类型，再找出与自己的职业价值观类型相匹配的职业，这才是你的最佳选择。

什么是职业价值观

活动知识

职业价值观是人生目标和人生态度在职业选择方面的具体表现，也就是一个人对职业的认识和态度以及他对职业目标的追求和向往。俗话说"人各有志"，这个"志"表现在职业选择上就是职业价值观。它是个人对某一职业的价值判断，表明了一个人通过工作所要追求的理想是什么，是为了钱？为了权力？还是为了一种情感关系等？

职业价值观也是人们衡量社会上某种职业优劣和重要性的内心尺度，是个人对待职业的一种信念，并为其进行职业选择、努力实现工作目标提供充分的依据。职业价值观反映的是人的需要与社会职业属性之间的关系，是人对社会职业的评价。

职业价值观还是一种具有明确的目的性、自觉性和坚定性的职业选择的态度和行为，对一个人的职业目标和择业动机起着决定性的作用。理想、信念、价值观对于职业的影响，主要体现在职业价值观上。比如一个人如果追求的是自我价值的实现，那么他就会选择那种最能发挥其特长的职业；如果一个人只是一味地追求名和利，那么他在选择职业时，就会优先考虑目前所选取职业的地位和经济收入。

实习女大学生

生涯故事

昨天单位分来一位女大学生。她上大四，即将毕业，到这里来实习。听说她是广州某大学的学生，去年11月份就进了一家企业实习。因那家单位需长期加班，她承受不了而辞职。之后选来选去，最终还是决定到我们单位实习。单位领导叫我带她逐渐适应工作。今天她跟我聊天时，告诉我，她不认同先前实习单位的工作环境，认为那种工作环境是将"女人当男人使，男人当牲畜使"。在那种工作单位，忙来忙去，连谈恋爱的时间都没有了。而她所认同的工作环境是工作就是工作，生活就是生活，工作不能代表生活的全部。所以，坚决不进工作和生活不分的单位工作。

【专家指导】

大学生职业价值观是指大学生在人生的特殊领域——职业生涯中对待职业选择和职业活动特有的价值取向，是大学生人生价值观的一个重要表现形式。在价值观日趋多元化，崇尚个性的今天，大学生不论选择实习还是工作时，都不再遵循统一的模式与标准，而是更多地考虑并尊重自己内在的真实需求。

活动知识

大学生职业价值观的现状

职业价值观作为一种价值取向，对个人职业选择、从业态度以及社会整体就业环境都有着不可忽视的影响。下面从三个方面讨论和分析当前大学生职业价值观的现状，如图 2-4 所示。

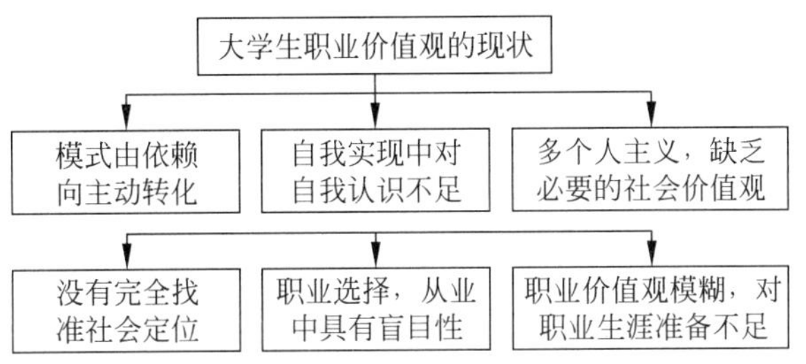

图 2-4 大学生职业价值观的现状

❍ 大学生职业价值观模式由依赖向主动转变。

在过去，升入大学就意味着拥有一份体面、稳定的工作，个人无须也不能解决自己的就业问题。大学生进入各行各业后一般也“各守其业，各安其分”。大学生们无论在职业选择还是职业活动中，都带有某种依赖性。但自从大学生就业实行“双向选择”之后，人们的传统就业价值观发生了极大的变化。上大学不等于进了就业保险箱，一切都要自己解决。一时间，生存的需要成为大学生最迫切最直接的需要。因此，今天的大学生在面临就业问题时，已自觉地将就业和自己的生存、发展紧密联系起来，职业成为个人实现自我的重要途径。自我价值的实现和个人目标的追求开始主导毕业生的就业选择行为，自主就业的观念已深入人心。

❍ 大学生职业自我实现中对自我的认识不足。

当前大学生职业价值观虽然表现出积极寻求自我实现的一面，但其自我实现仍然缺乏深层次内容，主要表现在以下几点。

第一，当前大学生还没有完全找准自己的社会定位。

在对未来的职业描述中，他们喜欢片面地追求“高收入”、“大城市”、“大单位”等体面、舒适的工作。大学生们的就业理念仍然同社会现实有一定的差距。他们在接受现实社会的实际情况时依然带有某种不情愿的色彩，对“天之骄子”这一称呼还有点恋恋不舍。这种定位不准使大学生们难以对就业问题作出正确的分析，难以在职业活动中做到真正意义上的自我实现。

第二，职业选择、从业过程中具有盲目性。

当前我国大学生的职业价值观，缺乏成熟的理性分析，更多的是一种盲目追求时尚、体面、满足个人一时物质欲望的非理性选择。许多大学生在就业之际依然不知道自己的优势和劣势，对自己适合做什么，不适合做什么，自己潜能有多大一概不知，导致面临就业抉择时有就业恐慌表现。

第三，职业价值观模糊，对职业生涯准备不足。

当前大学生在选择职业时更多地考虑的还是谋生，而很少从人生发展的意义上去思考、规划。由于没有良好的自我概念，没有对社会、对职业的理性认识，他们缺乏良好的职业自我价值观和职业社会价值观。这种不良的职业价值观直接导致他们既不能很好地认识自己，也不能很好地认识职业和社会，因此就无法从职业生涯的高度上来选择、规划自己的职业，同时，也制约着个人在职业上的自我实现。

❍ 大学生职业价值观中多个人主义，缺乏必要的社会价值观。

当前大学生在择业时敢于积极追求个人价值、尊严和利益，自我意识、成就欲望、自我责任意识明显增强，但同时，相当一部分大学生择业的社会责任感相对减弱，在择业时过分关注个人利益和需要，关注个人奋斗和自我营造，甚至为了满足自己的择业意愿，不惜一切手段，滋生了严重的个人主义。在他们的职业价值观中，对理应包含于其中的社会价值观关注不够。然而，任何个人都只能在特定社会历史条件下从事自己的职业活动。同时，每一种职业也有它所独有的对从业人员的特殊要求。因此，个人在职业活动中必须充分考虑当时的社会历史条件和职业特点，以实现在职业活动中的个人→职业→社会的成功匹配，达到人与职业、人与社会的和谐发展。当前大学生在就业过程中显然对这些方面关注不够，因而很难把个人特质同社会的需要、职业的需求相匹配，找到人与社会的结合点。所以，企业人士认为，解决这个问题的最佳办法就是大学生们调整就业心态，不仅仅从自己的角度，同时也从社会的角度来考虑、关注自己的就业问题，将自己的职业生涯和社会的整体发展结合起来，在追求整体和谐的基础上来规划自己的职业生涯。

活动实训　我的职业价值观

每一个求职者由于其所受教育的不同和所处环境的差异，在职业取向上的目标和要求也是不相同的。在许多场合，我们往往要在一些得失中作出选择，而左右我们选择的，往往就是我们的职业价值观。然而有时我们对自己的职业价值观并不是很清楚。通过本测试，你就可以大致了解自己的职业价值观倾向，从而为自己选择理想的职业提供讯息。请登录我们的网络平台了解自己的职业价值观吧。

❑ 职业生涯规划实训平台

　❑ 了解个人特质

　　❑ 我的职业价值观

2.4 关注休闲

生活压力日益增强的今天，人们在选择职业的过程中越来越关注休闲。同时，休闲爱好不同，其职业选择也有差异。因此，休闲很自然地成为我们生涯发展中的一个重要部分，我们需要更好地了解和理解它，以便有效地解决职业生涯问题和制订职业生涯规划。下面我们将带你一起更深入地了解有关休闲以及休闲与工作等。

2.4.1 阁楼中的风景

生涯故事

哪里来的抱怨声

最近一段日子，小米总是听到同寝室A的抱怨声：

“又是通知大家去开会！怎么总是这样的活啊！”

“写宣传海报？这也属于办公室做的事情啊？”

“早知道这样就不参加什么职能部门了……”

……

诸如此类的抱怨不胜枚举，尤其是在最近几天的校园活动月中。

A是学校乒乓球协会的办公室主任，说起这主任的来源也确实有些戏剧化。A的乒乓球技术在社团女生中算得上数一数二，新生入学比赛后很快得到了协会会长的重视。之后便经常在一起打球，因此A和会长的关系也算比较好。苦于这届会员内没有人愿意加入办公室，A禁不起会长的软磨硬泡便硬着头皮接过办公室主任这个重担。“新官”刚刚上任便赶上了一年一度的校园活动月。

校团委为了丰富同学们的学习生活，每年设定一个校园活动月，在此期间，校内大大小小的社团都争相举办自己的特色活动，并同校外相关社团进行联谊交流。乒乓球协会的传统项目就是举办校内乒乓球，校际联谊赛，并组织大家观看锦标赛。

而此时的乒乓球协会办公室，包括A在内仅仅有两个人，而那一位却还是从其他部门临时借调过来帮忙的大一新同学，所以A不仅需要帮助这位借调过来的新同学熟悉各项相关活动及流程，而且还得同时操心自己负责的任务。制作联系卡、名签、获奖证书、写宣传展板、通知比赛时间、账目负责等，一系列的筹备活动几乎全部压在A一个人身上。除去每天的上课、协会的常规比赛训练、例行值班安排，A还得管理办公室的一切运营。这一段时间里，A经常得熬夜到凌晨1、2点钟才能睡觉。也难免她会有些怨言。

寝室长看着A天天忙碌却又一点都不开心，很疑惑地问道：“A，你不是很喜欢乒乓球吗？能做和乒乓球有关的事情应该开心

才对啊!”

正在制作获奖证书模板的A毫不犹豫地回答:“乒乓球只是我的休闲爱好,而现在它几乎占据了我生活的全部,就连周末也不例外,早上起来,乒乓球队常规体能训练;上午下午要忙比赛会务,到晚上又是球队技术训练。怎么都觉得乒乓球从什么开始变成我的负担了呢……”

在A的话语声中,小米陷入了往事的回忆,在大一刚入学的时候,小米也曾兴致勃勃地去管理吉他协会,为了使这个协会更进一步地发展壮大,她东奔西走,兢兢业业,到头来还是竹篮打水一场空,不但没有得到老师和校领导的认可,就连会员们都还怨声载道的。小米就一直想不明白:难道发展自己的休闲爱好也错了吗?

【专家指导】

A热爱乒乓球,然而当乒乓球成为她的工作,充斥她的整个生活,和她的学习产生冲突,使她缺乏休闲时,A依然会对自己曾经的爱好失去兴趣,对自己的工作产生倦怠,对生活开始抱怨。心理学研究显示,长期处于生活与工作的失衡当中,会严重损害人们的生理和精神健康。适度的休闲十分重要。适度的休闲能够减轻人们的压力,维持更久远的时间工作、学习;适度的休闲,能够使人们心情开朗,工作、学习效率提高,成功的几率也会相对提升。

活动知识

结识休闲

休闲是个体在闲暇时间里按照自己的意愿与偏好,从事的以获取身心愉悦、自我实现或精神满足的活动。它是一种自愿的活动。对成人而言,是指在商店、工厂或办公室上班以外的,能依自己的意愿做事的时间;对学生而言,就是上学、做功课、帮忙做家务后所剩下的时间。在休闲时间内从事的活动即休闲活动。休闲有多种形式,可以是异地观光旅游、康体保健、看书读报、看电视、与家人朋友聊天等等;可以在家中也可以在户外;可以是有偿的也可以是无偿的;可以是为了提高工作效率,也可以是为了放松身心的。

一般意义上的休闲是指两个方面:一是解除身体上的疲劳,恢复生理的平衡;二是获得精神上的慰藉,成为心灵的驿站。休闲是完成社会必要劳动之后的时间,是人的生命状态的一种形式。而对于人的生命意义来说,休闲又是一种精神态度,在人类社会进步的历史进程中始终扮演着重要的角色。

我们这里所说的休闲,它是我们生活中不可缺少的一个部分,包含休闲态度、休闲时间、休闲方式、休闲活动、休闲爱好等因素,它受兴趣、性格、价值观等的影响,是个人特质的主要表现形式。

生涯故事

学习狂，败倒在体质上

李梦是安徽某大专院校的二年级学生，来自农村，家里三姐妹她最小却最懂事、最孝顺。她很可爱也很聪明，成绩一直不错，深受老师和同学们的喜欢。她爸爸一直以她为豪，把她当儿子来疼，也给予了她更多的期望。李梦没有因为受宠而自满，相反，她给予自己更大的压力。一直把学习看得高于一切，更将“好好学习，天天向上”奉为自己的座右铭。只为了毕业后能够出人头地。进入大学后，两年来她一直过的都是“三点一线”的生活，把所有的时间都花在学习上。为了节省时间，她早上会去食堂买好几个馒头带进图书馆作为一天的食物。看着越来越消瘦的李梦，身边的好友实在忍不下去了，硬拉着她一起玩，到外面的饭馆小炒几盘，可每次她都感觉很有压力，总有一种很强的犯罪感，有时控制不住情绪也怪罪好友。渐渐地，好友不再找她玩了，只有临近考试的时候才会跟随她一起进图书馆学习。她唯一大方的就是买书，床头堆积了数不清的专业书。两年过去了，知识是增长了，可身体也垮了，成天戴着耳机的她现在听别人说话都很吃力，视力也急剧下降，两年中还因为肾结石动过手术，现在还有胃痛的毛病。发生的这一切使聪慧的她变得越来越没自信。临近暑假，同学们做兼职的做兼职，回家的回家，而李梦却再一次因为中耳炎要动手术住进了医院。躺在床上的她，不禁流下了后悔的眼泪。

【专家指导】

李梦把所有的时间和精力都投注在学习上，却忽略了休闲，忽略了自己的健康，最后导致多次住进医院躺在病床上。漫漫求学路，健康是保障。如果她能适当地关注健康、关注休闲，她的情况将会完全不同。“磨刀不误砍柴工”，因此，适当地关注休闲对调节相对紧张的学习和生活是很有必要的。学习路上是这样，工作路上亦是如此。所以，请大家意识到休闲的重要性，适度关注休闲。

活动知识

适度休闲很重要

休闲就像阁楼中的风景，很美很重要，却也很容易被人忽视。休闲的重要性主要体现在个人、家庭和社会三个方面。

○ 个人方面

1. 增进身心健康

现代社会，竞争激烈，往往容易导致身体的疲劳和精神上的烦恼。休闲活动，不仅可以疏松筋骨、运动身体，还可以调节情绪，满足心理上的需求，如好奇心、成就感、自我肯定等等，使身心得到健康。

2. 保持良好情绪，提高工作效率

休闲能够减轻压力，给人们更多的自由时间和空间，能保持良好的心情，这样，自然就能提高工作效率，并能维持更久远的时间和精力工作。

3. 培养创造力和毅力

休闲活动是自己选择的，兴趣浓厚，很容易激发创造力，甚至有时为了达到某种理想，废寝忘食地全力以赴，无形中培养了坚韧不拔的精神。

4. 培养人际关系

休闲时和朋友一起聊天，既可以交换经验，增广见识，又可以排除孤寂。而且有些活动是要与人合作的，如下象棋、打球、郊游等，在与其他人相处的过程中，可以学习别人的长处，培养忍耐、谅解、领导等能力，更可交到不少志同道合的朋友。

5. 开拓生活领域

参加休闲活动，特别是自己有兴趣的活动，不仅可以消除工作上的疏离感，更能使生活多姿多彩，扩大胸襟，体验生命的真谛。

❍ 家庭社会方面

家人共同的休闲活动，可以缩短家人之间的距离，建立家庭中的亲情与友爱，增加家人之间交流的机会。

❍ 社会方面

1. 休闲活动使人们因接触而相互了解，无形中提高了社会意识，促使社会更加团结。

2. 休闲活动中，可以学习到许多生活准则、价值判断和社会规范等，因此能帮助个人社会化，达到寓教于乐的目的。

2.4.2 你的舞台炫出你的风采

活动实践

休闲生活个人才艺秀

实践指导：为了让你更全面地了解休闲生活，明确自己的休闲爱好，提高休闲质量，下面为大家举办了一场休闲生活个人才艺秀。参秀项目不限，形式多样。请你根据下面的步骤秀出你鲜为人知的个人才艺吧。

1. 在个人才艺秀之前，形成你的个人秀计划：先向你的好朋友、同学和家人初步展示和介绍你的参秀项目，并与他们交流，完善你的参秀项目。

2. 将同学们的参秀项目进行分类，如茶艺秀、服装秀、表演秀、收藏秀、绘画秀等。

3. 参加实地秀。参秀同学实地介绍自己的休闲生活、参秀作品的创意、参秀感受。

4. 参秀项目相同的同学可以相互交流，共同切磋，在参展活动结束之后形成休闲爱好小组。

讨论

1. 在才艺秀的过程中，你的最大收获是什么，你发现了自己的哪些优点？

2. 从才艺秀中你发现了其他同学在平时学习和生活中没有被发现的优点了吗？谈谈你的感受。

3. 你认为什么样的休闲生活是合理的和健康的，应该如何安排好学习和休闲生活？

4. 你所秀出的休闲生活和你将来想要从事的工作是否相关？为什么？

5. 你认为你的休闲生活和你将来所要从事的工作是否会产生冲突？那时你将怎么办？

休闲的常见类型

活动知识

从上面的实践活动可以看出，每个人的爱好不同，其休闲类型也会存在差异。那么，在我们日常的生活和工作中存在哪些常见的休闲类型呢？一般而言，休闲可分为下列几类，如表2-4所示。

表2-4 休闲类型列表

类型	举例	益处
旅游类	郊游、旅行、露营、远足等	亲近大自然，欣赏各地风光美景，松弛紧张忙碌的生活，怡情悦性，增广见闻。
体能类	各种球类、游泳、健身操、骑马、登山、太极拳、潜水、跳绳等	锻炼体魄，增强体力，有益身体健康。从事脑力工作的人，尤宜多参加体能活动，借以调剂身心，激励进取的斗志。
收藏类	收集邮票、卡片、书签、剪报、钱币、火柴盒、徽章、贝壳、模型等	从收集、辨识、整理、分类、储藏、展示的过程中结交志趣相投的朋友，相互研究收集的方法，分享心得；更能借此活动，培养细心、耐心和整理能力。
思考类	围棋、象棋、跳棋、拼图等	培养判断力、启发智能及思考能力。
创作类	插花、绘画、书法、摄影、手工艺、弹奏乐器、写作、歌唱等	满足人类创作的心理需求，培养审美的感觉。创作出的成果，可美化生活环境，丰富人生色彩。
社会服务类	参加社团、担任生命线、育幼院、消基会、安老院、红十字、当老师等义工人员	增广见闻，发挥爱心，增加社交能力；体会"助人为快乐之本、人生以服务为目的"的意义。
栽培饲养类	种花、养兰、饲养宠物（鱼、鸟、狗……）等	能培养爱心、耐心，并可从中领会生命的可贵以及发现造物主的伟大。
娱乐类	观赏电视、电影、舞台剧、录影带、舞蹈、评剧、音乐演奏，或是阅读书报杂志等	在工作之余，得到轻松，这是最普遍也最受人欢迎的活动。

你经常看到描述工作和休闲的日志吗？下面有两篇日志，希望能给大家以启示。

日志1，柯达创始人乔治·伊斯曼曾说过这样两句话："我们从事的工作决定了我们拥有什么，我们的休闲活动决定了我们是什么。"我想用这两句来对照自己，结果令我沮丧。第一句："我们从事的工作决定了我们拥有什么。"我现在的工作根本无法决定我拥有什么，换句话说，我尽力寻找此份工作带给我的意义，发现除了生计之外，别无其他。第二句："我们的休闲活动决定了我们是什么。"让我迷惑，不禁自问：我有休闲吗？我的休闲活动是什么？我有点难以自答。

日志2,现在工作中我有两怕,一是怕电脑。因为我的眼睛越来越弱,对着电脑的时间稍稍一长,眼睛就会发疼发酸。二是怕熬夜。而外贸工作一般需要的就是这两样。所以这段时间以来我一直都想去找份稍微清静点且有休闲时间可以支配的工作。我准备选择酒吧,而且在网上有看到一个叫“阿伦故事酒吧”的,应该会比较适合我的口味。

看了上面的两篇日志你有什么感受?你曾有过类似的经历或担忧吗?你是如何看待休闲和工作的?你的休闲爱好和你想要从事的职业有冲突吗?你曾经因为工作时间太长,属于自己支配的休闲时间太短而放弃选择某份职业过吗?你对你现在所从事的工作要求你保证的工作时间满意吗?你期望你现在所从事的职业,其工作和休闲如何分配?你一直想要从事而未能从事的职业,它的工作和休闲是如何分配的?

活动知识

休闲与工作——留出时间,享受生活

休闲与工作如孪生兄弟,它们对人类的生活同等重要,二者缺一不可。休闲与工作亦如歇脚与赶路之间的关系,适当的歇歇脚不但不会阻碍赶路,反而能够加快赶路的速度。工作可以使人在劳动的磨练中健康成长,也可以实现个人的人生价值并对社会产生一定的积极作用;而休闲则可以成为工作的润滑剂,让人的头脑和身体得到必要的休息与放松之后以更好的精神状态投入到工作中去。这样,往往能明显地提高工作效率,达到事半功倍的效果。一个仅会工作的人就像一头盲目劳作的牛永远体会不到工作的乐趣,而一个只会休闲的人则如一只糊涂的猪不知大年三十夜被宰的厄运即将来临。所以,既能在工作中休闲,又能在休闲中工作的人,他的人生才会充满真正的快乐。然而,在当今社会,很多人的休闲和工作是不平衡的,工作占据了大量的休闲时间。当遇到工作经常占用休闲时间时,很多人要么不知道如何处理,痛苦不堪;要么毅然决然地放弃所从事的职业。这些做法都是不明智的。应该在职业规划中充分考虑休闲因素,在职业选择时将自己的休闲和职业结合起来考虑,并学会平衡休闲和工作。所以,首先,我们要充分的了解自己的休闲爱好是什么,然后才能将之跟自己的职业兴趣相结合。这样,不仅有助于搞好自己的本职工作,更能让人充分地享受到工作之外的时间给生活带来的无穷乐趣。下面就请登录我们的网络平台测测你的休闲爱好吧。

活动实训　休闲爱好博览会

在业余生活中,你总喜欢从事自己感兴趣的活动,比如看漫画、上网聊天、听歌、集邮、购物、逛街……在这些活动中,你是否感觉时间不够用,心情很愉快很满足……其实这都是爱好使然。你清楚地知道自己的休闲爱好吗?请登录我们的网络平台明确你的休闲爱好。

- 职业生涯规划实训平台
  - 了解个人特质
    - 休闲爱好博览会

本章小结

- 兴趣是人们探究某种事物或从事某项活动的心理倾向，它以认识或探索外界的需要为基础，是推动人们认识事物、探求真理的重要动机。兴趣是职业选择的重要依据。
- 评定职业兴趣的方法很多，本书主要介绍量表测评法、工作观察法和羡慕他人工作法。
- 性格是指一个人对待现实的稳定态度和与之相适应的习惯化的行为方式中具有核心意义的个性心理特征。它是一个人独特的心理特征的总和，决定着一个人的职业选择。
- 性格的评定方法有行为评定法、量表法和投射法。
- 测试性格的问卷很多，本书主要使用了趣味性格测验以及 MBTI 职业性格测试。
- 价值观是人们对周围事物的一种评价或态度，是人们在一定的环境中的动机，是目的需要和情感意志的综合体现。价值观决定人们的职业期望，影响着人们对职业方向和职业目标的选择。
- 职业价值观是人生目标和人生态度在职业选择方面的具体表现，也就是一个人对职业的认识和态度以及他对职业目标的追求和向往。
- 生活方式拍卖会、价值观问卷和职业价值观问卷是本书所介绍的测验价值观的主要工具。
- 休闲是个体在闲暇时间里按照自己的意愿与偏好，从事的以获取身心愉悦、自我实现或是精神满足的活动。它是一种自愿的活动。
- 休闲生活个人秀有助于你更加全面地了解休闲生活，提高休闲质量。

关键词

兴趣　职业兴趣　霍兰德职业兴趣测验　性格　职业性格　MBTI 职业性格测试　价值观　职业价值观　休闲与工作

第3章　评估职业能力

经过第2章的学习及活动体验，大家对自己的性格、兴趣等都有了一个初步的认识和了解。但仅有这些自我认识还不足以支持你在未来的职业选择中，做出最适合自己的决定。我们常听到这样的言论：做自己感兴趣的事，做自己感兴趣的工作，才会得到真正的快乐。我们不否认这一观点的正确性。然而，作为生活在21世纪的大学生，面对竞争日益激烈的、变化日新月异的社会环境，我们也要清楚地认识到：在实际的生活和工作中，仅仅凭兴趣选择工作、凭兴趣对待工作是远远不够的，经过一段时间，你会发现你所向往的工作和实际有很大的差距，进而对现在的工作感到乏味、失望，甚至失去兴趣。

很多人会觉得不可理解，甚至质疑：怎么可能呢？原因很简单，一直生活在"纯校园"内的学生对于校园以外的情况一无所知，却又对未知的一切抱着过分美好、过分乐观的期望。这个话题看似老生常谈，不过，通过后面的活动以及故事中主人公的经历，或许会让你明白这一点。

活动思考

- ❑ 回想一下，你获得过哪些成就。
- ❑ 在四年大学生活中，你希望自己能再获得哪些成就？
- ❑ 你有哪些能力待开发？
- ❑ 职场上，从业人员需要哪些技能？
- ❑ 从事哪些工作，你会感到游刃有余？

活动导图

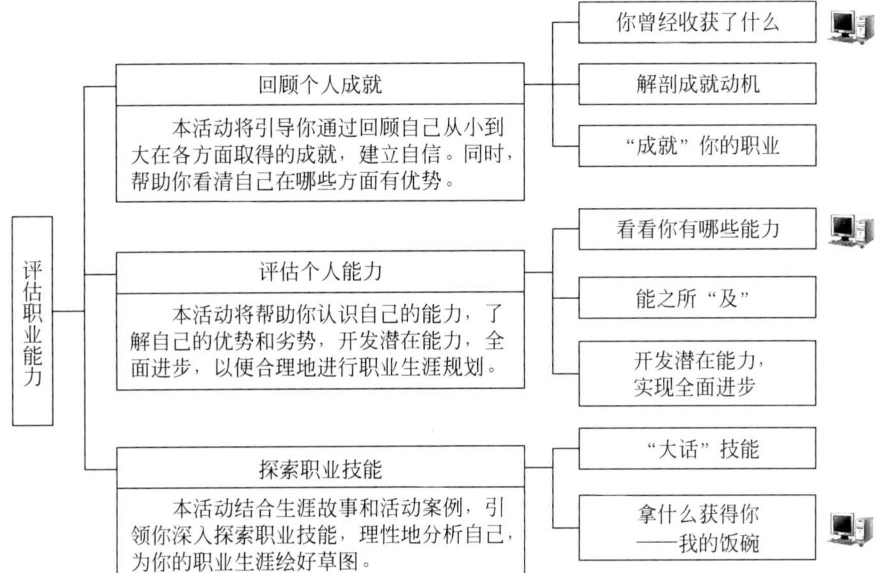

3.1 回顾个人成就

回顾个人成就是制订职业生涯规划的重要一环。回想一下自己过去和现在已经取得的成就，有利于自己客观地认识自身的优势、能力以及掌握的技能，这对建立职业生涯目标至关重要。

很多学生总是感觉自己很忙，但仔细想一想都在忙些什么呢？忙着上课？写作业？忙着社团活动？每当这时，他们总会感到很郁闷：这样一天天地过去，一事无成，似乎都是在混日子。老师和家人总在要求我们上进，可我们每天都忙忙碌碌、紧紧张张，并没有浪费时间啊。为什么回想起来，却总是感觉刚刚过去的一天、一周甚至一个月，都毫无收获呢？

大学生活和我们以往的学生生活并不一样。小学、中学时，我们只要按时上课，按时完成作业，取得较好的成绩，就是最大的收获。在大学生活里，学习只是其中的一部分，有更多的事等着我们去做。大部分时间需要我们自己支配，甚至每学期上哪些课都需要我们自己选择。步入大学校园的新生，好奇、兴奋，一心想在大学时代有所作为，但匆忙中，却忽略了自己在这个过程中所取得的一点一滴的成就。这些成就堆积起来，便成就了一项了不起的大事业。

3.1.1 你曾经收获了什么

挤过高考的"独木桥",步入大学的"天之骄子"们都有着一股"海阔凭鱼跃,天高任鸟飞"的激情和豪气。为了尽快适应大学生活,大家常常会参加社团、学生会以及各种各样的社会实践活动,以全面提高自己。但是,经过一段时间,很多人沮丧地发现:除了更加忙碌之外,自己似乎并没有什么特别的收获。瞧,小米就陷入了这样的痛苦与迷茫中。

就像前一章节中的A一样,小米也曾意气风发地在吉他协会奋斗过。下面我们来看看小米的故事。

生涯故事

苦恼的会长

上了大学,小米有了大量的课余时间,她又重新拾起了她那闲置已久的吉他,又能尽情弹奏,在美妙的旋律中找回昔日的快乐时光了,小米有着说不出来的开心。

慢慢地小米发现校园里有许多和她一样热爱吉他的人,他们经常在校园的林荫小道上一起弹奏。遇到初学弹奏的新手,小米都会给予耐心的指导;遇到技艺高超的"吉他前辈",小米则虚心讨教。时间一长,小米以琴会友,认识了很多喜欢吉他的新朋友。眼看着这个自由组合的"吉他演奏队"也小有规模了,这时,有的"队员"提出:我们成立一个"吉他协会",这样,我们就可以向学校申请一个专门的练习场地。大家纷纷响应,每个人都很兴奋,小米反应尤为强烈。

在大家的鼓动下,小米破天荒地挑起大梁,开始张罗申请事宜。其间,小米也曾担心过,自己这学期要准备英语四级考试,怕时间和精力上都不允许;另外,成立了协会有了专门的场地,学校有可能会摊派演出任务,到时候,在任务的强制下,大家不愿意弹奏怎么办?况且,大家学吉他也是兴趣所致,她没有责任和义务必须把协会办好。也许是对吉他的钟爱,小米按捺不住自己的冲动,这一次显示出了非同寻常的勇气和决心。舍友们看着往日被动而胆怯的小米如今像换了个人似的,谈起"吉他协会"眼中充满了期待,也只好放弃了劝服小米的打算。就这样,经过一个多月的筹备,吉他协会风风火火地成立了,小米理所当然当选为会长。新官上任,第一件事就是拟定协会条例。小米洋洋洒洒拟定了十几条,其中包括:每周安排三次吉他演奏会,所有会员必须参加。每次演奏会小米认真对待,会前15分钟必须到场,做好准备工作,会后,小米要打扫屋子,总是最后一个离开。此外,小米还兴致勃勃地组织了一次"校园吉他大赛",为了这次比赛,小米花了很多心思,诸如申请并布置比赛场地,向各单位拉赞助,动员大家参与比赛,邀请评委,购买奖品,制作证书……除此之外,小米还忙着为协会招贤纳士,谋划着积极扩大组织。总

之，协会的各种事情多得让小米理不出头绪。两个多月来，为了这个协会，小米每天熬夜，上课很难集中精力听讲，本打算这学期拿下的英语四级考试，还没做任何准备，英语单词快退回到高考时的量了。

吉他协会成立两个月之久，除了刚开始的几天小米还带着新鲜感、有一股兴奋之情外，后来的大部分时间就总是一张苦瓜脸。小米诉苦说，协会的成员都只想着弹奏，一点儿不愿意做事，每次练习申请场地、组织活动，甚至招新生的宣传画板……都是小米一个人在做。新生招来了，却没人教得了，活动渐渐地没有人来了，管理社团的校团委前几天表示，想让大家出一个节目，可是大家没有谁能上台，即使有几个弹得不错的，也不愿意出面……自己为了社团付出了很多，甚至逃课制订协会各种章程，现在临近期末，学习却一塌糊涂。小米万分苦恼：真后悔当初那么冲动，我就跟傻瓜一样，什么都干不成……

【专家指导】

案例中的小米看似忙乱不堪、一事无成，其实不然，她只是错误地认为成就就是得到别人对自己的认同，听到认可的声音越大，成就就越大。如果小米再好好整理一下自己的成就就会发现：她在这一段时间里懂得了成立协会的流程、了解了相关的文案工作、掌握了激励会员的多种方式，而且还大大提高了自己的人际交往能力。因此，我们建议大家：要正确理解成就。只有了解了什么是真正的成就，才能投入你的热情，用毕生的精力去争取更大的成功，赢得他人的赞美。

活动知识

辨识“成就”

我们这里所讲的“成就”，一个含义等同于“完成”，另一个含义则是“取得的业绩”。即使在古汉语中，“成就”一词也没有超出这两层含义。早在古代，人们就已经明白：若想在某件事情上取得成功，首先要“锲而不舍，保证完成这件事”；其次，还要力争做得出色，做到最好。因此，成就是一种被人们努力追求的被称为成功的特殊品质，它不仅仅是你所做的事情，还是你运用自身条件尽力做到的事情。

从上面的定义我们可以了解到，并不是只有做出一番惊天动地、轰轰烈烈的事才叫有成就，也不是做过被人认可，甚至让人羡慕的事才叫有成就。比如，自己的照片被刊登在报纸杂志上，朋友竞相传阅，家人津津乐道，你自己会感觉很有成就，这时你很可能会剪下那一方纸片，妥善保存在家中并时常取出来回味一番。的确，能有资格受到传媒的关注表明你非等闲之辈，让大众了解自己所取得的成就恰恰体现出你很有“分量”。但并非这些显赫的、带有光环的“业绩”才能称其为成就，生活中你曾做过的对你的成长和发展有意义的或对他人有帮助的事都叫成就。只是我们很容易看到前一种成就，而忽略后一种成就的存在。小米感到“没有什么收获”就是对后一种成就的忽略。进入大学后，你是否也像小米一样渐渐地忽略了自己曾经取得的，或正在取得的成就呢？下面根据我们列出的成就清单，来看看你都收获了些什么？

列举成就清单，会促使你积极地思考，让你回忆起自己曾经取得的成就。对照下面列出的条目，好好回想一下，自己在这些方面曾经取得过哪些成就，即使是微不足道的，只要你认为有所收获，就可以列在你的成就清单中。回忆尽可能地详尽一些，这将使你更清楚地了解自己的成就，肯定自己的能力。

- 在学术上取得的成就
- 在体育上取得的成就
- 在写作方面的成就
- 在文艺方面的成就
- 在领导方面的成就
- 在辩论、演讲等口才方面的成就

活动实训　个人成就清单

上面练习中列出的成就清单条目只是一个提示，以使你能顺利地开始回忆。如果你想了解自己方方面面具体的成就，那么请参加"个人成就清单"活动实训，它将让你像读一本书一样，一章一节地有条理地回忆起自己的成就。请登录我们的网络平台填充你的成就清单。

- 职业生涯规划实训平台
  - 评估职业能力
    - 个人成就清单

3.1.2 解剖成就动机

说到成就，必然会想到动机，因为成就总是和动机联系在一起的。事实上，成就动机不仅会制约个人在某一方面的成败得失，也制约着个人发展的全部过程和最终成就。因为成就动机能激发一个人的潜能，使个人能力充分发挥出来，并不断努力，使结果达到最佳状态。在某种程度上，解剖成就动机可帮助我们形成正确的成就动机，实现自己的职业生涯目标；而探索成就动机的高低有利于评估个人潜能。那么，究竟什么是成就动机呢？

生涯故事

超强成就动机老板的反思

某高科技企业创始人王总，出来闯荡多年，离开老家时，做过一个性格测试，测评结果显示其追求成功的自我成就动机十分鲜明。一直以来，他把这些当做求学、工作的法宝，并且不断强化，自我认同。从大学阶段的学习到适应社会，从外资软件公司到内资软件公司，从一般技术员到公司高层，从打工到组队创业，这种强烈的成就动机激励着他刻苦学习、努力工作。王总自己认为，来上海发展的这些年在同行中算是非常不错的，有运气，也有比别人更加努力的成分，还有更重要的就是自我激励和超强的成就动机。王总在强烈的成就动机的驱使下将自己的企业规模发展得越来越大，公司的业绩也越来越好。然而，在这个过程中他慢慢发现，在这个变化的社会大环境下，完全依靠自己的能力、技术来维持基本的生存，是没有什么问题的，但是要谋求更大的发展，带领团队前进，就要不断地超越自己。而自己遇到的人际关系越来越多，在人际沟通方面面临着越来越大的挑战。有时候感觉很迷茫，甚至感到力不从心。

问题到底出在哪里呢？

《哈佛商业评论》有篇题名为"扼住成就动机的欲望"的文章，说的是那些成功的创业老板或企业家，在他们的职业生涯中形成了过度追求自我成就的欲望，以至于在工作中处处好表现自我，过于追求效率和业绩，而忽略了关心人的心情和感受，对员工的责骂多、表扬少，这样的结果是，自己过于追求完美，眼里容不得一点沙子、瑕疵，稍微遇到一点不顺心不完美的事，就变得情绪不稳定，心情受影响，生活上和工作中，不开心的时候很多，不能正确对待工作中和生活中的问题，情绪化突出。

经过咨询发现，王总的问题也是出在过强的成就动机上。王总出生在一个农村家庭，家庭经济非常困难，一直以来，他渴望自己出人头地，有朝一日能够改变现状。这种超强的成就动机，导致他过得很辛苦，每天玩命地工作，很少休息。他说，他经常担心未来，担心"一夜回到解放前"的生活，所以不断地催促自己工作，也不断地要求别人工作，结果弄得大家都不开心。过高的成就动机，过度的危机意识，不仅使得王总自己生活得很累，还因为他对待员工太苛刻而引发了员工的不满，从而阻碍了他事业的发展。

【专家指导】

案例中的王总，由于成就动机过强，过度地追求成功，而忽视了人际沟通，忽视了对员工的关心，事业发展因此受到阻碍。现实中也不乏王总这样的人，认为强烈的成就动机使人具有很高的工作积极性，进而提高工作效率，获得更大的成功。然而我们想告诉大家的是：成就动机强度与工作效率之间的关系并不是一种线性关系，而是倒 U 形关系。中等强度的动机最有利于任务的完成，也就是说，太低的成就动机对工作效率无益，但也不是动机越强工作效率就越高，而是动机强度处于中等水平时工作效率最高，一旦动机强度超过了这个水平，对行为反而会产生一定的阻碍作用。

下面我们重点了解一下成就动机及其特点。

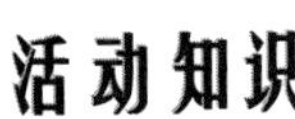

成就动机

成就动机在英文中是 achivement motivation，是个体追求自认为重要的有价值的工作，并使之达到完美状态的动机，即一种以高标准要求自己、力求取得成功为目标的动机。如具有这种动机因素的销售人员，就能挑战推销过程中遇到的各种困难，战胜挫折和自身的不足，取得良好的业绩。

成就动机的基本特点

(1) 人的活动总是指向一定目标的,并力图在某些方面取得成就。

(2) 在克服障碍和困难的过程中,成就动机使人正视所遇到的挫折和失败,表现出极大的韧性和毅力,不达目的绝不罢休。

(3) 成就动机具有复杂的多级性,从幼年到儿童、青少年、成人以及老年,不同阶段会表现出不同的成就动机。儿童在幼年时期,言语学习、生活自理、游戏等是其主要活动内容,其成就动机就表现在努力将这些事情做好;入学后的儿童,主要活动是学习,取得好的学习成绩成为他们成就动机的主要目标;而到了青少年时期,成就动机向更高一级发展,并开始复杂化,除了追求好的学习成绩外,文娱、体育、团体活动等方面的成功,也逐渐成为青少年追求的目标;等到了成年期以及老年期,他们追求的主要是在劳动、工作、学术等方面的成就。

(4) 人的成就动机是整个动机体系中的一种,它与求知、自我提高、创造以及赞誉、遵从、归属等动机交织在一起,相互渗透,相互作用。

名人名言

➢ 一个不想成为将军的士兵,不是一个好士兵。

——拿破仑

➢ 成就不是来自于守株待兔,而是来自于不断地追求。

——佚名

活动实践

看看你的成就动机有多高

实践指导:前面我们了解了关于成就动机的知识,你是否在想,我的成就动机有多高?下面我们来进行一个测试。

本问卷共10道题目,每道题目后面有三个选项,请在符合你看法的选项上打"√"。时间要求:10分钟。

1. 你认为一个人在事业上的成功主要取决于:

A. 命运、机遇　　B. 奋斗　　C. 两者同等重要

2. 你对生活、工作上遇到的矛盾和困难所持的态度是:

A. 得过且过　　B. 创造条件,加以改善　　C. 调整自己,努力适应

3. 你对挫折、失败和受到的不公正待遇总是:

A. 悲观失望　　B. 总结教训,重新开始　　C. 怨天尤人

4. 对你来说,同样能满足你兴趣、爱好的情况下,你更喜欢:

A. 轻松的工作　　B. 紧张的工作　　C. 体面的工作

5. 对现任工作你希望是:

A. 和大家差不多就行　　B. 干出成绩,出人头地　　C. 比一般人好,但不冒尖

6. 你单位需要一个管理某项工作的负责人，你认为自己能够胜任这项工作，那么你：

A. 积极争取　B. 让干就干，不让干就算了　C. 没兴趣，让干也不干

7. 晚上9点钟突然停电，这时你正在读书，那么你该怎么办？

A. 查询停电原因，排除故障　B. 呆在屋里等待来电　C. 时间不早，上床休息

8. 比你漂亮的姑娘(小伙子)正在迷恋、追求你心爱的小伙子(姑娘)，你怎么办？

A. 向她(他)挑战　B. 并不在乎，一如既往　C. 心甘情愿，退避三舍

9. 尽管你学习努力，但有一门功课如物理，仍被对手击败，你该怎么办？

A. 在其他学科上取胜　B. 尽管不行，还是继续干　C. 感到不行，认输

10. 下面是几个和速度相关的词语或句子，请选择一条你比较喜欢的。

A. 百米冲刺　B. 行驶在大街上的公共汽车　C. 月光下的漫步

计分方式：

在本套测试题目中，1～4题选A得1分，选B得5分，选C得3分；5～10题选A得5分，选B得3分，选C得1分。将你所得的分数相加，得出总分。

你的总分为：________

结果解释：

10～18分：成就动机弱

19～38分：成就动机中

39～50分：成就动机强

明确了自己的成就动机强度后，我们再来深入了解一下关于成就动机的相关理论。

活动知识

成就动机的相关理论

心理学研究证明，两个智商大体相同的人，成就动机高者比成就动机低者在活动中成功的可能性更大。在工作中，公司相对来说更期望员工有着更高得成就动机。有关成就动机的理论研究也成为心理学家感兴趣的领域，下面，我们将学习阿特金森和麦克里兰的成就动机理论，如表3-1所示。

表3-1　成就动机理论列表

<table>
<tr><th>动机理论学说</th><th colspan="2">动机理论</th></tr>
<tr><td rowspan="2">阿特金森的成就动机理论</td><td colspan="2">追求某件事成功的行动趋向(T_1)＝做某事的动机×主观上认为其成功的可能性×事情成功后的好处</td></tr>
<tr><td colspan="2">避免某件事失败的行动趋向(T_2)＝避免做某事的动机×主观上认为其失败的可能性×该事失败可能带来的坏处</td></tr>
<tr><td rowspan="6">麦克里兰的成就动机理论</td><td rowspan="3">个体在工作情境中有三种重要的动机或需要</td><td>成就需要：争取成功希望做得最好的需要</td></tr>
<tr><td>权力需要：影响或控制他人且不受他人控制的需要</td></tr>
<tr><td>亲和需要：建立友好亲密的人际关系的需要</td></tr>
<tr><td rowspan="3">高成就需求者的三个主要特点</td><td>喜欢设立具有适度挑战性的目标</td></tr>
<tr><td>选择目标时会回避过分的难度</td></tr>
<tr><td>喜欢多少能立即给予反馈的任务</td></tr>
</table>

○ 阿特金森的成就动机理论

阿特金森的成就动机理论认为：个体行动趋向＝动机×主观上达成目标的可能性×完成任务的诱因价值。这里的动机是人天生(或早期生活形成)的一种内在的行动力，你可根据自己日常的表现来判断。动机包括两类：趋向成功的动机和避免失败的动机。

这样，追求某件事成功的行动趋向(T_1)＝做某事的动机×主观上认为其成功的可能性×事情成功后的好处；避免某件事失败的行动趋向(T_2)＝避免做某事的动机×主观上认为其失败的可能性×该事失败可能带来的坏处。

如果 $T_1>T_2$，则会表现出想去做这件事的行为；如果 $T_1<T_2$，则会表现出不想做该事的行为；如果 T_1 和 T_2 基本相等，则表现出观望的态度。

我们在衡量要不要进行某种尝试或考虑有没有必要去做某件事情时，需要对以上这些影响行动趋向的因素进行一番自我审视，让自己的动机和判断等诸多因素更加客观明晰，并且尽量使自己离开观望的状态。

生活有时就像一次冒险，没有人一开始就知道最后的结果，在其过程中会遇到很多想不到的事情或因素，有很多想不到的影响，有很多想不到的困难，也有很多想不到的惊喜。你不可能等到“稳操胜券”时再作决策，因为根本就没有所谓的“稳操胜券”，你顺利通过了高考，但是后面还有大学里的考试、就业等一系列关口等着你去闯。

所以，当你要做某个决定时，一定要将你的大脑和你的内心联结起来，也就是说，既要有理性分析，有时还要依靠自己的直觉，做出感性的判断。正如阿特金森所列出的公式一样，如果你的主观上追求成功，你才会有胜算。当你经历了整个过程你就会发现，很多事情，原来只要坚持下来，就胜利了一大半。

○ 麦克里兰的成就动机理论

美国哈佛大学教授戴维·麦克里兰(David. C. McClelland)通过对人的需求和动机的研究，于20世纪50年代提出了成就动机理论。麦克里兰认为，个体在工作情境中有三种重要的动机或需要。

(1) 成就需要：争取成功希望做得最好的需要。

(2) 权力需要：影响或控制他人且不受他人控制的需要。

(3) 亲和需要：建立友好亲密的人际关系的需要。

麦克里兰对这三种需求，特别是成就需求做了深入的研究。他认为，具有强烈的成就需求的人渴望将事情做得更为完美，提高办事效率，获得更大的成功，他们追求的是在争取成功的过程中克服困难、解决难题、拼搏奋斗的乐趣，以及成功后个人的成就感。他们并不看重成功所带来的物质奖励。

麦克里兰发现高成就需求者有三个主要特点。

(1) 高成就需求者喜欢设立具有适度挑战性的目标。不喜欢凭运气获得成功，不喜欢接受那些在他们看来特别容易或特别困难的工作任务。他们不能接受漫无目的的工作，不满足于随波逐流和随遇而安，希望有所作为。高成就需求者喜欢研究、解决问题，而不愿意依靠机会或他人取得成果。

(2) 高成就需求者在选择目标时会回避过分的难度。他们喜欢中等难度的目标，既不是唾手可得没有一点成就感，也不是困难得只能凭运气。他们所选择的难度，就是人们通常所说的"踮起脚尖能勉强够到的"，即选择能够取胜的最艰巨的挑战。对他们而言，当成功和失败的可能性接近均等时，才是一种能从自身的奋斗中体验成功的喜悦与满足的最佳机会。

(3) 高成就需求者喜欢多少能立即给予反馈的任务。原因是，对这些高成就需求者而言，目标对于他们非常重要，所以他们希望尽快得到有关自己努力结果的反馈信息，进而了解自己是否有所进步。

3.1.3 "成就"你的职业

我们在前面填写了自己的"成就清单"，看着这些积累的个人成就，你有什么感觉？这些成就对你的职业生涯规划有什么帮助呢？

生涯故事

我的成就为我做主

夏静，江西某大学土木与环境工程学院环境工程专业的学生，是一个性格活泼开朗的女孩。她从小就喜欢音乐，喜欢唱歌，喜欢优美动听的旋律，她一直希望自己以后能做个红遍大江南北的歌手。大学生活丰富多彩，各种文艺活动如文艺晚会、歌唱比赛、最佳歌手大赛等品种繁多。进入大学的夏静如鱼得水，尽情施展着自己的文艺才华。她穿梭于各种活动之间，忙碌而充实，几年下来，什么最佳歌手、歌曲大赛一等奖等各种奖项应有具有。夏静觉得特有成就感，她喜欢绚丽的舞台，喜欢满堂的喝彩，总之，她喜欢舞台带给她的感觉。但夏静毕竟学的是环境专业，而不是文艺。她对自己今后到底要从事哪方面的职业感到很矛盾。夏静想，若真的做了音乐人，自己大学四年的所学不就都白费了？可让她放弃自己喜欢的音乐，又实在下不了这个决心。在朋友的建议下，夏静回顾了以往的成就，做了一份成就清单，发现自己很多成就和优势都在音乐方面，所得的奖项也都是音乐方面的。看着这些成就，她认定自己毕业后应该做个音乐人。转眼大学四年过去了，同学们都找到了与专业相关的工作，只有夏静转行去了江西文艺工作团，成为了一名真正的音乐人。

【专家指导】

夏静之所以会放弃自己大学所学而从事音乐，在于她回顾了自己以往的成就，清楚地知道大学期间的成就所在，并能正确地认识自己，从而找到了自己的出发点。夏静由自己的成就出发，选择了自己喜欢的职业。因此，我们建议大家回顾个人成就，发现自己在哪些方面有优势、哪些能力或技能突出，然后有方向地选择职业。

那么，成就和以后从事的职业之间到底有什么关系？下面我们来做详细的介绍。

活动知识

成就与职业的关系

其实，成就与职业的关系，大家都有模模糊糊的印象，但是到底有着什么关系呢？不知上述夏静的故事，能不能对大家有所启发？一份记录了我们成长的成就清单，在职业上有着如下作用。

❍ 反映我们对将来工作的偏好

看着自己填写的成就清单，你是否发现，你所取得的成就并不是同步前进的，你个人的发展和其他人的发展也并不是同步进行的。你可能在手工制作方面天资过人，但在文娱方面却不尽如人意。而有的同学在人际交往方面游刃有余，但一到管理方面，就变得一事无成……

可见，我们每个人的发展都各有差异，各自有着不同的特点。透过这份清单，我们可以看到自己的工作偏好，自己喜欢做什么，自己做哪些事情更容易取得成就，将来，哪些职业会更适合自己，会使自己更早地展露锋芒……

❍ 为自己的职业生涯奠基

心理学家曾经做过分析，人们在做事情的时候，通常会挑选一些自己熟悉、并且曾经取得成功的途径。道理不难理解：熟悉的事务，让人感到放心，做起来也得心应手，不会有一种怯生生的感觉。

通过成就清单，我们很清楚地知道了自己的工作偏好，在接下来的职业选择、职业定位等一系列事情中，我们会确定一个相对的目标。也许这个目标距我们的实际工作还有一段距离，也许我们对自己的职业倾向还很模糊，但看着填得满满的清单列表，自己的内心会有一种踏实、自信的感觉。

❍ 为当前工作提供思路，进行启迪

这份成就清单，不只是对我们将来的就业有帮助，即使是现在，它也能带给你某种启迪。我们在当前的学习、工作、生活中，总会遇到各种棘手的事情，冥思苦想不得其果，不妨翻开这份成就清单，它记载着你多年来所有的成就及智慧，每一份成就背后，都有着让你难忘的经历。让成就清单带你进入回忆，你很可能会突然发现，摆在眼前的难题，不过就是当年所遇困难的翻版，或者是成就清单里几个成就的“综合体”。有了以前的成果，眼下的问题一下子变得好解决多了。

❍ 提醒我们的缺点和不足

我们个人的发展总会遇到瓶颈的。当我们沉醉于成就之中时，不要忘了提醒自己曾经制约个人发展的缺点和不足。耐心梳理一下那些没有取得的成就，想一想没有取得的原因。是自己志不在此，还是自身能力有限？抑或是自己没有努力？

不要轻易放过清单上还没有填写的空白部分，要时刻记得填充它们。等你用心填写完之后，哪怕是这些方面很小的成就，幸运女神也会站在门口等着拥抱你。

3.2 评估个人能力

能力,是一个人能否进入某一职业并胜任该工作的充分必要条件。无论你从事什么工作,都要有一定的能力作保障。但任何人都不可能具备所有的能力,即使是天才也只是在某些方面有过人之处。一个人了解清楚了自己的能力情况后,就可以扬长避短、取长补短,就可以在职业生涯里对号入座、游刃有余。因此,评估自己的能力,对合理地进行职业选择具有重要的意义。

3.2.1 看看你有哪些能力

我们只有对自己的能力有充分的认识和判断,才能"量体裁衣",找到适合自己的工作。每个人都有自己特殊的能力优势,有的人擅长形象思维,有的人擅长逻辑思维,还有的人擅长具体的行动思维;有的人歌唱得优美动听,有的人画画得栩栩如生……而你到底有什么过人之处呢?下面就来测测你的个人能力。

活动实践

个人能力测验

实践指导:下面是一个能力测验,包括图形、数字推理等多个方面。而且趣味性很浓。你是否想知道:自己在哪些方面比较有天赋呢?那么,请参与我们的活动实践。要提醒大家的是:本测试没有严格的时间限制,你只需用心做好每一个题目。

❍ 视觉推理测试:

以下的各个题目中,各包含了两组图形,前一组为原始图形,后一组为变化了的图形。在原始图形的后面该接什么图形呢?请你根据其规律,在后面的四个选项中选出你认为正确的答案。

1.(　　)

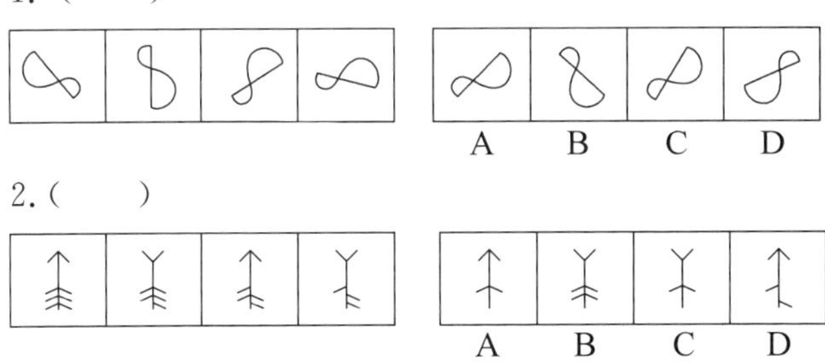

……

❍ 数字计算、推理测验:

1. 用50元尽可能多地购买单价是1.99元的商品,找回的零钱是(　　)元?

A. 0.52　　B. 0.15　　C. 0.33　　D. 0.25

2. 1 000 元的贷款利息是每年 20%，两年后需要支付的利息总数是(　　)元？

A. 540　　B. 420　　C. 440　　D. 350

……

❍ 词汇测验

1. 下面选项中不同类的一项是(　　)。

A. 蛇　　B. 大树　　C. 老虎

2. 如果笔相对于写字，那么书相对于(　　)。

A. 娱乐　　B. 阅读　　C. 学文化　　D. 解除疲劳

……

❍ 空间识别测验

在下面的每一个题目中你会看到一个原始图形。在原始图形的下方有另外四个图形，你需要确定它们是不是与原始图形相同。如果原始图形绕同一平面的中心轴旋转可以得出下面的某个图形，那么就说明它和原始图形相同；如果图形的面积或者某个部分发生了变化，则说明它和原始图形不同。在回答时，可以试着在头脑中旋转图形，"看看"结果如何，选中认为相同的图形。

1. (　　)

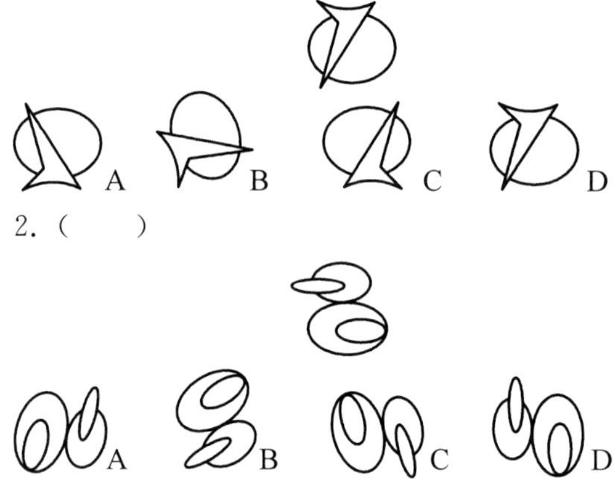

……

❍ 言语推理测验

1. 一个人的行为一旦损害他人利益，社会就对其有审判权，对这种行为的干涉是否能提高总体福利成为一个公开讨论的问题。假如一个人的行为没有损害他人利益，那么就不应该对其进行社会审判。作者在上文中主张(　　)

A. 社会是不依赖于个人行为的。

B. 当一个人的行为对他人有利时，一个社会的总体福利会提高。

C. 没有损害他人福利的行为不应当受到社会审判。

D. 总体上讲，人们的利益是相互排斥的。

2. 投资者越担心他们的钱遭受损失，他们就越要求他们的投资有较高的潜在收益。大的风险必须要被高回报的机会所抵消，这项原则是决定利率时的基本原则，并且它可以从以下事实得到证明，即(　　)

A. 进行非常有风险的投资而不用担心他们的钱遭受损失，这种能力将成功的投资者与其他人区分开来。

B. 贷款人对无担保贷款收取比抵押品担保的贷款更高的利率。

C. 在高通货膨胀期间，银行向存款人支付的利息实际上可能低于通货膨胀率。

D. 任何时候，一个商业银行有一个期望它的所有个人借款人支付的单一利率。

……

○ 序列推理测验

1. ①月黑风高夜，杀人越货时 ②携宝乘孤帆，见财起贪念 ③细思谋，悬赏擒疑凶 ④误事因贪杯，俯首供其罪 ⑤浮尸漂江渚，惊煞夜路人

A. ①—②—⑤—③—④　　B. ②—①—⑤—③—④

C. ②—①—④—③—⑤　　D. ⑤—③—④—①—②

2. ①植被被破坏，黄河泛滥 ②改堵为疏，治黄根本 ③泥沙沉积，水位上升 ④修筑堤坝，消除灾祸 ⑤增高堤坝，遂成“悬河”

A. ②—①—③—④—⑤　　B. ①—③—⑤—④—②

C. ②—④—①—③—⑤　　D. ①—④—③—⑤—②

……

活动实训　我的能力测试

你是否想更多地了解自己的能力？当你做完一份能力测试问卷后，你是否想得到一份关于自己的测试结果的专业分析报告？你是否想知道与你的能力相对应的职业发展方向？请你根据下面提供的地址登录我们的网络平台，那里有你想要的答案。

- ❑ 职业生涯规划实训平台
  - ❑ 评估职业能力
    - ❑ 我的能力测试

做过上面的能力测试之后，你是否更加明确了自己的能力。那么，你能清楚地说出能力到底是什么吗？下面让我们一起来了解什么是能力，以及能力的评定方法。

活动知识

何谓能力

能力是一种心理特征，是顺利实现某种活动的心理条件。例如，一位画家所具有的色彩鉴别力、形象记忆力等，都叫能力，这些能力是保证一位画家顺利完成绘画活动的心理条件。

能力包括两层含义：一是实际能力，即在学习新知识之前已经表现出来的能力和已达到的某种熟练程度。如：小学三年级开始学习英语前，学生早已熟练地掌握了汉语拼音能力和一定的数学、音乐、美术等知识和技能。这些都是学英语之前学生表现出来的实际能力，这些能力对新的学习产生了正迁移作用。二是潜在能力，即尚未表现出来的心理能力，是通过学习或训练后方可发展起来的能力与可能达到的某种熟练程度。仍然以初学英语的小学三年级学生为例，他们具有学会英语的潜在能力，但这种潜在能力不会自发产生，不是一年级到三年级嘴里马上就冒出英语来，而是需要通过学习或训练才能发展起来的。

实际能力是具体的，而潜在能力是抽象的。实际能力与潜在能力是密不可分的统一体。可以说实际能力越强，越有利于发挥潜能。

人的能力有各种各样的，一般可以分为一般能力和特殊能力。一般能力是指在不同种类的活动中表现出来的能力，如观察力、记忆力、抽象概括力、想象力、创造力等。其中抽象概括力是一般能力的核心。平日我们所说的智力(intelligence)，就是指一般能力来说的。人要完成任何一种活动，都和这些能力的发展分不开。特殊能力指在某种专业活动中表现出来的能力。它是顺利完成某种专业活动的心理条件。例如，画家的色彩鉴别力、形象记忆力；音乐家的区别旋律的能力、音乐表象能力以及感受音乐节奏的能力等，均属特殊能力。

如何评定能力

人们的能力不尽相同，那么怎样才能进行比较、评定呢？其实，在前面的“个人能力测验”中，我们已对自己的能力进行了一次评定。通过测验，我们对自己的能力倾向，如自己欠缺什么能力，在哪些方面水平一般，在哪些方面又有着很高的天赋……都了解得一清二楚。如果把大家的问卷得分情况统合成一张分数模板，参照模板，你就会了解自己的这些能力在总体中处于什么位置，与大家相比，哪些方面是你的强项等等。

到底哪些方法可以用来评定我们的能力呢？本书主要介绍以下几种，如图3-1所示。

(1) 量表测验法

即通过各种能力问卷、测验进行检测，题目多种多样。除了前面的“个人能力测验”，还有“韦氏成人智力量表”、“瑞文测验”、“房、树、人测验”、“比内-西蒙智力测验”……这些测验在一些相关网站上都可以找到。你也可以去医院、心理咨询等专门机构进行测试。这些测验都已成系统，有着完整的评分标准、分数解释和参照模型。

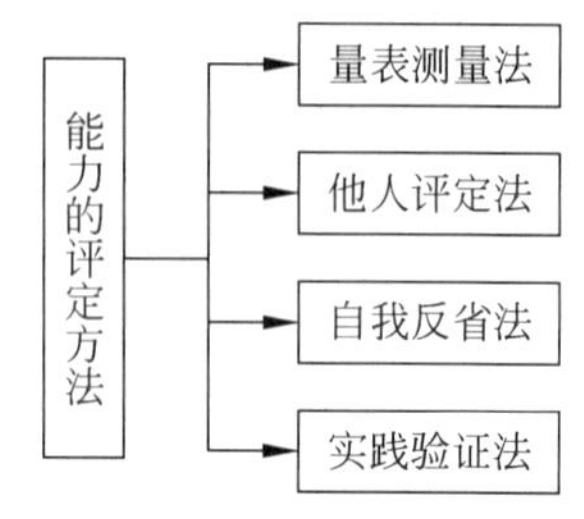

图3-1 能力的评定方法

(2) 他人评定法

这种方式类似于我们大学里学分评比的方法,请熟悉自己的人,依照自己在各方面的表现,给自己打分,然后将收集到的各个分数进行加权平均计算,由此得到一个相对客观、可信的结果。

(3) 自我反省法

没有人比你自己更了解你的全部,经过仔细思考,你应该对自己有一个正确的评价。有人说:自己做评价,会不可避免地有一些主观的偏差。但需要提醒大家的是:不论是量表,还是你周围人的评价,都不能全面、彻底地反映出你的能力。但真正的成功人士,对自己的认识,还是很深刻、客观、全面的。静下心来,仔细回想一下你曾经参加过的活动,甚至可以参照近两次所做的“成就清单”和“个人能力测验”,思考一下自己的能力都在哪些方面。

(4) 实践验证法

通过实际操作得到的评价结果是最可信的。赵括熟读兵法,讲起用兵之道让众人折服,但如今,人们只记住他“纸上谈兵”的笑柄。缺乏实战经验,所有的评价都要暂时画上问号。只有付诸行动,才能在实践中真正地认识自己的能力。

3.2.2 能之所“及”

有人把高校比喻为“亚社会”,但高校和真正的社会之间还是有很大的不同和差距的。不少老师都建议学生尽早参与社会实践,甚至一些高校还硬性规定,学生在大学期间必须提交两次实习报告,可是很多学生仍然不将实习放在心上。其实,大学期间实习可以为自己提供一大笔的财富。这一点,小进是深有体会的。

生涯故事

小进的暑期实习见闻

暑假过去了,小进开始了大学三年级的生活。意识到自己“战线拉得过长”,打算“精兵简政”,辞去公司里的兼职,一心在校园里积累知识、锻炼能力,以便厚积薄发。今天小进到人力资源部递交了辞呈,之后回到自己的办公位置整理一些私人物品。无意间小进发现了自己利用中午休息时间写的工作日志。

8月5日

今天单位又有不少人来面试了,因为公司想招聘几位懂室内设计的人。而我在人力资源部实习,经理就安排我去做面试记录。面试过程中,听着应聘者侃侃而谈,什么“3D MAX”之类,弄得我晕晕乎乎的。但是到了最后,来了一个很有趣的人。进来后,不递简历,也不作自我介绍,先说了一声“请看我说得对不对”,然后俯下头,闻了闻桌子,说“这是桃木的”;又敲了敲门板,说“这是集成材的、柚木的”……面试官眼睛都直了。“真神了,但是你只会看材料也不行呀!”应聘者说:“这简单,你给我一份三居室的样图,再给我20分钟,让我在电脑上操作。”果然，20 分钟后，一份让面试官啧啧称赞的室内设计图就出现在电脑上……把几个面试官高兴坏了，当场就给了他口头的 offer！据说，来者连初中文凭都没有，QQ 聊天都会打错字，但就凭着从小对木匠的兴趣，学了一身的手艺。后来在亲戚的劝说下，自学了绘图。没想到，首次出山，就战败了名牌大学毕业、手持高级设计师证书的高材生。

除此之外，公司里这两天还刚刚确定了一个部门经理，是个只有专科学历的女孩。本来，竞争者还有个大男生，名牌大学毕业的，各方面的能力都比那个女孩强。我一直很奇怪，怎么没有留下他呢？今天吃午饭时，带我业务的姐姐告诉我，公司最后的考核那个大男生没有通过。因为在试用期结束的最后一天，公司同时通知这两个候选人落选，并给了他们工资。但是，工资没有给够，都少了 1 500 元。那个男生没说话就走了，而这个女孩却不依不饶。总经理认为，不管当时对方有什么顾虑，但如果连自己的合法权益都不敢维护的人，很难在生意谈判时，顶住压力，维护公司的利益。看来，只有在追求一个职位时不卑不亢，才能够得到他人的尊重。

8 月 20 日

已经在公司干了两个多月了，的确学习了很多东西。今天，带我项目的姐姐告诉我，都说大学毕业生找工作难，不少是因为自己眼高手低，不愿意做简单、琐碎的事情造成的。其实，刚毕业的学生，小事情交给你，你不乐意做，很不负责任地应付交差，负责人又怎么敢放手让你做大事呢？姐姐对我的工作很满意，她说我很踏实，做事情认真、负责任。她说的是前一段时间，公司 5 年一次的绩效考核，这项工作由我们人力资源部来做。我负责请大家填表、收集表格之类的事，事情琐碎，还常常加班，我不仅坚持了下来，还完成得不错。其实，那段时间我下班回学校后，也总是忍不住地抱怨。还好，我总算没有让姐姐失望。

姐姐常说，在日常工作中，同一个工种的职场新人，在能力和技术上是没有太大差距的。真正的差距在素质、为人上。姐姐告诉我，她曾在某个公司工作过，后来跳槽来了这家公司。这家公司之所以在众多应聘者中选择了她，是因为一个电话。那时，前来应聘的人在能力、经验上大多相当，很难分出高下，而她的面试官的一个朋友在她原先的工作单位就职。面试官打电话询问了姐姐的为人，最后，将聘书发给了姐姐。原来，自己的为人处世，甚至一言一行对就业的影响是如此之大啊。幸好我现在意识到了！

【专家指导】

不难看出，小进所说的这个有趣的人，在木材、空间辨别能力上，有着过人之处，再加上自学了计算机绘图，这位连中学学历都没有的“小木匠”，在众多求职者中脱颖而出，得到了面试官的关注和赞许。而那位名校毕业的“大男生”，还有带小进业务的姐姐，公司则更多地从个人素质以及人品上加以考查，进而做出了取舍。我们建议大家：多了解自己的能力倾向及不同职业的能力要求，这对合理地进行职业选择非常重要。

那么，能力和职业之间，到底是一种怎样的关系呢？

能力与职业的关系

活动知识

在前面，我们已经了解到：能力是人们顺利完成各项任务必须具备的心理特质。由此可见，能力是一个人完成任务的前提条件，是影响工作效果的基本因素。因此，了解自己的能力倾向及不同职业的能力要求对合理地进行职业选择具有重要意义。

无论从事什么职业总要有一定的能力作保证。没有任何能力，根本谈不到进入职业工作，对个人来说也就无所谓职业生涯可言。而且，能力不同，其职业选择也有差异。从能力差异的角度来看，在职业选择时应遵循以下三个原则。

❍ 充分发挥优势潜在能力的作用

每个人各方面能力的发展是不平衡的。同样，每个人的潜在能力优势也各不相同，常常是某些方面的能力占优势，而另一些方面的能力则不太突出。对职业选择和职业指导而言，应主要考虑其最佳能力，选择最能发挥其优势能力的职业；从职业生涯规划的角度来看，大家应着重考虑那些自己潜在能力占优势的职业方向。

❍ 注意一般能力与职业相吻合

前面已经提到过，一般能力是指在不同种类的活动中表现出来的能力，包括注意力、观察力、记忆力、思维能力、创造力和想象力等。不同的职业对人的一般能力的要求不同，有些职业对从业者的智力水平有绝对的要求，如律师、工程师、科研人员、大学教师等都要求有很高的智商，智力在相当大的程度上决定着其所从事的职业类型。所以，选择职业时，注意选择与自己一般能力相吻合的职业方向。

❍ 注意特殊能力与职业相吻合

特殊能力是指从事某项专业活动的能力，即特长。如数字计算能力、逻辑推理能力、空间判断能力、词汇能力、三维辨别能力、形态知觉能力等。要顺利完成某项工作，除要具有一般能力外，还要具有该项工作所要求的特殊能力。

名人名言

➢ 做学生时，一直都有老师在教我们。走入社会开始职业生涯后，完全靠自己摸爬滚打积累经验的话，浪费的是宝贵的青春年华。职场中的老师，是那些打拼过来的成功人士。

——佚名

➢ 职业生涯中遇到各种困惑是正常的。大疑大悟，小疑小悟，不疑不悟。

——佚名

3.2.3 开发潜在能力,实现全面发展

古人云:一日三省吾身。对自我缺点和不足的及时发现和不断认知,是我们长久以来的一种思维习惯。但是,我们在反省自己不足的同时,缺点却隐藏着。同样,一个人的优势和才能也会隐藏起来,我们与其总是挖掘缺点来求得进步,不如留心发现被我们忽视、遗忘的自身优势和才能,事半功倍地完善自己的人生。通过下面的测验可以找出被你忽视的自身潜在能力。

活动实践

自我潜在能力测试

实践指导:看图 3-2,回答相应的问题。

1. 请看河上的两艘船。船向着桥洞驶去,你认为会怎样?

A. 通过桥洞继续前进　　B. 碰到桥　　C. 回头

图 3-2

2. 请注意隧道。路上有一辆汽车,这辆车是要驶入隧道,还是刚从隧道驶出?

A. 刚驶出隧道　　B. 正要驶入　　C. 不知道

3. 你认为桥上的女人正在做什么?

A. 眺望美丽的风景　　B. 正在想水有多深　　C. 正在寻找迷路的朋友

4. 请看远景中的大山,你想说的一句话是:

A. “好壮观的山啊!”

B. “看起来很像一张人脸。”

C. “看起来很像一个人的背影。”

5. 如果要你为这个地方取个名字,你认为下面哪一个最合适?

A. 迷失之乡　　B. 梦幻之乡　　C. 恶魔之乡

6. 在画中,哪部分风景留给你的印象最深刻?

A. 桥上的女人　　B. 远景的山　　C. 两艘船

计分方式：

题号 \ 选项	A	B	C
1	1	3	5
2	1	3	5
3	5	1	3
4	1	3	5
5	3	5	1
6	1	3	5

分数类型：6—11 分—— A 型
12—17 分——B 型
18—23 分——C 型
24—30 分——D 型

结果解释：

A、B、C、D 代表了 4 种人格类型，测试的结果显示你倾向于哪一种类型。

A 型：领导魅力强。具备领导者的素质，你在群体之中会不知不觉地成为众人推崇和请教的对象。这是因为你具备了领导者的潜在能力。在突发情况下，你不会失去判断力和勇气，因为你能让周围与你接触的人产生信任感，对他人你具有较强的吸引力，越是给你重要的工作和任务，你越是能够发挥实力。如果你以往是一个并不很突出，或者比较含蓄的人，在以后的职场生活中，你就需要珍视自己这方面的潜在能力，坚定信念，积聚力量，积极地发挥自己的这一潜在能力。

B 型：行动力强。你不是一个倾向于计划为先的人，而是一个重在行动的人。你做事情时，不会去挖空心思制订出五花八门的计划，你所期待的是马上实行并得到相应的回报。若一项工作或者任务无法立竿见影收获成果，你会比较急躁，你有锐气和闯劲，再艰难的任务，你只要做，就会不惜时间和精力地投入。你有业务推广的潜质，适应挑战性强的职业方向。

C 型：分析力强。你具有杰出的判断能力，对事物偏向于做细致的分析，属于“头脑清晰”的类型，同时，你的综合判断能力和分析能力很强，所以你具备管理某个组织和团队的能力，在研究、分析、组织等方面，你要充分发挥自己的优势。你的主要才能体现在缜密性和持续性上，由于具备较强的处理事务的能力，你将会获得他人的好评和尊重。

D 型：灵活性强。你的感性很独特，具有较强的幻想力和创造性。你的直觉很强，在行为上偏重跟着自己的感觉走。你需要的是事业上的知音，他/她的协助对于你非常重要。有的时候，你也具有非凡的灵感，在强调独创性和创造性的方面，你的发挥将非常畅然和顺利。

这个测试检测的是未被自我感知的才能，也称为“潜在能力”，潜在能力没有被开发利用，就毫无意义，但是如何才能开发潜在能力呢？

活动知识

如何开发潜在能力

人的潜在能力是无限的，犹如一座待开发的宝藏，只要充分挖掘，任何人都可以成就一番惊天动地的事业。问题是，如何发掘这些潜在能力呢？

经过前人总结，适用于大学生开发潜在能力的方法，主要有以下七种。

❍ 发现自身特长

每个人的潜质各不相同，有的学生对于物理、化学知识一点就通，有的同学则需要花费好大的时间、精力，才能保证自己过及格线。对于每个人来说都具有一个多种能力组成的能力系统，在这个能力系统中，各方面能力的发展是不平衡的，常常是某方面的能力占优势，而另一方面的能力则不太突出。要在不断地学习中抓住自己的特长，并不断地加以开发和运用。经过一段时间，该特长就能在人们不经意间发挥作用，人的能量就能像火山爆发一样释放出来。

❍ 正确评价成败

在我们成长的过程中，大家都经历过大大小小的成功与失败。无论成功时的兴奋快乐，还是失败时的苦闷失意，都是我们每个人成长结出的果。关键在于我们怎样看待这些成功与失败。以平常心看待成败：一次成功，会让我们增长更多的见识，掌握处理问题的捷径和方法，从而树立起更坚定的信念，向更高的成功迈进；一次失败，常常会使人在以后的前进道路上更好地审视当前的实际情况，正视问题、困难和挫折，使人意志更加坚强，从而健康、稳步地走上成功。

❍ 学会休息、使自己放松

一篇千古传颂的诗词，一项造福人类的发明，一个解决难题的方法，大都不是在冥思苦想中、而是在紧张之后的放松时刻诞生的。这就需要使自己放松。放松的关键是保持良好的心态，不要过多地计较。很多学生在考试几周前甚至更早，就开始担心自己的考试结果了。等到在考试后、成绩揭晓前更是焦虑不安，担心自己考不好。这种状态下生活、学习，不要说是发挥潜在能力，就连正常能力的发挥都将大打折扣。

❍ 开发自己的想象力

爱因斯坦曾说，“想象力远比知识重要”。想象是开发潜能的重要手段、技巧和方法。无论蒸汽机的发明，还是莱特兄弟飞机的问世，无一不是源于想象。首次代表人类登上月球的阿姆斯特朗，小的时候就曾对妈妈说：“妈妈，我要去月亮上玩了……”当时，这位聪慧的妈妈对儿子说：“好呀，但是别忘记回家吃晚饭呀。”谁都不曾想到，这样一个孩童的稚语，最终在人类历史上画下了辉煌的一笔。想象既是艺术创造的源泉，也是一切科学发明的源泉，只有想象力丰富的人，才是最富有创造性的。

❍ 敢于冒险行动

一个人的成败,往往取决于他是否有勇气依照自己的想法去行动,甚至在一定程度上敢于冒险行动。事实上,信心和勇气本身就是一种潜在的能量。单纯的构想并不能够为人类创造什么,只有勇于实践,遇到困难能够凭借自己的智慧作出分析、判断,果断地采取行动,才能够使人有所收获。潜在能力在这样的时刻,会产生微妙的作用。

❍ 抵御干扰

在我们日常的学习、工作、生活中,总会难以避免地遇到各种各样的诱惑、刺激……干扰我们的思维,影响我们的正常工作和生活。这要求我们具有坚韧不拔的意志力,并保持良好的心理状态,使自己的心理状态达到高度的、持续的稳定,这是从事创造性活动所必需具备的条件。

❍ 保持健康良好的心态

保持健康良好的心态,既是开发潜在能力的前提和保证,又是一种重要的方法。心态健康的标准是:智力正常、情绪稳定、心情愉快、反应适度,人格统一协调。说它是前提和保障,主要是因为,只有当一个人心态平和时,才能保障自己安心地去做一些事情,进而才可能在做事过程中发现、激发自己的潜在能力。一个人的心智受情绪影响,随着自己的喜怒哀乐跌宕起伏,此刻所作出的决定,往往是错误的、荒谬的。当抛却情绪,平静下来之后,脑海里通常会不经意冒出些许想法,这时产生的主意,往往是最可取的。因此可以说,保持良好健康的心态,是开发潜在能力的重要方法。

3.3 探索职业技能

面试、找工作时,用人单位总喜欢问应聘者这样一个问题:“你有哪些专业技能?”大学生在回答这些问题时,总偏向于介绍一堆自己在大学期间所考取的证书。试问:这些证书真的能够代表你的技能吗?技能到底包含哪些内容呢?我们该如何认识、评价、提高自己的技能?下面我们将主要探讨这些问题。

3.3.1 “大话”技能

生涯故事

证书能否代表技能?

“小米,你要不要考计算机二级证啊?”

“啊……你呢?怎么打算的?”

“我准备去报名了!你要是准备考的话就快点儿吧,明天就是报名的截止日期了。”

“哦……知道了……谢谢。”

唉,好麻烦呀,小米百无聊赖地扯着桌上放着的纸页,一会儿,面前就堆起了一座小雪山，细细碎碎的纸屑随着窗外吹进来的风，一点儿一点儿地散落，弄得一片狼藉。小米蹙着眉头，感觉自己就像这些纸屑，随风飘来荡去，根本不知所终。其实，自己很早就在考虑计算机考试的事情了，但是一直没有做决定。

听说很多用人单位要求入职者有计算机证书，但是有些同学不准备考，说是没什么用处。自己要不要考呢？问老师，老师说，“看你自己的意思，大学里考几个证书是必要的，但不是什么都要考。有些不适合自己的，或者以后根本就不准备涉足的，不拿这些证书也行”。问父母，父母说，“考吧，有总比没有好”。但听说里面要考一些编程题时，又说，“你可以试一下，考不上也无所谓，我们又不做程序编写员”。总之，所有的人都是一句话：你自己看着办吧。

小米犯了愁，要不要考呢？要是考了没用怎么办？而且，通常女孩子学计算机要更困难一些，可能花费了很大精力，才勉强混个及格，这样势必耽误做其他事情的时间。但是，要是不考的话，等找工作时，人家真的要证书，怎么办呢？

【专家指导】

案例中的小米和很多大学生一样，对于大学的“考证风”，既觉得耗时费力、耽误时间，考下证书也可能派不上用场，又担心毕业找工作时，遇到没有证书的瓶颈。考证“考之无味，弃之可惜”，这一方面根源于学生尚未成熟的心理特征，另一方面在于对自己的发展定位不清晰。当代大学生，喜欢标新立异，很多人喊着“张扬个性”，但面对自己的职业生涯规划时，也是一脸茫然。大学里时常会涌起各种“风”：考证风、考研风、出国风……轮番上阵扮演主角，大多数学生是随大流跟着往前跑。不要说“个性”，连自己的“主见”都丢了。所以大家要明白：在这种风气下考出的证书大多是不能完全代表你就拥有这些方面的技能的。

既然证书不能代表技能，那么到底技能是什么呢？下面我们来探讨有关技能的方方面面。

活动知识

何谓技能

技能是指人们通过练习而获得的动作方式和动作系统，是掌握和运用专门技术的能力。也就是说技能是指能圆满地完成一项工作的能力。与潜在能力相比，技能通常是通过训练或通过经验的慢慢积累而逐渐形成的能力。潜在能力的专业性很强，一项潜在能力往往对应一个类别的工作、学习，而一项技能则可以适用多种类别的工作和学习。

工作如生意，生意有成有败，所以职场中人，应该未雨绸缪，经营自己的职业。怎么经营呢？首先，要提高自己的可迁移技能。顾名思义，可迁移技能就是指在多个岗位、多个公司都可以使用的技能，可以理解为专业技能之外的通用技能。要提高自己的可迁移技能必须掌握下面两项技能。

❍ 人际沟通技能

沟通是个双向的过程，语言沟通是最常用的沟通形式。学习语言沟通要先学听，后学说。听就是要听清楚别人要表达的中心意思是什么，如果对方的表达不清楚，在听的过程中可以适当要求对方澄清，只有完全听清楚了，自己准备表达的建议或意见才可能正确。有了听的经验再学说，要学会在最短的时间内清楚地表达自己的思想。所以，建议大家要有意识地主动寻找机会，锻炼自己的语言表达能力，因为用比别人短的时间把同样的事情说清楚是一种能力的体现。

❍ 时间管理技能

时间老人对我们每一个人都是公平的，每天都是24小时，可是对这24小时的使用权掌握在每一个人手里，使用的效率决定了使用后的结果。经长期观察发现：工作中时间安排混乱的员工，生活也是混乱的。一个随时都在打电话、接电话的员工，不能证明他很忙，只能证明他很乱。所以时间管理最基本的原则是：紧急的事情不一定是重要的，重要的事情要按计划去做。

活动实践

发现自己：你是如此的多才多艺

你能做什么？你具备哪些能力？事实上，每个人所具备的能力可能会有上百种之多，所以认真地探索你的能力，你会惊讶自己竟然如此多才多艺。

实践指导：按下列题目要求，请在空白纸上填写相应的内容：

1. 在纸上列出你曾经顺利完成并取得成功的工作(如：办一项社团活动、微积分考90分以上、打电动超过原有记录)，然后想想完成这项工作需要有哪些技能，将它们列出来。

2. 回顾你所受过的教育、所修的课程，在这个过程中，你学会了哪些技能，将它们列出来。

3. 想想你平常从事的活动，列出这些活动需要的技能，继续扩充你的技能表。

4. 请回想一下你在工作(不是单指职业，也指你曾做过的事)中经历的一次成功体验(意指很快乐、很感动的一刻)，这次成功带给你宝贵的经验，与你的同学分享你的经验，并分析在这经验中显现出你的哪些能力，把它列出来。

填写完毕后你是否更加清楚你的技能？那么你的技能属于下列哪种类型？

活动知识

技能的常见类型

技能可分为动作技能和心智技能。动作技能主要是指肌肉运动。它主要表现在外部行动上，表现在对事物的直接行动中。如操作机器、写字、弹琴、打球等技能都属于这一类。心智技能主要表现在认识活动上，包括感知、记忆、想象和思维，而思维是其主要成分。如解题、心算、阅读、作文等的技能都属于这一类。掌握正确的思维方法是心智技能的主要特点。这两种技能是不能截然分开的,只是看活动中哪一方面起主导作用。例如写字、体操、生产劳动等活动中,动作技能起主导作用,而阅读、作文、计算等活动中起主导作用的是心智技能。

心智技能又可以分为各种专门的心智技能和一般的心智技能。专门的心智技能是在某种专门的认识活动中形成的。例如阅读、作文和计算的技能是学生在学习活动中掌握的最基本的专门技能。一般的心智技能是在一般认识活动中形成的,它具有比较概括的特点。一般的心智技能和专门的心智技能是既有联系又有区别的,一般的心智技能体现在各种专门的心智技能中,在一定程度上各种专门的心智技能中也包含着一般的心智技能。学生在学习和从事写作等活动中,不仅掌握了各种专门的心智技能,同时也掌握了一般的心智技能。与心智技能类似,动作技能也可以分为各种专门的动作技能和一般的动作技能,大家以此类推,在此就不作赘述了。

3.3.2 拿什么获得你——我的饭碗

生涯故事

凡人成功与何有关?

小航来自浙江农村,小学和初中时成绩一直在班级的中游浮动,初三时,调皮的小航因犯了错误被劝退。于是不读书了,和村里人一起去上海打工。

由于年龄小,又没有什么文化,只能从事一些最简单、最低级、且又脏又累的活,生活每天如此,看不到希望,一天下来累得连饭也不想吃,倒头就睡着了。这样的生活让小航觉得干活就是为了挣钱买吃的,生存下去。小航不想再这样下去,不希望自己一辈子都没有什么追求,他想学个一技之长。于是他报名参加了某教育培训机构的计算机培训班,由于他连高中都没读过,底子薄,学起来很吃力,他以常人所不能比的毅力,花费了大量的时间去自学基础课程,手不离机地进行计算机操作。功夫不负有心人,小航在班级20多个学员中成绩最为优异,出色的表现得到了培训老师的赏识,并将他推荐到一家从事信息管理系统开发的公司应聘。公司采用集体面试的方式,一共10多个应聘者,他以计算机技能的优势,在测试项目时很快地完成了任务,出色的表现让公司的老板刮目相看,最后录用了他。最近公司接了很多日企的项目,在进行项目洽谈时需要日语交流,小航又开始了日语的学习,虽然平时的工作很忙很累,但是每天晚上回到住处,他都要学习日语,每周参加两次日语培训班的学习。由于技术能力过硬,业务素质强,小航被送往日本培训半年。

【专家指导】

小航从只能干一些最简单、最低级、且又脏又累的活到参加计算机培训班掌握计算机技能,再到掌握日语语言技能,其职业生涯是一步一步成功的。这个案例告诉大家:要想到达梦想的彼岸,不仅要有明确的目标,更要不懈地努力掌握必要的技能,只有这样人生道路才会越走越宽广。事实上,很多人希望获得职业生涯的成功,但有的人因找不到通往职业生涯成功的方向而迷失了自我,有的人则因为没有掌握必要的技能而梦想破灭。

现在大学生就业难,其中一个原因是他缺乏企业所需要的技能。大学生提高职业技能是十分必要的。下面我们讨论如何提高技能。

活动知识

如何提高技能

如今,各行各业的竞争都趋于“白热化”,为了节省人力资源成本,有一定工作经验,并掌握工作技能的人才,必然受到用人单位的青睐。而求职者在求职准备中能关注自己的职业技能对于自己的职业生涯是非常重要的。那么怎样提高自身的职业技能呢?可以从以下几个方面入手:

第一,要有扎实的职业技能理论基础。理论来源于实践,理论指导实践。没有理论的实践是盲目的实践。有时间可参加一些技能培训,打牢技能理论基础。大学生要提高专业技能可以参加高校的学术性社团,该类社团主要结合大学生的学习、研究实际、学术背景,研究学术问题,深化专业知识,同时提高运用专业理论知识、解决实际问题的能力。

第二,要勤动手多实践。实践出真知,实践是检验真理的唯一标准。一件事情只有自己经历过、亲自实践过,印象才会深刻。大学生要弥补“应届生无经验”的弱势,唯一的途径就是多参加社会实践。走进企业、单位实习、锻炼,不仅可以促进专业知识进步,而且能学习到很多在学校里学习不到的技能。招聘会上,经常有学生将自己在大学里做的促销、家教等事情当做“工作经验”。事实上,用人单位所谓的“工作经验”更多的是指“专业实践”。而参与企业各种形式的校园招聘或者暑期实习计划,不仅可以为你将来的简历增加漂亮的一笔,还能让你的综合实力更加引人注目,积累到企业所看重的“专业技能”和“工作经验”。

第三,要勤学好问,多向师傅请教。对于不懂的问题要有打破砂锅问到底的精神,直到弄懂为止。师傅们工作时间长,经验丰富,有很多值得我们学习的地方。对于师傅讲过的东西,要熟记于心,领会贯通,并用于指导自己的行动。肯钻研,凡事多问一个为什么,然后一个个去解决这些疑问。在逐渐解决疑问的过程中,你会发现你也在逐渐地进步和成熟。

第四,学会总结。对于自己的专业技能哪方面更突出,哪方面还有待提高,都要进行总结。

功夫不负有心人,只要奋斗过,努力过,付出总会有所收获。只有学好本领,提高技能,才能为自己的职业插上腾飞的翅膀。

生涯故事

别样的求职信

2005 年 10 月中旬,担任 Google 中国区总裁的李开复,开始在中国 8 个城市的 20 所高校为 Google 研究工程院招聘第一批人才。这次让无数学子望眼欲穿的公开招聘掀起了一股近乎狂热的应聘高潮,成千上万的应聘信如潮水一般涌来。Google 甚至专门为此设计了一套程序,用来检索、分类、统计应聘资料。

10月的一天，一封发给李开复个人的邮件引起了他的注意，令他疑惑的是：同一封邮件为什么会收到两次？接着李开复发现，这封邮件所发的地址远远不止两个，发信人把用户名为Kfll、Kaifuli、Kfli，信箱后缀Gmail、Hotmail、Yahoo等所能想到的邮箱地址全部都寄了一遍。

毫无疑问，被这种执著的精神深深打动的李开复会细读这封邮件——是一封求职信，但内容独特：

首先，这位同学在求职信中表述了他在小学五年级时第一次使用Google，在以后的时间里跟踪了Google所有的产品，并详细说明了他喜欢Google某个产品的某个部分以及这部分的特点。

其次，他表达了希望成为Google的一员。认真分析了Google招聘的几个职位，并分析了哪个职位最适合自己。

最后，他坦诚地表白他同时还面临其他机会，希望Google尽早答复，做出决定。

李开复后来说，如果你每天要看1万封简历，而几乎每封简历都千篇一律地以年龄、性别、政治面貌开头，第二页你肯定不想再看了。

这封不一样的求职信使这位同学在成千上万的应聘者中脱颖而出，顺利地通过面试。

【专家指导】

故事的主人公在很早前便确定了自己的职业发展方向，甚至连自己将来在哪家公司、哪个部门、哪个职位工作都想好了，之后便有意识地培养自己此方面的技能。与此同时，主人公别样的求职信也反映了他的一种求职技能。由于这两种技能，主人公才能在众多的求职者中脱颖而出，获得了众人梦寐以求的职业。因此我们建议大家：要刻苦地磨炼技艺，这对以后从事的职业非常有帮助。

那么，技能与职业到底是一种怎样的关系呢？

活动知识

技能与职业的关系

中国有句古老的民谚叫"一招先，吃遍天"，也就是说手艺人有一技之长，社会存活能力强。另一句谚语叫"艺高人胆大"。它包含着两个方面的意思：一方面是激励。它鼓励人们刻苦地磨炼技艺，等达到出神入化的境界时，就可以毫无畏惧了。另一方面就是要勇于冒险。当有了顶尖的技艺，可以凭借高超的技艺在社会上行走，就可以无往而不胜了。这里的"艺"，就是技能。

可见，掌握一项或多项技能，对于我们在社会上的生存、发展，是至关重要的。而今我们所处的是一个充满激烈竞争的时代，要想在竞争中立于不败之地，就必须努力充实自我。这又是一个人才辈出的时代，大家都在抓紧时间不断提高自己，以适应日益膨胀的人才竞争。“逆水行舟，不进则退”，如果还想“更上一层楼”，仅仅是掌握技能已经行不通了，必须熟练、精通技能，才有可能在众多的竞争者中脱颖而出。

总之，技能的高低，决定了一个人工作的发展。了解自己的技能，有助于全面衡量自己，对自己做出正确的评价；有助于更好地依据自身的兴趣、职业倾向、能力等，制订合理的职业规划；有助于更早更全面地进行技能练习，最终为将来顺利步入职场奠基。

技能对于个人职业的影响，一方面表现在一个人的知识和技能上；另一方面则是表现在一个人的综合素质上。一谈到这两个问题，总会有同学感到厌烦，原因显而易见，接下来该顺理成章地谈到大学期间的学习了——不少人会说我们都是大学生了，怎么学习自己还不明白吗？的确，这不再是一个难题。不过，这里想告诉你的是：你们已经知道了怎么学习，并且有着很强的学习能力，但是，你了解职业世界吗？你知道学什么才是最重要的吗？在后面的章节里，你将知道答案！

活动实训　我的职业技能测试

由于时间关系，我们不能在课堂上进行更多的测试。为了弥补此缺憾，我们在网络平台上设置了完整版的职业技能测试，它一共包括36种技能。倘若你觉得这36种技能还不足以保证某项工作的顺利进行，你也可以在后面继续添加。下面请登录我们的网络平台对你的职业技能作一个测试。

- ❑ 职业生涯规划实训平台
  - ❑ 评估职业能力
    - ❑ 我的职业技能测试

本章小结

- ❍ “成就”，一个意思等同于“完成”，另外一个含义则是“取得的业绩”。成就动机是个体追求自认为重要的有价值的工作，并使之达到完美状态的动机，具有四个特征：人的活动总是指向一定的目标；表现出极大的韧性和毅力；成就动机具有复杂的多级性；与求知、自我提高、创造以及赞誉、遵从、归属等动机交织在一起，相互渗透，相互作用。
- ❍ 阿特金森成就动机理论、麦克里兰成就动机理论阐明了成就动机高低的原理；说明了个人成就动机高低不同的原因；描述了高成就动机者的特点。大家在工作中应该树立追求高成就动机的信念，同时，要学会处理团队中的人际关系，在团队合作中取得成功。

- 个人成就清单的内容将引导我们发掘成就和职业的关系；反映我们对将来工作的偏好；为自己的职业生涯奠基；为我们当前的工作提供思路，进行启迪；提醒我们的缺点和不足。
- 能力可分为一般能力和特殊能力两大类。能力具有一定的稳定性，和先天的遗传有着一定的关系，但通过一定的方式潜在能力仍然可以开发。开发潜在能力的主要方式有：发现自身特长；正确评价成败；学会休息、使自己放松；开发自己的想象力；敢于冒险行动；抵御干扰；保持健康良好的心态。
- 能力对于职业有着很重要的作用，因此需要对自己的能力有全方位的了解，明白自己的强项和弱势。在进行职业规划时，要注意充分发挥优势潜在能力的作用，注意一般能力与职业相吻合，注意潜在能力与职业相吻合。
- 技能是掌握和运用专门技术的能力，一项技能可以适用多种类别的工作和学习。通过技能测试，可以更清楚地了解、认识自己的各种能力，从而制订好自己的职业生涯规划。
- 证书不代表技能，大学生不要盲目考取各种证书。技能通常是通过训练或通过经验的慢慢积累而逐渐形成的能力，要勤于实践，在实践中练习、提高技能。

关键词

个人成就　潜在能力测验　开发个人潜能　技能　社会实践　职业技能测试

第4章 探索职业世界

在第2章"了解个人特质"里,我们分别从性格、兴趣、价值观等方面认识了自己,回答了职业生涯规划过程中的第一个问题——"我是谁?"

在第3章"职业能力认识"里,我们通过对自己以往成就的回顾和对自我能力、职业技能的考察,回答了第二个问题——"我能干什么?"

那么,在这一章里,我们将回答第三个问题——"我们可以选择什么?"

或许每位同学都在心中规划着自己的美好未来,将来成为"一名成功的商人"、"一位学者"、"一名公务员"、"一个自由职业者"……这个时代给了我们太多选择的自由,同时又使我们面对了太多的挑战。作为一名大学生,或许你心目中的"未来"已经不再遥远,但是你的那些关于未来的美好的设想却是模糊的甚至是不切实际的。这一章将使得你对未来的憧憬具体化、现实化起来,让你在纷繁复杂的职业世界里找到适合自己的、能激发自己热情和创造力的、并富有意义的职业,同时,还将带你走进组织的大门,感受它的文化氛围,看看该组织是不是你将要实现伟大职业抱负的"福地"。

职业生涯规划严格地说是个人行为,但它处于一个社会、经济、政治的大环境下。环境的任何一个细微变化都会对我们所处于的行业、所从事的职业产生不可估量的"蝴蝶效应"。职业的环境分析这部分内容就是告诉你,在职业生涯规划的过程中,要关注外部环境的影响以及对我们未来职业的冲击。

活动思考

- ❑ 职业的意义是什么?
- ❑ 对职业进行分类有什么好处?
- ❑ 为什么要了解组织?
- ❑ 职业环境对职业生涯有什么影响?
- ❑ 职业信息有哪些来源?
- ❑ 如何正确处理职业信息?

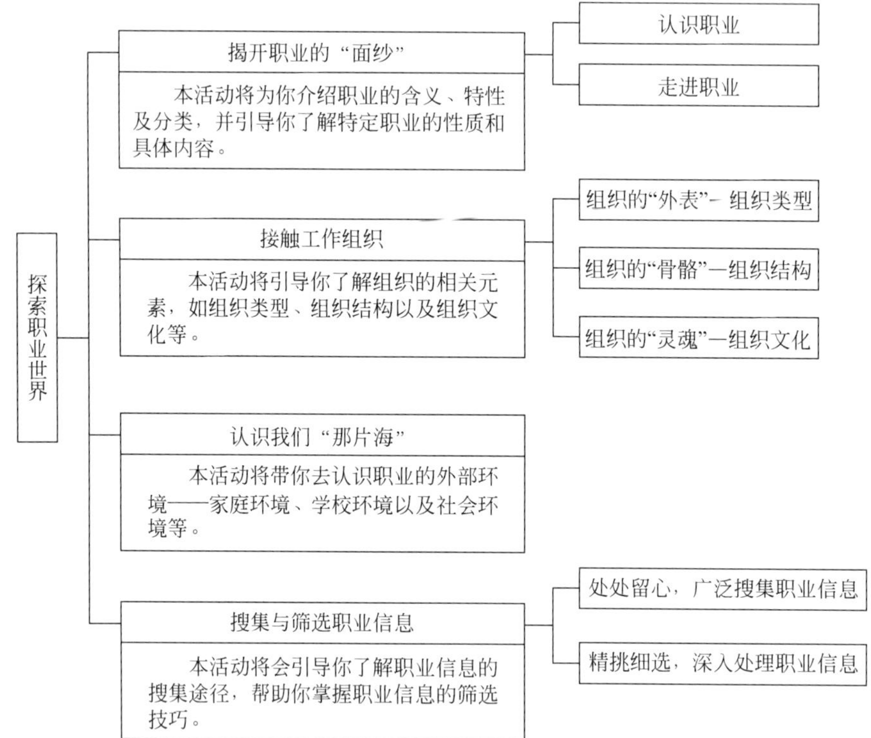

4.1 揭开职业的“面纱”

要想规划好自己的职业生涯，不仅要对自我有一个全面的认知，还必须对你选择的职业进行充分的认识。通常，没有接触过工作的学生对职业的认识只留于表面，比如对歌星的认识，人们只看到他们在台上的风光，不了解其背后的艰辛；对警察，人们看到的多半是他们的荣誉和威武，没有体会到做警察担负的责任和面临的危险。所以，在你为自己设置职业目标之前，多花点力气去研究你所选择的职业的性质和具体内容是十分必要的。

4.1.1 初识职业

谈起“职业”这个概念，相信同学们都不会感到陌生，我们周围的许多人都在从事着工人、农民、教师、商人、医生等特定职业。我们毕业后走出校门的那一刻，也就开始了自己的职业生涯。有人计算过一个人一生当中有35个年头是在工作，也就是说，我们把一生中最宝贵的时光、最珍贵的年华都献给了职业，职业是人生的重要课题。

什么是职业，职业的内涵丰富、外延广泛。不同的人对职业有不同的理解，因此形成了不同角度的职业观。

活动实践

区分职业与非职业

根据你自己对职业的理解，判断下列称谓中哪些属于职业，哪些不属于职业。在你认为不是职业的称谓前面打“√”。

____工人	____董事长	____经纪人
____美容师	____诈骗犯	____公务员
____大学生	____运动员	____家庭主妇
____卧底	____志愿者	____经理
____家教	____政治家	____保姆

参考答案：大学生、志愿者、家庭主妇、诈骗犯不属于职业。首先，大学生和志愿者不是职业，因为他们没有报酬；其次，家庭主妇也不是职业，因为她们只是作为一个社会角色而存在；最后，诈骗犯更不属于职业，他们既不参与社会分工，又不创造财富反而转移财富，更为重要的是他们在满足自己物质和精神生活的同时，给别人的却是物质损失和精神痛苦。因此，大学生、志愿者、家庭主妇、诈骗犯不属于职业的范畴。

你答对了吗？你对职业的理解与参考答案中的解释一致吗？下面将详细介绍职业的内涵和特点，以加深你对职业的认识。

活动知识

职业的内涵

职业的意义不仅仅在于它是一种谋生手段，还在于它是一个人社会地位的表征。比如，人们在第一次见面往往会询问或者打听对方：做什么工作。职业能提升个人的自尊并体现自己的人生价值。有学者对职业作出了这样的定义：职业是参与社会分工，利用专门的知识和技能，创造物质财富、精神财富，获得合理报酬，满足物质生活、精神生活的需要的工作。所以，职业有以下几层含义：

- 因为有了社会分工才有了不同的职业。
- 要想从事一种职业，就要具备相关的技能和知识。大学阶段的学习和其他一些培训都是在为职业做准备。
- 职业为社会创造了财富和价值，我们通过从事某种职业获得我们的生活资料，同时实现了自身价值。

基于“职业”的这些本质，我们不应将职业选择仅仅看作是专业选择、工资选择或机会选择，大学生在择业时，应该选择适合自己个性和能力的职业。比如，尽管公务员职业的技术性要求不高，对于大学生来说不构成一个难题，但并不是所有人都能承担起公务员的社会角色，因为不是所有人都能适应公务员职业的内涵要求。

也许以上对职业的解释还不足以使你理解什么是职业。我们将通过职业与几个邻近概念的区分来帮助你进一步理解什么是职业。

职业与工作

在职业生涯规划中，工作的含义倾向于在某一单位、公司或领域所从事的活动，强调短期性和片面性。相比而言，职业强调长期工作生涯介入的行业或领域，更具有长期性和稳定性。因此，职业问题不是简单的工作问题，职业生涯规划，也不仅仅是为了找一份满意的工作的问题。

每当谈起工作，大部分人自然而然会想起那种永久性的全职工作。因为它的稳定性、全面的福利待遇和各种保障，总会成为人们优先考虑的对象。然而随着经济全球化，分工越来越细，各种组织尤其是企业商业组织，正在考虑以更为灵活的雇用方式来面对这种挑战。

在未来，

(1) 我们可能会从事更多兼职工作。

(2) 我们可能会在更多非标准时间工作。

(3) 我们可能选择更多自由性质的、独立性的工作。

(4) 我们可能更多地从事自己来确定工作计划的弹性工作。

了解这些，有助于开阔我们的工作视野。

职业与职位

无论我们怎样去解释职业，总是显得有些抽象、虚空。相比而言，职位则是具体形象的。那是因为我们去找一份工作，实际上就是谋得一个职位。什么是职位？职位其实就是某一特定组织中的角色位置，它是组织的基本构成要素(有关组织，我们会在后面做专门介绍)。它包括一个任职者应当完成的任务或者工作行为，以及承担该职位所要遵守的规范。一个人的职业发展是以职位为中心的，职位谋划是职业生涯规划的核心部分。所以，要走进职业世界，最好从了解你将要占据的职位开始。

管理学，特别是人力资源管理领域对职位做了大量的研究，通过职位分析的方法编制每一个职位的说明书，借此来管理组织内部的众多职位。职位说明书是通过职位描述的方式把日常工作中直接的职位实践管理经验进行归纳总结，进而形成的指导性的管理文件，它清晰地罗列了职位的要素。职位说明书的表现形式很多，表 4-1 就是一个职位说明书的样例，它可以帮助我们了解一个确定的职位包括哪些要素。

表 4-1 职位说明书

<table>
<tr><td>

职位说明书

一、基本资料

1. 职务名称________________

2. 直接上级职位____________

3. 所属单位________________

二、职位描述

1. 岗位说明

____

2. 职务说明

____

三、任职资格

1. 学历要求

____

2. 所需技能

____

3. 工作经验要求

____

四、考核方法

____

</td></tr>
</table>

职位往往只能概括揭示工作者在某个职位上的活动,它可能会掩盖职位本来应该表达的重要信息。当你通过研究一个职业来做出职业生涯规划时,仅仅从职位名称获取信息是不够的。你有必要深入调查并了解关于工作的性质、培训、工作地点环境、竞争性、个人满意度等等一系列的问题。我们会在以后的章节中对这些内容一一展开讨论。

名人名言

➢ 不能爱哪行才干哪行,要干哪行爱哪行。

——英国首相 W.丘吉尔

➢ 每个人的工作,不管是文学、音乐、美术、建筑还是其他工作,都是自己的一幅画像。

——美国教育家 S.勃特勒

➢ 人只有献身于社会,才能找出那短暂而有风险的生命的意义。

——爱因斯坦

活动知识

职业分类

认识纷繁复杂的职业世界的一个有效途径，就是建立一个系统的结构，使各类职业活动能够形成一个既各自独立又相互联系的整体，使得性质相同的职业活动可以归并为一个类别，并使之与其他类别能够相互区分。这种将职业活动依照特定类别进行结构化分析的过程，我们称之为职业分类。职业分类不仅是职业的外在特征（社会需求性的特征）的反映，而且是职业的内在特征（个人发展性的特征）的体现。

职业的分类不仅与各国经济发展水平相联系，也与各国职业分类标准密切相关。由于各国职业分类标准不统一，国与国之间的职业种类尚不具可比性。如加拿大将职业分为了9大类：(1)金融、行政事务；(2)自然科学、应用科学；(3)医疗保健；(4)社会科学、教育、政府部门、宗教；(5)艺术、文化、体育；(6)产品销售与服务；(7)手工艺、交通设备操作及相关行业；(8)基础工业；(9)生产加工业与公用事业。但是，在现代社会中最常见的分类方法是按照职业活动及职业角色接近的程度，将众多的职业分成若干大类、中类和细类。《中华人民共和国职业分类大典》将我国职业归为8个大类，66个中类，413个小类，1 838个细类。表4-2罗列了职业分类的8个大类。

表4-2 中华人民共和国职业分类表

大类序号	大类名称	中类	小类	细类
一	国家机关、党群组织、企业、事业单位负责人	5	16	25
二	专业技术人员	14	115	379
三	办事人员和有关人员	4	12	45
四	商业、服务业人员	8	43	147
五	农、林、牧、渔、水利业人员	6	30	121
六	生产、运输设备操作人员及有关人员	27	195	1119
七	军人	1	1	1
八	不便分类的其他从业人员	1	1	1
合计	—	66	413	1838

4.1.2 走进职业

通过前面对职业内涵以及与职业相关概念的分析与比较，你一定对职业有了更为深入的认识。接下来我们将继续揭开职业另外的半块“面纱”，探讨一下职业分类与职业信息表的有关知识。在此之前，我们先来看看小强的大学实习总结。

生涯故事

小强的大学实习总结

我的大学生活按照原计划进行，当上了班长，进了学生会，获得了二等奖学金。除此之外，我的社会实践也没有落下。我的假期是这样度过的。

大一寒假的实习总结。

今年寒假我和班上几个同学一起到一家保洁公司实习。我们几个负责开荒保洁，就是在楼房装修完之后负责清理现场。

几个同学在一起干得特别开心，公司也一向按时发放工资，对此，我们都非常满意。可是新装修出来的房子装修污染严重，虽然工资比较高，但是工作环境对身体伤害较大，总觉得是在用健康换金钱。而且，我觉得这份工作初中毕业就可以做，现在学了这么多的知识，做这份工作，似乎是一种资源的浪费。我想大学毕业后还是做一些与我的计算机专业有关的工作，这更能发挥我的优势。

这次实习经历告诉我，做这样的家政实习确实有些浪费时间，我应该把精力放在那些对长远发展更有帮助的工作上，看来我得重新思考我到底想做什么，然后认真准备，为将来的工作打基础。

大三寒假的实习总结。

今年冬天用友软件公司来学校招实习生，真是一次盼望已久的好机会！对本专业的热爱以及长期的代码编写，还有获得的各种表彰帮我顺利地通过了筛选进入了用友，非常开心！

在用友实习了两个多月，感觉非常好。在职员工对工作认真负责，对实习生的指导具体细致，而且员工大多是国内重点大学毕业的高材生，专业素质强，人格修养好，做事效率非常地高，和他们在一起工作特别有激情。而且公司的管理非常人性化，为员工营造了宽松、和谐的工作氛围，让大家能自由地去创造，充分发挥自己的聪明才智。

我很珍惜在用友实习的每一天，我尽量去认识更多的同事和领导，在完成自己任务的同时还帮大家做一些力所能及的事情，一方面是为了更好地锻炼自己；另一方面也希望能给大家留下一个好印象，以便大四毕业后可以来用友工作。

总之，这次实习收获颇丰，让我找到了适合自己的发展道路和自己真正喜欢的职业。

【专家指导】

从案例中我们发现，小强最终找到自己喜欢的职业不是一蹴而就的，而是一个逐步探索的过程。现实生活中，很多学生由于缺乏社会实践，缺乏必要的探索和积累，以致对职业的认识和了解不足，再加上现实社会中职业种类繁杂，刚刚步入社会门槛的大学生往往容易陷入职业选择的困境。我们建议：同学们在合理安排学习生活、充分积累知识的同时，要尽早地了解各个职业的特点和任职要求，以便将来能顺利地进行职业选择。

活动知识

工作的性质及其特点

通过前面我们对职业的介绍，相信你对职业已经有了一个初步的认识。当你试图通过研究一个职业来做出生涯规划时，你还必须要深入了解关于工作的性质、培训、工作地点环境、竞争性、个人满意度等等一系列的问题。对于一个你感兴趣的或者你将要选择的特定职业，你需要从以下几个方面了解它。

1. 工作的性质

(1) 工作因什么而存在、这一工作所满足的需要、此工作的目的；

(2) 该职业中的专业细分(职业分类)；

(3) 该职业的定义。

2. 工作的内容

(1) 所履行的工作职能、工作中主要的职责和责任；

(2) 该职业所生产的产品或提供的服务。

3. 收入(薪酬范围，福利)

(1) 得到的薪酬(起薪、平均工资和最高薪酬)；

(2) 提供的福利(退休金，保险，假期等)。

4. 所需要的技术和工具

(1) 该职业所使用的设备、工具和其他辅助物品；

(2) 该职业所需要掌握的技术；

(3) 需要工作者自备的设备、物品和工具。

5. 人际关系

(1) 与人沟通是采用电话、电子邮件、书信及备忘录还是面对面地讨论；

(2) 职责关系；

(3) 为他人负责：为他人的健康和安全负责，为结果和成绩负责；

(4) 冲突处理。

6. 工作地点

职业存在的地理位置(全国性的，某个特定地区或城市)。

7. 工作条件

(1) 物质条件和安全状况(办公室，工厂，户外，噪声，温度)；

(2) 工作时间安排(小时，白天或夜晚，加班，季节性工作)；

(3) 发挥主动性、创造性情况，自我管理状况，以及得到学习的机会；

(4) 作为参加工作的条件之一，要求具备的工会或职业协会的会员资格；

(5) 该职业的监督或管理类型；

(6) 雇主对着装的要求或偏好；

(7) 出差方面的要求；

(8) 在该职业中工作者可能遭受的歧视。

8. 工作结构特征

(1) 职位的危险性：过失的后果，以及对决策的影响；

(2) 竞争的水平；

(3) 时间压力；

(4) 自动化程度。

9. 该职业中典型人群的人格特征

(1) 支配该职业环境的人或该行业中大多数的人格特征；

(2) 年龄范围，男性和女性的比例，少数民族工作者的数量。

10. 就业和发展前景

(1) 进入该行业通常的方法；

(2) 在地方和全国范围内的就业趋势；

(3) 提升的机会，职业阶梯(你从哪儿开始，能到达什么位置)；

(4) 在完成培训和教育之后受到雇用所需的平均时间；

(5) 被提升到一个较高职位所需的平均时间；

(6) 该行业中工作的稳定性。

11. 个人满意度

(1) 该职业所体现的价值(高收入，成就感，安全感，独立性，创造性，休闲和家庭生活的时间，变化性，帮助他人，社会声望，认可)；

(2) 他人和社会对于该职业地位的看法：关于这种职业他们喜欢什么，不喜欢什么。

12. 利与弊

(1) 该职业的积极方面：该职业能给你带来什么；

(2) 该职业的消极方面：从事该职业你必须牺牲什么，该职业中你希望能够尽量避免什么。

13. 相关的职业

还有其他哪些职业与该职业相似。

14. 所需的教育、培训和经验

(1) 进入该职业所需要的专业知识；

(2) 进入该行业所需要的工作经验；

(3) 获得必要的与工作相关的教育所需要的时间和经费。

15. 要求的个人资历、技能和能力

(1) 一个人要进入该行业所需的能力、技能或能力倾向;

(2) 职业所要求的体力(坚持 8 小时工作,长时间站立);

(3) 其他的身体要求(良好的视力或听力,非色盲,能攀爬、跪下、弯腰、搬运物体);

(4) 个人兴趣(与数据、人或事物打交道);

(5) 特殊的品质或气质(能在压力下工作,精确,敢于冒险,有逻辑,能完成重复性的任务);

(6) 需要达到的标准(一分钟至少能打 60 个字);

(7) 执照、证书或者其他法律上的要求;

(8) 必须的或有益的特殊要求(懂得一门外语)。

活动实践

填写职业信息表

实践指导:在职业生涯规划中,尽可能全面地了解职业信息是非常必要的。根据我们所了解的有关职业(如医生、教师等)的信息,为每一个职业填写一份职业信息表,记录下所有你需要的信息。

表 4-3 职业信息表

职业信息表
1. 职业基本信息 职业的名称__________ 职位__________ 工作性质 __________ 工作内容 __________ __________ __________ 人际关系 __________ __________ 工作环境(条件、时间) __________ __________ 工作结构特征 __________ __________

续表

工作中的个人满意度

______

______

工作的利弊

______

______

2. 职业外延部分

职能分类______

工作地点______

  a. 工作组织______

  b. 地理位置______

收入(薪酬范围,福利)______

就业和发展前景

______

______

相关职业

______

信息来源

______

______

该职业中典型人群的人格特征

______

______

3. 任职要求

所需的教育、培训和经验

______

______

要求的个人资历、技能和能力

______

______

名人名言

➢ 选择职业,就是选择将来的自己。

——罗素

活动实训　职业百科

通过前面知识的学习，你是否已经对职业有了一个整体的认识？你是否已经意识到了解职业对职业规划的重要性？在我们的网络平台上提供了认识职业的多个维度，帮助你进一步了解职业全貌。你可以通过搜索引擎或者自己日常所学到的知识来创建属于自己的"职业百科"。下面请登录我们的网络平台，你可以了解到更多的职业知识和信息！

- ❑ 职业生涯规划平台
  - ❑ 探索职业世界
    - ❑ 职业百科

4.2　接触工作组织

在进行职业生涯规划时，确定了自己的职业方向仅仅是第一步。我们还需要确定要进入哪个组织，并推开它的大门走进去了解它，看看我们有关职业的构想与现实的职业环境是否一致。一个职业可以在不同的组织实现，关键看哪一个组织更适合自己的个人特质和实际期望。如果不了解组织，不了解组织的结构和文化在以后的职业生涯中会遇到很多职业问题。只有真正找到适合自己的组织时，人的潜能才能激发出来，进而，创造出更大的价值。下面我们从组织类型、组织结构和组织文化等方面入手去了解组织。

4.2.1　组织的"外表"——组织类型

如果你去咨询职业顾问或者找工作分析专家，他们会建议你面试之前先要调查清楚该工作组织。因为：

- ❍ 你对组织了解得越多，面试中你的表现就越好，获得工作的机会就越大。
- ❍ 只有了解组织，才能知道除了工资和福利外，你还能从这个组织中得到什么。
- ❍ 只有事先了解你想要进入的组织的工作环境、组织文化，才能洞察其背后的组织价值观、行为规范、标准和权利体制，评判自己是否适合这个组织。

下面，我们来看主人公小米的故事，它能带给我们什么启示。

生涯故事

组织：想说爱你不容易

大三暑假，看着身边的同学都在找实习单位，小米也开始考虑是不是要去实习。小米向师姐咨询，师姐建议：实习还是有必要的。不过，选择实习单位的时候，尽量向着将来想从事的行业靠拢。此外，尽量选择那些知名的公司，这样的公司在一定程度上能够提供更多的信息，提供更广阔的平台，以便为日后找工作增加些砝码。

小米觉得师姐的话很有道理，决定去找一份实习工作。但是小米并不知道日后要做什么工作，因此就尽量为自己找知名的单位。从中华英才网上，小米一家一家地筛选用人机构。小米发现了一家名为："世界**协会"正招聘实习生，真是异常兴奋，立刻投了简历。经过认真准备，一周之后小米进入了该组织。

竞聘成功的小米并没有预期那样高兴，工作环境差就不用说了，整个工作过程也与自己设想的完全不同。她的工作首先是用英语不停地给一些头衔很多、很响亮的人打电话，敦促他们来参加该组织主办的"第*届世界**会议"。小米的英语本来就一般，直接的口语交流更让她感觉吃力。如果没有这次的亲身经历，小米一定觉得这样重大的会议是国际要员间的会晤，可在这里工作了一个月、为会议忙前忙后的小米后来发现，这不过是头衔很响亮却没有实际意义的形式化会议而已。电话沟通结束后，她的任务就是去购买一些小物品并且负责讨价还价。最后阶段就是：会议厅嘉宾牌的摆放，会场布置，以及到机场接那些所谓的国际级别的与会人员，还有记录会议中讲述的那些空洞乏味的内容。除此之外，组织内部更是工作效率低下，员工办事拖沓，但为了取悦领导每天总有人加班，总共几个人还钩心斗角……

这次的实习经历让小米明白：要想加入一个组织绝对不能只看名字、单听介绍，一定要具体地了解组织，揭开蒙在组织头上的美丽面纱，看清它的真面目后再做决定。

【专家指导】

很多人在求职过程中往往会犯和小米同样的错误，根据组织的名字望文生义，这样很容易造成就职后的不满，最终无法成就个人的职业生涯发展。因此我们建议大家：在就职之前，不妨先大量收集组织的各种信息，如果有可能，深入到组织内部去了解组织。以避免不熟悉组织，错选组织，而走职场弯路。

活动知识

组织的定义

组织是什么呢？许多管理学家都从不同的角度给出了解释，美国组织管理大师卡斯特的定义更为科学和全面，他认为组织是：

- 一个属于更广泛环境的分系统，并包括怀有目的并为目标奋斗的人们。
- 一个技术分系统——人们使用的知识、技术、装备和设施。
- 一个结构分系统——人们在一起进行整体活动。
- 一个社会心理分系统——处于社会关系中的人们。
- 一个管理分系统——负责协调各分系统，并计划与控制全面的活动。

组织的类型

随着人类实践的向前发展和组织类型、组织规模、组织结构的不断变化，人们对组织的认识还将进一步演变和深化，但这并不妨碍人们对组织的理解。下面我们先从组织的“外表”——类型谈起。

面对社会生活中复杂多样的社会组织，人们从不同角度对组织进行了分类。有人将组织分为了营利性组织、非营利性组织、政府组织、准政府组织以及协会。国内学者按照组织的规模程度、社会职能以及内部分工关系做出了如下系统性的分类：

- 按组织的规模程度，可分为小型组织、中型组织和大型组织。
- 按组织的社会职能，可分为文化性组织、经济性组织和政治性组织。
- 按组织内部是否有正式分工关系，可分为正式组织和非正式组织。

4.2.2 组织的“骨骼”——组织结构

当一个组织不断地成长壮大，就应该被授予更多的责任和权利，而且要明确组织权力。组织图表很好地展示了一个组织的权力和责任体系，所以它是调查一个组织的最好起点。

组织图表是一个组织的“骨骼”，显示正式的组织结构，它使我们看到一个完整的组织结构系统、清晰的权力系统以及每个人的职责体系。典型的组织结构类型有直线制、职能制、事业部制、矩阵制等。图 4-1 是全球娱乐业巨头迪斯尼公司的组织结构图，通过组织的结构图你可以很直观地了解组织的结构，以及子公司、部门和下属单位。

组织图表体现的是一种正式的组织模式。现在的很多组织，特别是企业商业组织，都在有意或无意地淡化权力等级的元素，人与人之间的交流是通过一个垂直和水平交流的网络进行的。

其实，各类组织在人才使用观念上还是有明显的差异的。我国正处于社会经济高速发展，人民生活水平飞速提高的特殊时期，存在着不同于以往任何时期的组织构成和运营机制。作为当代大学生，今后进入什么样的组织、选择什么样的职位，将直接影响着个人的职业发展。

在这里，我们通过传统组织机构和现代组织机构对人职匹配问题不同的处理方式的简单对比，就可以找到明确的个人职业选择倾向，如表 4-4 所示。

表 4-4 传统组织和现代组织人职匹配表

比较项目	传统组织	现代组织
人职关系	因人设职	因事设职
技能要求	胜任	适任
人才来源	培育	租借或购买
使用期限	长期	短期
权益保障	依附	合同契约

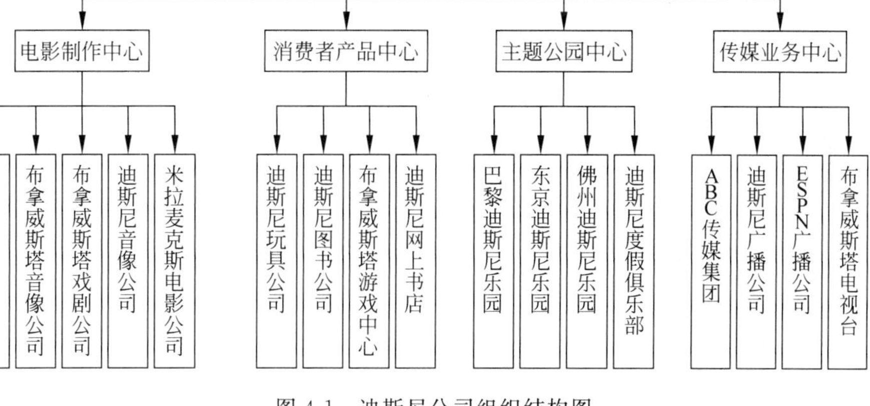

图 4-1　迪斯尼公司组织结构图

如表，我们从五个方面进行分析。

(1) 在人职关系上，现代组织一般强调因事设职，无事无职；传统组织往往会出现因人设职的现象。

(2) 在技能要求上，传统组织更愿意任用技能水平高出其本职工作要求的人员；而现代组织并不好高骛远，更愿意任用达到或略微超出职位技能水平要求的人员，使“人尽其才”。

(3) 从人才的来源方面看，传统组织更愿意培养人才，从而形成对组织的忠诚度；现代组织更愿意采用购买或租借的方式占有人力资源，一旦任务圆满完成，就及时解雇与对方的劳动关系。

(4) 在使用期限上，现代组织喜欢与劳动者达成短期劳动协议，在尽可能短的时间内使用所需的人才，所以“除旧迎新”式的人事变动是常有的事；传统组织反倒更愿意与劳动者结成长期的合作关系，签订长期的任用合同，借此保证组织发展的连续性和稳定性。

(5) 在劳动者权益的保障方面，传统组织与劳动者之间是一种相互依附的关系，表现为

"同舟共济",该类组织在管理意识中特别强调奉献、牺牲等精神层面的东西;现代组织则采用合同契约规范双方的权利和义务,契约中载明的事项一般都会严格地执行,契约中未涉及的事项,双方一般都没有履行的义务。

由上面的分析可以概括出,不同的组织,虽然职位特征基本相同,但从业者所表现出的职业素养却会有很大差异。希望有一份稳定工作的人往往更希望到传统组织中去,那些愿意冒险创新的人往往更倾向于找一个现代组织容身;组织遇到困难的时候,现代组织里的员工多做"鸟兽散"以保全个人利益,而传统组织中的员工更多地表现出"同舟共济,共渡难关"的忠诚。

另外,一个看似完备的组织图表并不能涵盖更多的内容。在正式的组织结构之外,一个隐性的同盟和相互帮助的网络存在于几乎每一个人类组织中,社会学里管它们叫"非正式群体"或者"小群体"。它们将赋予某些成员或者部门更多的权力,在一个组织中发挥着重要作用,促使一个组织变得更独裁或者更民主。我们可以把它看做是组织的"软骨",也可以看做是组织的一种亚文化。概括起来,非正式群体是:

- 一种非正式的社会、行政和沟通模式。
- 一系列不可忽视的特征,一种做事方式。
- 一种组织文化,某些时候也许比正式的组织系统更有影响力。

无论是组织图表还是非正式组织结构,抛开其所蕴涵的权力体系,它们都体现着组织的形式,为我们构建了一个大致的组织"框图"。而要了解一个组织的本质特征和精髓,判断自己的个性是否能融合到组织环境中去,还需要了解组织文化。

活动实践

组织信息调查表

实践指导:参照上面的研究,对你选择的组织进行调查。如果这个组织规模不是很大(少于50人或100人),你就可以调查整个组织。如果组织规模较大,你只需要关注一个部门就可以了。换句话说你要限制你调查部门的规模,否则,你的调查会流于表面化,范围也会变得很宽泛。请把你调查的信息记录在下面的表格中。

表 4-5 组织信息调查表

组织的名称________________ 地址________________ 电话________________ 组织规模________________ 工业分类________________ 组织的信息来源________________

续表

雇用权力拥有者的姓名　　职位

________________　________________

________________　________________

________________　________________

组织的部门/分部

________________　________________　________________

________________　________________　________________

________________　________________　________________

我想工作的部门________________　________________

在这个组织中我能做什么________________________________

____

商品生产/提供服务________________________________

____

物理环境________________________________

　　第一印象________________________________

　　工作地点中的一般现象________________________________

报酬/工资结构，即我打算要的工作报酬

　　试用期________

　　正式期________

　　最高工资________

　　可获得的利益________________________________

组织什么时候建立的________________________________

关键事件________________________________

____

____

过去的领导者________________________________

雇用时的特殊要求________________________________

____

工作对你家庭的影响________________________________

____

____

（注：组织的基本信息可通过网上查找获得，如查找组织的网站以及组织的黄页等）

调查组织是至关重要的，但是我们在找工作时经常会忽视这一点。作为大学生，应该充分关注自己日后的职业发展，这就需要在了解组织结构和运行机制方面多下些工夫，多分析些实例，这样才能找准自己今后职业发展的目标和途径，才能在今后的职位工作中处于主动和优势的发展地位。

4.2.3 组织的“灵魂”——组织文化

组织文化要比个体的个性特点更隐秘难测，花费很大的精力研究组织文化有意义吗？如果你想知道组织是否与你的人格和追求相匹配，是否能够提升你的职业能力、提高你的职业目标，那么这种努力是必要的！

生涯故事

海尔的八条企业文化

1. “迅速反应，马上工作。”在海尔，这幅随处可见的标语给人留下了深刻的印象。这是海尔要求每一位员工必须具备的工作作风。海尔的员工说，这八个字展现了海尔的市场观和服务观，也浓缩了海尔的企业文化。

2. 只有淡季的思想，没有淡季的市场。

3. 东方亮了，再亮西方。

4. 斜坡球体论。海尔对企业管理有一个形象而贴切的比喻：企业犹如斜坡上的小球，不进则退。

5. 日事日毕，日清日高。在斜坡球体论的基础上，海尔创造了“日事日毕，日清日高”的先进管理模式。

6. 人人是人才，赛马不相马。海尔在用人制度上的这一理念，为每个员工提供了创新的平台。“你能翻多大的跟头，我就给你搭多大的舞台。”这是张瑞敏实实在在地给了每一位员工的承诺。“公开、公平、公正”，海尔文化在用人观上最珍贵的就是这六个字。

7. 先有市场，再建工厂。

8. 先难后易，出口创牌。

【专家指导】

最深刻地反映一个人价值的是其灵魂与精神，对于企业而言则是其组织文化的强弱以及有效程度。没有良好的组织文化作保障，组织就不能实现长久发展。

活动知识

组织文化的含义

组织文化的含义是什么？我们可以把它定义为在工作群体中逐渐发展起来的可以观察到的规范和标准，是组织成员共同拥有的，并以此了解组织成员行为的一套假设和信念。

组织文化反映了组织领导者的价值观，并以组织的形式表现出来。组织拥有自己的历史、沟通模式、制度和运作程序、使命与愿景、一系列故事与神话，同时一个组织也有自己独特的价值观、信仰和组织环境，这一切都构成了组织的独特文化。

组织文化创造出一系列非正式规则并以此指导组织的行为，它决定了其成员在相处中的“游戏规则”，由物理布局表现出来的一种气氛影响着组织成员之间和组织外部成员间的沟通方式。它也塑造了一个组织的人文环境，这种环境会潜移默化地影响着处于这个环境的个体——组织成员的行为和思维方式、价值判断等方面。我们可以把这种环境形象地比喻为一个组织的“神经系统”。

核心价值观

组织文化中最关键的是它的核心价值观，它是一个组织获得成功的基础，并为管理者和全体成员所共有。它决定了一个组织的行为规范和准则，也构成了一个组织特有的氛围，不妨称组织的核心价值观为一个组织的“灵魂”。我们可以通过以下几种途径来把握一个组织的“灵魂”。

- 组织经常发表的价值观声明。
- 组织的宗旨、理念或者要求组织成员必须深信的标语。
- 组织中的“英雄人物”。
- 组织在进行奖励和表彰的时候举行的典礼和仪式。

另外，了解一个组织或部门的价值观和信念你可以通过观察员工的穿着、组织的物理环境、在交往和公布的资料方面所强调的主题和工作地点中的一些外在的迹象。

组织文化的分类

组织文化的分类有很多种，有的学者把组织文化大致分为官僚型、变革型和合作型三种类型，有的学者主张将组织文化分为4种类型：雄性文化、行动文化、拿公司作赌注文化和程序文化。这里我们把组织文化划分为宗族文化、活力文化、层级文化及市场文化4种类型。

宗族文化

以“承诺、士气、参与、开放”为特征，强调机动灵活的内部关系维护，关注员工及其对环境的敏感性，其主要内涵为：

(1) 非常具有人性化，员工之间和善友好，有福共享，有难同当，就像一个和谐的大家庭；

(2) 组织的领导被认为是员工的导师，甚至是员工的父母，仁慈和蔼，关爱员工；

(3) 注重忠诚和传统美德，将所有员工凝聚在一起的是相互间的信任和关爱，员工对企业的忠诚度很高，积极工作，乐于奉献；

(4) 强调对员工的培养，注重人力资源开发的长期收益，高度重视企业凝聚力、向心力和道义美德；

(5) 注重团队合作、达成共识和积极参与，注重员工的长期参与；

(6) 企业成功的基准是对环境的敏感性，以及对员工的关心，强调以人为本。

活力文化

以“创新、适应、增长、资源获取”为特征，强调高度灵活性和个性化的外部资源配置，其主要内涵为：

(1) 处于不断变化的环境中，动态性强，具有创新精神，员工愿意拼搏和不断冒险尝试；

(2) 领导人被认为是一个变革者、创新者、冒险家；

(3) 强调个人承担风险、创新与变革、自由发挥、与众不同，鼓励员工个人的首创精神和自由发展；

(4) 将所有员工凝聚在一起的是参与创新和发展，强调企业在本行业中的领先地位；

(5) 强调获取新的资源，寻求新的挑战，注重尝试新事物，探求新机会；

(6) 企业成功的基准是最独特的或最新颖的产品/服务，企业是一个产品/服务的领先者或创新者。

层级文化

以"标准化、信息管理、稳定、控制"为特征，强调出于稳定和控制需要的内部关系维护，其主要内涵为：

(1) 高度结构化，高度模式化，有很多正式的工作程序支配员工工作；

(2) 领导人被认为是优秀的协调者和组织者，条理清晰，注重效率；

(3) 非常重视组织的平稳运行，确保雇用关系长期稳定；

(4) 将所有员工凝聚在一起的是正式的规章制度和方针政策；

(5) 强调组织的长期稳定性，高效而平稳的组织业绩；

(6) 成功的基准是产品/服务的可靠性、迅捷性和低成本。

市场文化

以"产出最大化、成就、方向明确、目标明晰"为特征，强调出于稳定和控制需要的外部资源配置，其主要内涵为：

(1) 强调工作结果，注重解决问题，员工竞争意识强，注重取得工作成就；

(2) 领导人被认为是讲究实际、敢作敢为、强有力的竞争者；

(3) 强调过硬的竞争能力、高工作标准，注重工作成就；

(4) 将所有员工凝聚在一起的是获得成就感和实现目标，勇于进取和赢得胜利是组织的主旋律；

(5) 强调竞争和获得成功，主导方向是达到预期目标、赢得市场；

(6) 企业成功的基准是赢得市场竞争或超过竞争对手，取得骄人的市场占有率和渗透率，占据有竞争力的市场领导地位。

组织文化没有好坏之分。对于一个组织来说，如果它的文化能促使组织目标实现，那它就是有效的组织文化；而对于组织成员来说，组织文化的好坏主要取决于你的理想环境，和你的个性中最强动机是否与组织文化相匹配。一般而言，注重组织承诺、为人正直诚信、有责任感的员工倾向于宗族型组织文化；而具有创新意识、应变能力强的员工更适应活力型组织文化；倾向于层级文化的员工则多为规则导向，更关注细节；市场文化的组织更需要员工具有很强的市场敏感性、注重结果、有成就动机。

名人名言

➢ 我们能做的事情都是我们所了解的，了解得越多，就会做得越好。向你的同事倾谈吧，相互倾谈，才能相互指导和学习。

——沃尔玛百货商场CEO 汤姆·考林

活动实践

组织文化评价表

实践指导：表4-6是一个组织文化评价量表，量表包括主导特征、领导风格、组织凝聚力、战略重点、成功标准和员工管理六个判据，每个判据包含四种不同的陈述，分别对应四种类型的组织文化。请你根据自身情况，对四种陈述进行评分，越接近自身情况的陈述得分越高，满分为5分（评分可以为0到5之间的任意值，也包括小数）。

表4-6 组织文化评价表

1. 主导特征	得分(0～5)
A. 我期待所在的组织是一个非常人性化的组织，就像一个大家庭，员工能彼此分享个人的很多东西。	
B. 我期待所在的组织生机勃勃，是一个孕育企业家的地方，鼓励员工去承担风险。	
C. 我期待所在的组织非常正规化和结构化，已经确立的程序通常决定着员工的行为。	
D. 我期待所在的组织是以结果为导向的，主要关心的是如何完成工作。员工之间公开竞争，注重成就导向。	
2. 领导风格	**得分(0～5)**
A. 我期待所在的组织的高层领导通常被认为是为员工的发展指明方向、称得上是德行垂范的人。	
B. 我期待所在的组织的高层领导通常被认为是具备冒险精神、喜欢承担高风险任务的人，是改革的积极倡导者。	
C. 我期待所在的组织的高层领导通常被认为是具备卓越的协调能力、能有效地利用和组织各种资源的人。	
D. 我期待所在的组织的高层领导通常被认为是注重结果的领导，能强有力地推行计划的实现。	
3. 组织凝聚力	**得分(0～5)**
A. 我期待所在的组织的凝聚力来自于员工对企业的忠诚和尊重企业的传统。员工对单位的承诺很重要。	
B. 我期待所在的组织的凝聚力来自于对创新和发展的承诺，以争第一为重点。	
C. 我期待所在的组织的凝聚力来自于公司的管理制度。在这里，维持机构的运转流畅是关键。	
D. 我期待所在的组织团结在一起的凝聚力来自于把任务和目标的完成作为重点。大家都认为在市场竞争中应该锐意进取。	

续表

4. 战略重点	得分(0～5)
A. 我期待所在的组织注重员工的发展,同时一贯强调员工与组织之间的相互信任,秉承开放的管理风格,重视每一位员工对决策的参与。	
B. 我期待所在的组织强调获取新资源和创造新的发展机遇。员工乐意尝试新事物,寻找新机会。	
C. 我期待所在的组织强调企业的持久性和稳定性。有效、流畅的运转是重要的。	
D. 我期待所在的组织强调竞争行为和个人成就。量化的考核目标是重要的管理工具。	
5. 成功的标准	**得分(0～5)**
A. 我期待所在的组织把员工的个人发展、团队协作以及对员工的关心作为组织成功的标志。	
B. 我期待所在的组织把创造独特的、技术领先的产品作为成功的标志,非常注重产品创新。	
C. 我们期待所在的组织把效率作为成功标志,可靠的物流、严格的计划实施和低成本的产品非常关键。	
D. 我们期待所在的组织把市场突破和市场份额作为成功的标志。竞争性的市场领导地位是非常关键的。	
6. 员工管理	**得分(0～5)**
A. 我期待所在的组织的管理风格以团队协作、意见一致和参与为特征。	
B. 我期待所在的组织的管理风格以个人的冒险、创新、自由和独特性为显著特征。	
C. 我期待所在的组织的管理风格以雇佣安全、职位的长久性和可预测性为特征。	
D. 我期待所在的组织的管理风格以竞争、成果和成就为特征。	

把六个判据的所有A条目分数相加,BCD条目依次类推,最后获得4个条目的总分。比较总分,得分最高的那一条就是你所倾向的组织文化类型。其中,A条目代表了宗族型,B条目代表了活力型,C条目代表了层级型,D条目代表了市场型。评判出自己倾向于哪一种组织文化类型,进而可以帮助你判断一个特定组织的文化类型是否与你的个人特质匹配。

活动实训　组织百科

你向往的企业组织有哪些?IBM?可口可乐?海尔?而这些跨国大企业中哪个又是你最心仪的呢?为了更好地了解组织以及组织文化,我们为你提供了认识组织的多个维度。请登录我们的网络平台,相信你在组织百科中能够收获得更多。

- ❑ 职业生涯规划平台
  - ❑ 探索职业世界
    - ❑ 组织百科

4.3　认识我们“那片海”

就像水手在远航之前先要预测天气风暴一样，职业生涯规划也要关注职业外部环境的发展变化，从而使我们在职业的“海洋”上顺利遨游。外部环境会对一个行业、职业甚至是一个职位产生直接和间接的影响。下面我们来看看主人公小强的故事，或许可以帮助你认识外部环境对职业世界的影响力。

生涯故事

小强的读报心得

小强在 2008 年 9 月 16 日读到这样一篇报道：

9 月 15 日，是一个令华尔街人刻骨铭心的日子。美国第四大投资银行雷曼兄弟公司申请破产保护，第三大投资银行美林证券公司被美国银行收购。受美国次贷危机的冲击，曾在华尔街叱咤风云的三大投资银行——贝尔斯登、雷曼以及美林都已黯然退出历史舞台。

受此影响，纽约股市三大股指 15 日巨幅下挫，其中道琼斯指数狂泻 504 点，纳斯达克综合指数急跌 81 点，标准普尔 500 指数重挫 59 点，为“9·11”事件以来的最大单日跌幅。

业内人士认为，导致这些金融巨擘接连倒下的罪魁祸首就是持续困扰华尔街达 14 个月之久的次贷危机。虽然近来关于次贷危机接近尾声的说法有所增多，但雷曼和美林的结局发出了一个非常明确的信息：横扫美国、殃及世界的次贷危机远远没有结束，还可能继续对金融行业造成打击。

这一消息让小强感到震惊，雷曼兄弟公司既不是因为经营不善，也不是因为竞争激烈而是因为大的环境因素——次贷危机而倒闭了，看来大的环境的影响是不容忽视的。

【专家指导】

以上故事生动地反映了经济、法律和政策的变化对于人们职业世界的冲击。在这个变革的社会里，没有一成不变的事物。今天最热门的技术，明天就可能无人理睬；去年时髦的职业，今年就可能被打入“冷宫”。因此，我们认为个人要想谋求职业生涯的发展与成功，就要关注职业所处的外部环境的特征与变化。

活动知识

职业外部环境

有效的职业生涯规划要求我们在全面认识自己的同时，也要清楚地认识职业外部环境特征，以评估职业机会。我们来看一组数据：我国自 1998 年高校扩招至今，大学生就业已经成为全社会关注的问题。2001 年，114 万；2002 年，145 万；2003 年，212 万；2004 年，280 万；2005 年，338 万；2006 年，

413 万；2007 年，500 万……这是一组来自教育部且不断攀升的高校毕业生数字。

然而，与之相对的是就业率连年持续下滑，2001 年 6 月毕业生一次就业率本科生就超过 80%，2002 年底全国高校毕业生就业率达到 80%，2003 年就业率降为 75%，2004 年 73%，2005 年 72.6%，2006 年 71.69%，2007 年 70.06%。根据麦可思公司发布的《2009 届大学毕业生就业跟踪月度报告》3 月分析报告，截至 3 月底，2009 届全国大学毕业生的签约率为 33%。这两组数字非常直观地告诉人们：大学生就业形势目前很严峻，且在今后若干年将会持续严峻。如此严峻的职业外部环境也促使我们去了解它和认识它，以便我们真正走入社会中能够从容地应对就业压力。

职业外部环境分析即评估和分析环境条件的特点、发展与需求变化趋势、自己与环境的关系以及环境对自己的有利因素与不利因素等等，包括以下几部分。

1. 家庭环境分析

任何人的性格和品质的形成以及个人的成长都离不开家庭环境的影响，家庭经济状况和社会地位、家庭成员的影响和期望、可获得的外部资源，有时会影响我们获得某个职业机会的可能性。比如，一些用人单位需要新员工缴纳一定的费用方可上岗，如果费用偏高，家庭经济状况较差的同学对此应当慎重考虑。

再比如，现实生活中，一些待遇较好的工作往往需要动用一定的社会关系，了解更详细的内部信息，这便需要求职者父母或亲友具有较多的社会资源。面对这些事实，同学们也许有些想不通，但它是由种种因素所导致的，尽管不合理，但一时难以改变。所以，我们在进行职业生涯规划时，也要适当考虑个人家庭情况。

2. 学校环境分析

学校作为向社会输送人才的重要场所，其为学生就业提供的各种条件，如学校的教学特色与优势、专业选择、社会实践经验都会对学生的职业生涯规划产生一定的影响。面对严峻的就业形势，很多大学生抱怨找不到专业对口的工作，一方面是因为大学教育并非完全按照社会所需设置专业，职业发展受到市场供需比例的影响；另一方面所学太宽泛、职业太精细，导致较难找到绝对“专业对口”的工作。所以，大学生们在做职业生涯规划时，不必太苛求自己，可以尝试向边缘化方向发展。以医学专业为例，毕业生可选择的就业面还是非常广的，如果你的性格外向，并善于与人沟通，可以尝试做医疗方面的销售工作；如果你的思维敏捷，勇于接受挑战，可以尝试应聘医学专业杂志或相关咨询岗位。

3. 社会环境分析

人不能脱离了社会而存在，因此对社会环境进行了解和分析也是职业生涯规划的内容之一。对社会环境因素的了解主要包括以下几个方面。

(1) 社会政策主要是人事政策和劳动政策。

(2) 社会变迁，比如知识经济和信息化社会发展，就会对人的职业生涯发展产生较大的影响。

(3) 社会价值观会随着社会的不断发展和进步而发生变化，从而会影响社会对人的认识和对职业的要求。

(4) 科学技术的发展会带来理论的更新、观念的转变、思维的变革、技能的补充等，而这些都是职业生涯规划中不可或缺的要素。

4. 经济环境分析

经济环境对职业生涯发展也会产生影响，当经济处于高速发展时期，百业兴旺，就业渠道、薪资提升和职业发展的机会就会大增，反之，就会使人的职业发展受阻。对经济环境的了解可以通过以下几个方面获得：经济改革状况、经济发展速度、通货膨胀率、经济建设状况和国际贸易状况等。

活动实训　家庭学校环境评估表

职业生涯规划中，我们不仅要全面地认识自己，同时，也要清楚地认识家庭学校环境。通过了解家庭学校环境对职业发展的要求和影响，来评估职业机会。不同的家庭学校环境对不同个体的职业影响不同。你的家庭学校环境对你的职业选择和发展存在哪些影响？请登录我们的网络平台做一下自我评估。

- ❑ 职业生涯规划平台
  - ❑ 探索职业世界
    - ❑ 家庭学校环境评估表

4.4 搜集与筛选职业信息

毕业生能否顺利求职，能否找到满意的职业，除本身应具备较好的综合素质外，还取决于就业信息的搜集情况。当今社会，职业信息种类繁多、良莠不齐，因此从现在开始有必要培养职业信息的搜集、筛选的能力，为成功求职做好充分准备。

4.4.1 处处留心，广泛搜集职业信息

提起职业信息，不少同学可能会说："我也觉得职业信息很重要。可是，到哪里去找呢？怎么搜集呢？"作为一名普通求职者，广大学生朋友只有早早行动、及时掌握大量的职业信息，才能开阔眼界和思路，才能在实习、求职、创业或升学时真正做到"既知己，又知彼"。

生涯故事

告别困惑的小肖

小肖，某社区学院酒店管理专业专科三年级学生。和她的同学们一样，眼看高职生活即将结束，她开始认真思考自己的个人前途。以前只是一心想着报考高职，没有认真考虑过就业问题。一时间，千头万绪，真有些不知所措。尤其是不知道如何寻找合适的实习机会和就业机会。

恰巧，学院分管学生就业工作的陈老师请来了某青年职业生涯规划专家，为大家举办就业与职业生涯规划普及讲座。听完讲座，小肖向该专家表明了自己的困惑。专家告诉她，找工作不妨分三步走：第一步，有必要认真分析一下自己，搞清楚自己想要什么，如升学、出国、工作还是创业；第二步，利用多种途径搜集各类职业信息，如实习机会、兼职工作机会、全职工作机会、自主或合伙创业的机会等；第三步，采取具体的、直接的行动措施，如做自荐书、上门或电话应聘、参加招聘会等。听了该专家的分析，小肖茅塞顿开。

【专家指导】

案例中的小肖，和多数同龄人一样，读书时期只关心读书和娱乐，并不关注职场动态，总觉得这些东西离自己还很遥远。当岁月流逝，大家被推到找工作的第一线时，开始迷茫了，不知道该如何根据自己的实际情况，搜集相关的职业信息，寻找合适的工作机会。因此，我们建议，从人际、媒体、机构等渠道拓宽信息来源，先广泛地搜集各类职业信息，然后再根据实际需要从中选择和处理信息。

活动知识

搜集职业信息的渠道

搜集职业信息是大学生求职择业前的一项重要任务。信息渠道是指了解和掌握信息的途径和方法。生活中，信息渠道是多种多样的，可以按照不同的标准进行分类，可以是多种多样的。本书按照信息的发布源（就是信息是由谁公开的）来介绍，见表 4-7。

表 4-7　如何广泛搜集职业信息参照表

途径	信息来源	具体做法
人际渠道	老师、家人、亲戚、朋友、同学、校友、职业指导专家、乘客、网友等。	走访亲戚、朋友等职业人士； 同学、校友聚会时与已工作的同学讨论工作； 咨询本校就业指导老师、在外兼职的专业课老师； 咨询职业指导专家； 留意乘客、网友等陌生人无意间提及的职业信息。
传媒渠道	报纸、杂志、电视、广播电台的相关栏目及网站，企事业单位人事部门网站、人才招聘网站、网络搜索引擎等。	经常阅读报纸、杂志的相关栏目； 经常观看或收听电视、广播电台的相关节目；登录相关企事业单位人事部门网站、人才招聘网站； 恰当使用搜索引擎搜集职业信息。
机构渠道	各企事业单位、学校就业指导中心、职业介绍所、社区职业指导中心、人才交流市场、劳动保障部门等有关政府机构。	关注本校和附近同类院校就业指导机构组织的招聘会和就业宣讲会； 关注正规职业介绍机构发布的职业信息； 关注正规人才交流市场的各种专题活动； 在企事业单位参观、监事、实习、兼职期间尽可能全面了解该企业； 关注相关政府机构发布的政策法规、经济统计、行业发展趋势、新职业等信息。

4.4.2 精挑细选，深入处理职业信息

很多同学在不知道从哪里寻找职业信息的时候，感觉前途一片茫然，找到了职业信息后，又不知道该怎么处理了。作为当代青年，不仅要能够有效获取信息，更要能够以独立的学习态度和方法，对已获取的信息进行深加工，以解决自身的实际问题。下面来看看活动案例中的主人公小李是如何处理职业信息的。

生涯故事

慎重决策的小李

辞职后的小李经常上网搜寻职业信息。在一家人才网站，她看到当地一家国内知名装饰公司招聘商务人员。她打开这家公司的网站，在人力资源部门的招聘公告中也发现了同样的信息。然而，公告里对商务人员的具体职责和公司的发展前景提及不多。为了了解更多的信息，她把公司网站里的所有网页都仔细阅读了一遍，同时，还查阅其他网站关于该公司的信息。通过对比，排除了公司网站上一些夸大宣传，她确信这是一家充满活力、发展前景良好的公司。经过一番准备，她按照网上的联系方式，主动打电话给人力资源部经理黄先生，同黄经理商定好时间，带着自己的简历上门面谈。

通过面谈，小李了解到了更多的具体信息，大致分为：(1)职位素质要求方面：商务文员的具体职责既包括一般文员的各类事务，也包括接待前来咨询家装的客户，同时要能够胜任周六加班。(2)职位能力发展方面：可以让自己较快熟悉装饰业，提升自己的人际沟通能力，拓展职业人际圈。(3)职位晋升路径方面：如果表现好且公司有需要，可以向公司内部人力资源及行政部门发展，但企业具体升迁路径很不明朗。(4)工作环境方面：公司硬件设施和办公环境很好，人际环境不详。(5)工资和福利待遇方面：月收入低于前一工作，不够理想。(6)工作地点方面：离自己目前租住的房子较远，乘公车约一个半小时上班不大方便。

【专家指导】

案例中的小李，对于如何进一步筛选已搜集到的职业信息，已能做到游刃有余。或许，小李对职业信息的深入处理能力是许多同学所不具备的。因此，我们建议同学们在面对各种职业信息时，要慎重处理并从中理出头绪，以便面对职业实际情况时做出合理决断。

活动知识

如何处理职业信息

职业信息是众多信息中的一类，它同样遵循以搜寻获取为基础、加工处理为核心、正确决策为目标的信息处理程序。我们就如何深入处理职业信息，列出表4-8，供大家参考。

表 4-8　如何深入处理职业信息参照表

目　　的	具体做法
去伪存真，抛弃虚假信息	对职业信息进行深入思考，仔细推敲信息的真实性；
甄别确认，核实有用信息	多方打探，通过比较识别信息真伪； 多登录求职打假网站，多阅读求职受骗经历类文章或报道； 多了解政策法规，确保人身安全的情况下去用人单位实地考察。
分类整理，有效管理信息	准备一个职业信息管理文件袋或在私人电脑上做一些专门表格，把职业信息集中到一起分类管理。至于职业信息的分类整理方法，可根据自己的实际需要，因人而异。比如，可按照信息对自己的有用程度分为“无用信息和有用信息”两大类，也可按照“信息名称、内容、来源、获悉时间、有效期、可利用程度、拟采取措施”等加以详细整理。
补充收集，完善现有信息	采取电话、面谈、实地考察等方式有针对性地补充、完善职业信息的相关内容。

补充资料　筛选信息的方法及窍门

前面我们介绍了在进行就业信息筛选和处理时要把握的几个要点。其实，筛选信息是有很多方法和窍门的，掌握了这些方法和窍门之后，你筛选的信息会更具有准确性、全面性和有效性。下面请登录我们的网络平台，了解筛选信息的方法和窍门。

- ❑ 职业生涯规划实训平台
  - ❑ 资源库
    - ❑ 筛选信息的方法及窍门

本章小结

- 职业是参与社会分工，利用专门的知识和技能，创造物质财富、精神财富，获得合理报酬，满足物质生活、精神生活的需要的工作。职业问题不是简单的工作问题，职业生涯规划，也不仅仅是为了找一份满意的工作。
- 职位其实就是某一特定组织中的角色位置，它是组织的基本构成要素。要走进职业世界，最好从了解你将要占据的职位开始。
- 将职业活动依照特定类别进行结构化分析的过程，我们称为职业分类。很多书籍，特别是国外的书籍把职业分成了若干组和群，花一定的时间来识别你感兴趣的职业群，从长远的角度来看是节省时间的。

- 组织是由两个或两个以上的人组成的、具有特定目标和掌握一定资源并保持某种权责结构的群体。
- 组织文化是组织成员共有的价值和信念体系。这个体系很大程度上决定了组织成员的行为方式。它代表了组织成员所持有的共同观念。组织文化没有好坏之分。对于组织成员来说，组织文化的好坏主要取决于你的理想环境和你的个性中最强动机是否与组织文化相匹配。
- 职业规划的可行性研究包括职业的自我环境、职业环境、社会环境、行业、组织环境和社会环境分析几个部分。
- 职业信息的搜集和筛选对于我们“知彼”是相当重要的一个环节。做好职业信息的搜集和筛选是保证我们的求职之路顺畅的必要条件。

关键词

职业　职业分类　组织　组织文化　职业环境　职业信息

第 5 章　确定职业生涯目标

在第 2、3 章中我们了解了自己的性格、兴趣，感知了我们的内在世界；在第 4 章中我们知道了什么是职业、什么是组织以及它们的外在环境，了解了我们的外在世界。接下来我们要在这个世界中为自己寻找坐标，要置身于职业的世界中去实现自己的人生价值。

古人云：有志者，事竟成。可见志向对我们事业成功具有多么大的影响力。而志向在一定意义上就是我们所说的职业目标。有效的职业生涯规划首先要从确定职业生涯目标开始。

职业生涯目标是什么？怎样确定职业生涯目标？如何提高这方面的能力？本章将有针对性地解决这些问题。我们先对明确职业生涯目标有个初步的认识，继而把搜集到的职场信息有效地整合起来，并结合自身情况来确定合理的职业生涯目标。如果不能顺利地确定自己的职业生涯目标，我们将一步步地帮你理清思路，找出决策困难的原因所在并加以解决。

活动思考

- ❑ 你为你的职业生涯设立明确的目标了吗？
- ❑ 你了解确定职业生涯目标时应注意的问题吗？
- ❑ 你知道如何有效地确定职业生涯目标吗？
- ❑ 你想知道自己的职业生涯决策风格吗？
- ❑ 谈谈你的职业生涯目标。

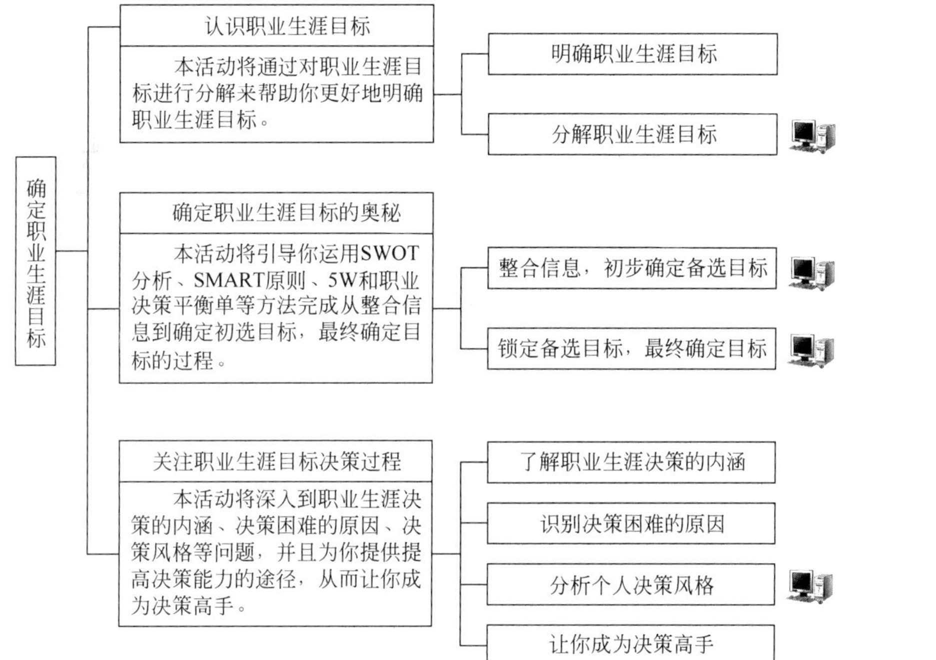

5.1 认识职业生涯目标

学习完前四章后，我们需要紧跟着做这样一项工作——明确职业生涯目标，将目标具体化、日程化。有了目标，才能制订和实施实现职业梦想的行动计划。也只有将目标分解，将目标具体化，才能有明确的行动方向。

5.1.1 明确职业生涯目标

人一旦有了目标，人生就会变得有意义，什么应当做，什么不应当做，为什么做，为谁做，怎样做……所有事情都变得清晰、明了。有了目标，便有了人生奋斗的方向，那么你为自己的职业生涯设立明确的目标了吗？

打猎往事

大二寒假，早晨醒来，小进发现屋顶上、稻田里一片雪白。“这可是打猎的好时机啊，要是换作当年——国家还没有颁布《野生动物保护法》的时候，二叔一定带我们去打野兔和山鸡了。”小进这样想着，思绪回到了多年前二叔带着自己和两个哥哥一起打猎的情景：

踩着厚厚的积雪，二叔扛着猎枪走在前面，我们几个孩子兴奋地跟在后面。刚开始的时候二叔会自顾自地打上一阵，打到了兔子、野鸡之后我们几个负责捡回来。之后二叔会教我们打。记得第一次带我们打猎的时候，二叔把枪给了我，我瞄准一只兔子连打几枪也没中。二叔问我："你刚才看到了什么？"我说："我看到了手里的猎枪、奔跑的野兔，还有一望无际的雪地。"二叔摇摇头说："不对。"第二次，二叔把枪交给了二哥，二哥也没打中。二叔又问："你看到了什么？"二哥说："我看到了猎枪、野兔、松树，还有茫茫无际的雪地。"二叔又摇摇头说："不对。"轮到大哥打的时候，大哥一枪击中，二叔问了同样的问题，大哥说："我只看到了野兔。"二叔笑了。

思绪回到现实中，小进恍然大悟，明白了当时只有大哥打中了野兔是因为大哥的目标单一而精确。联想到自己的生活，虽然辞掉了公司的兼职，可还是有诸多的目标，而且缺乏一个明确、系统并要为之持续努力的目标，小进开始思考新学期的规划……

【专家指导】

事实上，很多大学生都和小进一样还没有给自己制定一个明确的目标。大家只是日复一日、年复一年地打发光阴，除了通过学校里的考试，找一份可以维持生存的工作，再也没有别的想法。而要想拥有成功的职业生涯，为人生开出一条坦途，我们认为很关键的一点是要明确职业生涯目标。

活动知识

明确你的职业生涯目标

职业生涯目标是职业理想的进一步深化和具体化，是指人们希望得到的、与职业生涯相关的结果。所谓明确职业生涯目标，就是明确自己想成为一个什么样的人，在职业发展上达到哪一级别，担任什么社会角色。一个成功者，对自己的能力和实现目标的环境，对现实利益以及长远利益都是要周全考虑的；对自己现在要做的事、即将要做的事、未来几年甚至几十年要做的事，都要有明确的打算。目标和实现目标的计划，应该是明确的。你要想成功，就应当如此。

给自己一个明确的目标——了解你的目标是什么，你可以思考以下的问题：你希望在生命有限的时期内做成什么事？你想象谁那样生活？你为什么把他（她）作为你的榜样？或许你有几位想要学习的榜样，把他们的共同特点列出来，你也许能发现自己在追求什么样的职业生涯目标。

5.1.2 分解职业生涯目标

经过上一节的活动后，你是不是急切地想明确自己的目标，但是职业生涯目标多种多样，因此，对职业生涯目标进行分解有助于你更好地明确职业生涯目标。

生涯故事

你属于哪部分人

哈佛大学有一个非常著名的关于目标对人生的影响的跟踪调查。调查的对象是一群智力、学历、环境等条件都差不多的大学毕业生。调查结果显示：

25 年前——

27％的人，没有目标；

60％的人，目标模糊；

10％的人，有清晰但比较短期的目标；

3％的人，有清晰而长远的目标。

25 年后——

3％的人，在 25 年间他们朝着一个方向不懈努力，几乎都成为了社会各界的成功人士，其中不乏行业领袖、社会精英；

10％的人，他们的短期目标不断地得到实现，成为各个领域中的专业人士；

60％的人，他们安稳地生活与工作，但都没有什么特别的成绩；

剩下 27％的人，他们的生活没有目标，过得很不如意，并且常常抱怨他人，抱怨社会，抱怨这个“不肯给他们机会”的世界。

所以，有具体的、明确的职业目标和职业规划的人比没有职业目标和职业规划的人成功的几率要大得多。这是一个不争的事实。

你属于哪部分人？你的目标属于哪一类？

【专家指导】

目标会影响到你的成就，而且目标的长远与否、清晰与否同样也会对你的成功起到重要作用。目标决定了你的生活，也决定了你对自己的看法。我们认为只有不断地审视和调整目标，才不会被某些观点与假设误导和迷惑，从而保持正确的努力方向。

活动知识

长期目标与短期目标

从时间层面上看，目标可以分为短期目标和长期目标两种类型。

(1) 长期目标：长期目标是自己认真选择的、符合自己价值观的、与自己的未来发展相结合的愿望。时间长短完全依人而定，在本书中，长期目标一般是以 5～10 年为期。

(2) 短期目标：短期目标是一些具体的、操作层面的、为实现长期目标而采取的步骤。在本书中，短期目标一般是以 2～4 年为期。

为了使这两种目标更具有指导性和实践性，我们可进一步将目标划分为长期概念目标、长期行动目标和短期概念目标、短期行动目标。因此，我们有必要先来了解一下概念目标和行动目标。

(1) 概念目标只是对人们想参与的工作经历的一种本质性概括，但还没有指明是哪种具体的工作和职位。它能够反映出一个人重要的价值观、兴趣、才能和对生活方式的偏好。概念目标强调的是工作性质、人际关系、物理条件，以及整个生活方式的类型。

(2) 行动目标是实现概念目标的一种手段。行动目标就是把上述概念目标变成具体的工作或岗位。

这样，我们理解长期的概念和行动目标、短期的概念和行动目标就容易多了。具体的知识可参见我们的网络平台。下面用表5-1来阐述一名人力资源助理的短期目标和长期目标，以帮助你更好地理解这部分知识。

表5-1 人力资源助理的短期目标和长期目标

	短期目标	长期目标
概念目标	承担更多的监管人力资源运作的职责； 广泛涉及人力资源开发的各个方面； 与直线管理层更多地互动。	参与人力资源规划； 参与公司的长期规划； 参与制定并执行公司的政策。
行动目标	2～3年内成为人力资源专项经理。	6～8年内成为公司的人力资源部总经理。

补充资料 长期的概念和行动目标、短期的概念和行动目标

知识部分，我们具体介绍了长期目标和短期目标、概念目标和行动目标，由此，衍生出长期的概念和行动目标、短期的概念和行动目标这四种类型。更多的内容请登录我们的网络平台进行查询。

- ❑ 职业生涯规划网络平台
  - ❑ 资源库
    - ❑ 长期的概念和行动目标、短期的概念和行动目标

现在，我们对从时间上进行分类的长期目标和短期目标有了清晰的认识。现在我们将通过以下一系列活动来介绍另一种目标分类。

生涯故事

你在为谁打工

齐瓦勃出生在美国乡村，几乎没有受过什么像样的学校教育。一个偶然的机会，齐瓦勃来到钢铁大王卡内基的一个建筑工地打工。从踏进建筑工地的那一天起，齐瓦勃就抱定了要做同事中最优秀的人的决心。当其他人在抱怨活累、挣钱少而消极怠工的时候，齐瓦勃却很敬业，他独自热火朝天地干

着，在工作中默默地积累建筑经验，并利用工作之余的时间自学建筑知识。

有个晚上，工友们都在闲聊，唯独齐瓦勃一个人躲在角落里静静地看书。那天恰巧公司经理到工地检查工作，经理看了看齐瓦勃手中的书，又翻开他的笔记本，什么也没说就走了。不久，齐瓦勃就被升任为技师，然后又凭着自己的努力一步步升到了总工程师的职位。25岁那年，齐瓦勃当上了这家建筑公司的总经理。

卡内基的钢铁公司有一个天才的工程师兼合伙人琼斯，在筹建公司最大的布拉德钢铁厂时，他发现了齐瓦勃超人的工作热情和管理才能。当时身为总经理的齐瓦勃，每天都是最早来到建筑工地。当琼斯问齐瓦勃为什么总来这么早的时候，他回答说："只有这样，当遇见什么急事的时候，才不至于被耽搁。"工厂建好后，琼斯毫不犹豫地提拔齐瓦勃做了自己的副手，主管全厂事务。两年后，琼斯在一次事故中丧生，齐瓦勃便接任了厂长一职。几年后，齐瓦勃被卡内基任命为钢铁公司的董事长。最后，齐瓦勃终于自己建立了大型的伯利恒钢铁公司，并创下了非凡的业绩，真正完成了从一个普通的打工者到大企业家的成功飞跃。

【专家指导】

齐瓦勃成功的道路告诉我们，要想把看不见的梦想变成看得见的事实，便需要兢兢业业地工作，把工作当成自己的私事一样干。只有把自己的内在目标和组织目标联系起来的时候，即把自己的内职业生涯和外职业生涯统一起来，才会获得更多的乐趣和更大的发展。

活动知识

内职业生涯目标与外职业生涯目标

美国华盛顿州立大学的施恩教授把人的职业生涯目标按性质分为两个层次：外职业生涯目标和内职业生涯目标。

外职业生涯是指从事职业时的外在因素的组合及其变化过程。外职业生涯目标一般是具体的，包括工作单位、工作职务、工作内容、工作环境、工作地点、收入、福利待遇、声望、职位等，它侧重于职业过程的外在标记。外职业生涯是由别人给予的，也容易被别人收回。在职业生涯初期，外职业生涯因素的获得往往与付出不相符。例如，案例中齐瓦勃外职业生涯道路：山村马夫—建筑工人—技师—总工程师—总经理—厂长副手—厂长—董事长—建立了大型的伯利恒钢铁公司的企业家。

内职业生涯是指从事一项职业时所具备的知识、观念、经验、心理素质、能力、内心感受等因素的组合及其变化过程。内职业生涯目标包括改善观念、掌握新知识、提高心理素质和工作能力、工作成果、处理与他人的关系等。内职业生涯因素不是靠别人赐予你的，而是你通过努力自己获得的，一旦获得后，别人是拿不走的。例如，案例中齐瓦勃内职业生涯道路：很短的学校教育—雄心勃勃—寻找发展的机遇—决心做同事中最优秀的人—默默积累工作经验—自学建筑与管理专业知识—使工作所产生的价值远远超过所得的薪水—在业绩中提升自我。

内职业生涯的发展是外职业生涯发展的前提。内、外职业生涯目标主要因素之间的关系如图 5-1 所示。

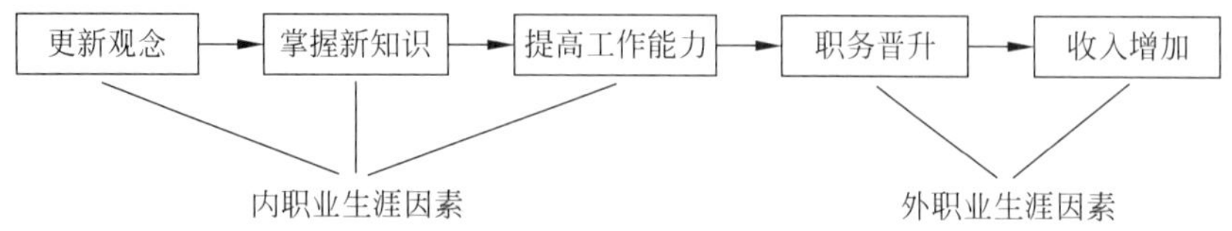

图 5-1　内、外职业生涯目标之间的关系

从图中可以看出，内职业生涯各因素的发展是因，外职业生涯各因素的发展是果。只有内职业生涯发展了，外职业生涯才能获得提升。

然而，职业生涯的变动可以在同一组织内也可以在不同组织间。在现实生活中，不同组织的同一职位变动或不同组织的不同职位变动的情况也很多，当然我们也可以设立这种不同组织之间变动的职业生涯目标。下面我们来看一个故事，帮助你了解这一部分的知识。

生涯故事

张英的职业选择

张英在大学主修经济管理，但一直没有考虑过自己最想从事什么工作。因为缺乏考虑，毕业后她经过几次面试，便匆匆忙忙地与一家保险公司签订了合同，开始了自己的职业生涯。她在这家公司做理赔师，对她来讲，这是一个了解自己、了解客户的好机会。她慢慢地掌握了专业技术，懂得了如何处理人际关系。两年后，她获得了一个提升的机会。但是，两年来张英做得很辛苦，常常会觉得没有工作激情。她一直在想：自己适合这种工作吗？想到两年来的辛苦付出和力不从心的感觉，她放弃了提升的机会，并离开了公司。

接下来，她接受了一份推销实验室药品的工作。她很快明白：这次的选择是对的，她很热爱销售工作。实验室药品的最大购买群体是高等院校、研究所，和她接触的人都是老师、研究人员以及学生。所以张英需要有一定的专业知识才能说服对方，让对方相信自己的药品。因此，她努力地学习了相关药品的药理、作用、注意事项、相关的实验方式方法……张英待人随和、做事谨慎，短短几年时间，她成为了最出色的销售人员之一。对于自己的行业，她提出了以下的看法："销售就是给自己的商品找到合适的买家，为客户找到最恰当的商品。每次看到那些客户找到他们一直寻找的货源，我都感到很开心，这是我工作的价值和意义。"

对于自己将来的职业规划，张英坦言，自己也许会跳槽去其他公司，但会一直从事销售工作，希望再过五年，能够做到某家全国性大公司的地区销售经理的位置。

【专家指导】

不少大学生在大学期间，因为阅历较少，缺乏实践经验，在选择毕业后的发展方向时，虽然多次考虑并征求多方建议，但是在工作后，总会产生多多少少的失望。部分因素在于大家刚刚脱离校园，适应上有些困难，但也有一些学生是因为“入错行”，感到自己并不适合所从事的工作。这时我们建议不妨考虑更换自己的工作，可以是在该组织内的，也可以调动到其他组织中去。

活动实训　我的目标列表

通过以上内容的学习，相信你已经确定了自己的职业生涯目标。为了更好地实现我们的职业生涯目标，下面请你根据5.1节内容的介绍，对自己的职业生涯目标进行分解。请根据我们提供的地址登录网络平台进行目标分解，为你的职业生涯规划做准备吧。

- ❑ 职业生涯规划实训平台
  - ❑ 确定职业生涯目标
    - ❑ 我的目标列表

5.2　确定职业生涯目标的奥秘

尽管人们常说“有志者事竟成”，“天下无难事，只怕有心人”，可是现实情况却往往并非如此。的确，“想干什么”与“能干什么”不是一回事，每个人的能力、天赋和悟性都有所不同，各自成功的概率自然会不同。但是如果没有目标，我们想获得成功就更难了。如果没有正确的确定目标的方法来指引我们，到头来也只会是一场空。以下活动会帮助你确定一个合理的目标，让你少走弯路，早日成功。

5.2.1　整合信息，初步确定备选目标

在生活中，更多的时候我们的困难往往不是没有目标，而是目标太多。当我们面对诸多的目标，觉得各个目标都很重要，各个目标都不舍得放弃的时候，我们将如何面对？我们故事的主人公小米便遇到了这样的难题。

生涯故事

小米将何去何从

距离毕业不到一年的时间了，同学们开始忙碌起来，准备考研的买回来厚厚的复习资料，每日早出晚归，恨不能把床搬到自习室；找工作的同学不断地投简历，找实习单位；那些准备出国的同学，早就参加了托福、GRE的考试，现在也是一边等成绩，一边上网搜集有关自己出国的信息。

小米已经决定毕业后参加工作了，但选择何种工作，她还没有明确的想法。不过她对自己做过剖析，她曾经做了大量的测验去了解自己的兴趣、价值观和技能。通过测验，她发现自己在文字推理上能力很强，而且自己具有认真、谨慎的人格特征。她又了解到政府机构待遇好，而且工作稳定又清闲，但是人际关系太复杂，恐怕自己处理不了；又了解到外企收入高，而且人际关系方面比政府机构简单一些，但是工作繁重，怕自己吃不消；私人企业倒还行，凭自己的实力录取不成问题，但是三金有保障吗？破产了怎么办？经济不景气裁员怎么办……

小米明白自己要有目标，面对这大量的信息，小米应该如何取舍呢？小米到底应该如何为自己确立职业生涯的目标呢？

【专家指导】

小米先剖析自己，再搜集职场信息，这都是很正确的。但是为什么她还是不能明确自己的职业目标呢？关键在于她没有正确地整合所有信息，只是这样罗列大量信息、数据，还是不能确定生涯目标。在掌握了一些确定职业生涯目标的秘诀之后，我们建议可以运用一些有效的方法进行自我分析，从而初步确立备选目标。

活动知识

确定职业生涯目标的秘诀

想知道怎样确定职业生涯目标吗？以下为你揭示确定职业生涯目标的一些秘诀。

❍ 要有目标动机

目标动机就是个人之所以要确定某种目标和实现目标的原因。

❍ 信息要充分

信息包括个人信息和外界环境信息，其中包括你本身所具有的优势、劣势，与你有关的家庭、学校、职场等外界环境信息。这部分信息获得可参照第2、3、4章的内容。

❍ 判断优劣的标准要准确

不同的人选择的标准往往是不同的，即使两个人考虑到同一个标准，但对这个标准的重视程度可能还是有差异的。本章第二节将具体给出权衡自身和环境多方面因素的方法。

❍ 确定职业生涯目标的方法要合理

即使一个人有很强的确定职业生涯目标的动机，而且有明确的制定职业生涯目标的标准，还收集了大量的相关信息，但如果没有找到适当的确定职业生涯目标的方法，同样难以明确最优的目标。在下文中将依次介绍4种方法——SWOT分析法、SMART原则、5W法与职业决策平衡单来帮助你确定职业生涯目标。

补充资料　确定职业生涯目标的秘诀

确定职业生涯目标的秘诀部分提示你一些在职业生涯目标确定的过程中所需要注意的问题。通过知识部分的学习，你是否已经了解其中的秘诀？为了让你充分掌握此秘诀，我们在网络平台上对此部分内容做了详细讲解，请你登录我们的网络平台对相关内容做更深入地了解。

- ❑ 职业生涯规划网络平台
  - ❑ 资源库
    - ❑ 确定职业生涯目标的秘诀

生涯故事

小米是如何整合信息的

小米已经是管理学专业大三的学生了，前几天因为学习了SWOT分析法，下课后她迫不及待地进行了一次SWOT分析。她将自己的内向、勤奋好学、任劳任怨的性格和在校期间学习的办公室管理、一般管理方法、公文写作等相关理论知识以及自己规划的职业生涯目标——业务主管、公务员、行政助理工作结合起来一起考虑，进行了SWOT分析，如表5-2所示。

表5-2　小米的SWOT分析表

内部个人因素	**优势(Strength)** 做事比较认真、踏实，有浓厚的学习兴趣和一定的实力，尤其在行政管理方面； 富有极强的责任心和耐心； 能够运用基本的办公软件，如Word，Excel，PowerPoint等； 英语三级证书，有一定的书面表达能力； 有亲和力，能够较好地处理人际关系。	**弱势(Weakness)** 性格偏内向，对管理工作会有一定的不利影响； 办事不够细致，有时候考虑问题不全面； 做事不够果断，有点拖拉； 工作、学习上有些保守，创新能力有待提高； 个人工作经验不足。
外部环境因素	**发展机会(Opportunity)** 加入世贸组织以后，外企的进入，为人们提供了广阔的空间； 在学校里有着构建良好的人际关系的条件； 就专业知识方面来说，随着我国经济的高速发展，对专业管理人才的需求正不断扩大； 有师兄、师姐从事行政管理工作； 国家公务员考试日趋规范。	**阻碍威胁(Threat)** 距离毕业还有一年的时间，各种准备相当不充分，相比其他重点大学的学生来说自身实力不够突出； 外企对个人素质的要求不断提高，特别是英语不只要求听、读、写，口头表达能力也至关重要； 用人单位对毕业生的要求提高，更需要有经验的人才； 国家公务员考试越来越热门，大批人挤上独木桥。
自己真实的卖点：对文字方面的工作有兴趣；办公软件运用能力较强；有亲和力。		
总体鉴定：通过上述分析，自己在从事行政助理的工作时，个人优势与机会大于劣势和威胁。同时根据自身条件和外在因素，同样也可以往公务员方向发展。		

【专家指导】

小米很好地展示了自己的SWOT分析的操作流程。通过这个流程大家可以看出，在整合信息后，能够清晰地知道自己的卖点和发展方向。因此，我们建议大家不妨也用SWOT分析来帮助自己整合信息，锁定备选目标。

活动知识

SWOT 分析法

我们可以用SWOT分析法来整合个人信息和职场信息，缩小自己的职业目标范围，初步锁定几个备选的职业生涯目标。下面来具体了解一下该方法。

SWOT分析又称为态势分析法，它是由美国旧金山大学的管理学教授于20世纪80年代初提出来的，SWOT优良的分析模式被广泛用于个人的自我分析之中。SWOT四个英文字母分别代表：优势(Strength)、劣势(Weakness)、机会(Opportunity)、威胁(Threat)。

其中，SW是内部因素，即“我是怎样的”，帮助你分析你的个人优点和弱点在哪里，比如性格上的优弱势、能力的擅长领域与有待提高的领域等；OT是外部因素，即“所处的环境是怎样的”，帮你评估出自己感兴趣的不同职业道路的职业机会和威胁所在。比如所处的优越的地理位置、社会环境的支持和学校间的差距、专业间的差距。

再把这些依照矩阵形式排列，然后用系统分析的思想，把各种因素相互匹配起来加以分析，从中得出一系列相应的结论，而结论通常带有一定的决策性。利用这种方法可以从中找出对自己有利的、值得发扬的因素，以及对自己不利的、要避开的因素，发现存在的问题，找出解决方法，并明确以后的职业发展方向。

活动实训　我的SWOT分析

参照小米的SWOT分析表，再结合本章的介绍，你可以制作一张自己的SWOT分析表。为了节省大家的时间，我们在网络平台上设置了现成的SWOT分析表，请你根据自己的实际情况登录我们的网络平台进行内容部分的填充。

- ❑ 职业生涯规划实训平台
  - ❑ 确定职业生涯目标
    - ❑ 我的SWOT分析

5.2.2　锁定备选目标，最终确立目标

在做了SWOT分析之后，我们明白了自己的优势和劣势、机会和威胁，也得出了分析结果，找到了答案。可是这个结果真的适合我们吗？是我们切实可行的方案吗？我们还需要再做什么吗？这一节我们将为大家介绍三种确定职业生涯目标的方法。

生涯故事

小米再次困惑

小米分析了自己的优势、劣势、外部环境的发展机会和阻碍威胁，制作了自己的SWOT分析表，从而找出了适合自己的两种工作：公务员和行政助理。

离毕业还有一年的时间，她渐渐地明确了方向。有了目标，就有了力量，她开始做一些准备工作。开始关注有关报考公务员的信息，并做了几套公务员考试题；有公司来校招聘，她也不放弃机会，到场去看看；此外，为了锻炼自己的实践能力，她还在一家公司做兼职。曾经是宿舍里出了名的“小懒猫”如今让人不可思议地忙碌起来。两个月下来，人就瘦了五斤，以前胖嘟嘟的小脸不见了。小米第一次觉得：生活是这样的充实，自己的人生已经由自己做主了。小米有一种从未有过的成就感。

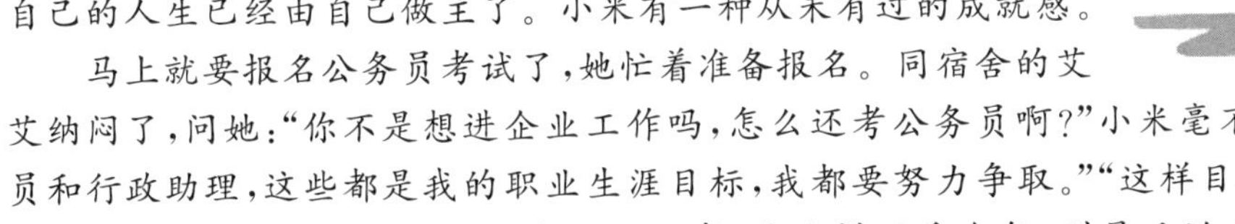

马上就要报名公务员考试了，她忙着准备报名。同宿舍的艾艾纳闷了，问她：“你不是想进企业工作吗，怎么还考公务员啊？”小米毫不犹豫地说：“公务员和行政助理，这些都是我的职业生涯目标，我都要努力争取。”“这样目标会不会太多啊，再说考公务员和进企业工作根本就两回事，你这样两手准备，到最后说不定会鸡飞蛋打。”小米听完很生气，扭头就走了。但是，静下心来，小米开始思考：艾艾的话是说重了点儿，却很有道理。自己这两个月来虽然很忙，但是真正收获到了什么？小米又迷茫了：难道自己的目标太多，根本无法实现？那么我的职业生涯目标究竟是什么呢？刚刚还信心满怀的小米又一次没了方向。

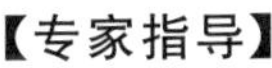

【专家指导】

小米的问题大家都有可能遇到，以为目标确立了，就万事大吉了，但是目标是否具有可行性还需要进一步地评估和考虑。运用SWOT分析法可以确定几个备选目标，但是很多同学没有时间，也没有精力来实现这么多目标，而SMART原则是很好的评定备选目标的方法。因此，如果用SWOT分析后依然无法彻底解决问题，我们建议，这时不妨用SMART原则进一步帮助你找准目标。

活动知识

SMART原则：设置精确目标

SMART是由管理学大师Peter Drucker（德鲁克）提出的。所谓精确目标，就是指目标必须具有明确的、可衡量的、可达到的、实际的、有时间规定的五个基本特点，亦即SMART原则。针对职业生涯目标，SMART这五个字母分别代表：

——S代表明确的（Specific），指职业生涯目标要切中特定的工作指标，不能笼统；

——M代表可衡量的（Measurable），指职业生涯目标是可数量化或者行为化的，验证这些目标的数据或者信息是可以获得的；

——A 代表可接受的(Attainable),指职业生涯目标在付出努力的情况下可以实现,避免设立过高或过低的目标;

——R 代表实际的(Realistic),指职业生涯目标是实实在在的,可以证明和观察;

——T 代表有时间规定的(Time bound),指注重完成目标的特定期限。

SMART 分析就是分析你所确立的一系列目标是否符合明确性、可衡量性、可接受性、实际性、时限性这五方面的原则,以及具有的程度如何。

常用的确定职业生涯目标的方法除了 SMART 分析外,5W 法和职业决策平衡单也是我们可以运用的方法。现在我们来了解什么是 5W 法。

活动知识

5W 法

5W 法是用 5 个"WHAT"归零思考,具体来说就是要解决职业生涯规划中的五个具体的问题。如果能够成功回答完五个问题,你就有最后答案了。5 个"W"是:

(1) Who are you? 是指对自己进行深刻的反思,对自己的优点和缺点有一个全面、客观、清醒的认识。

(2) What do you want? 是指知道自己想要什么样的职业和生活。

(3) What can you do? 是指要清楚自己能干什么或者哪方面可能有发展潜力。这个"W"是对我们能力的考量,个人职业的定位必须以自身的实力、能力作为根基,而职业的发展空间则取决于自身的潜能大小。

(4) What can support you? 是指周围提供给你的自我发展所需要的环境资源。通过对主客观因素的深入调查,做出可行性分析。既包括经济发展、政策、制度、职业空间、社会企业发展等客观因素,又包括朋友关系、社会人脉等主观因素。这一部分本书第四章作了比较详细的论述,这里就不再赘叙。

(5) What you can be in the end? 是指确立自己最终的职业目标。这最后一个"W"是建立在前四个基础之上的。

活动实训 5W 法

5W 法是一种有效的确定职业生涯目标的方法,它的关键在于对 5 个 W 真实客观地回答。通过知识部分的介绍,相信你已经对 5W 法有了概念上的初步认识。在我们的网络平台上对如何运用和操作 5W 法做了更详细的介绍,请登录我们的网络平台完成对此部分内容的操作。

- ❑ 职业生涯规划网络平台
  - ❑ 确定职业生涯目标
    - ❑ 5W 法

通过以上活动，相信大家已经能够很好地运用SMART分析法和5W法这两种定性的方法来确立自己的最终目标。但是我们在进行职业选择时，有时会碰到两个甚至两个以上不同的职业发展方案的选择问题，此时，如果能够将不同职业发展方案进行直观的量化，可能会使你的职业生涯目标更加清晰。现在我们就来为大家介绍一种可以进行直观量化的方法——职业决策平衡单。

生涯故事

如何把握职业发展的方向

王小姐，工作一年多，在一家沪台合资的贸易行做行政助理，年薪32 000元左右。日常工作“没钱又没一点成就感”。王小姐毕业于上海一所重点大学的国际贸易专业，英语不错，有时还帮着翻译公司的一些产品订单，因此她颇有一种才能被埋没的感觉。她打听到“行政主管”的职位年薪约54 000元，而且公司正在考虑她的升职问题。但她又想去做进出口业务员，因为这个职位能使她学以致用，收入又高，不过这样一来就得从头开始，做行政助理的近两年时间算是浪费了。思前想后，到底做什么，王小姐颇感为难。

【专家指导】

在职场中你可能会遇到很多可供选择的职业方向，但是何种职业适合自己，更有利于自己将来的发展，这不是一件简单随意的事。因此需要大家考虑到多方面的因素，综合评价，选择最适合自己的职业。我们认为职业决策平衡单是解决该问题的有效方法。

活动知识

职业决策平衡单

职业决策平衡单经常被应用于职业生涯目标的确定中，用以协助我们系统地分析每一个可能的选项，判断分别执行各选项的利弊得失，然后依据其在利弊得失上的加权计分排定各个选项的优先顺序，最后执行最优先或偏好的选项。职业决策平衡单的操作方法如下。

1. 确定你的职业决策考虑因素。你可以从以下几方面考虑。

(1) 自我部分。本部分又可分为两方面：一是自我精神方面，包括自己的能力、兴趣、价值观、自我实现程度、工作的挑战性、社会声望的提高、发挥个人才能等；二是自我物质方面，包括升迁机会、社会地位、工作环境、工作发展前景、休闲时间、培训机会、对健康的影响等。

(2) 外在部分。本部分也可分为两方面：一是外在精神方面，包括师长、家人的支持等；二是外在物质方面，包括家庭经济收入、与家人相处时间、家庭地位、足够的社会资源等。

2. 利用职业决策平衡单进行职业生涯目标决策。列出你的职业生涯发展方向，分别填到表格的职业方案一栏中。具体方法为：在第一栏“职业决策考虑要素”中，根据你对职业选择的重要性和迫切性的认识，给这些要素赋予权数，加权范围1～5倍，填写到“重要性的权数”一栏。权数即是你在进行职业选择时所看重的东西。其要素的权数越大，说明你越看重该要素。

3. 打分。根据第一栏中职业决策要素给每个职业方案打分，每个方案的得分或失分，可根据该方案具有的优势(得分)、劣势(失分)来回答，计分范围为1～10分(注：每个方案的得分或失分只能填一项)。

4. 计分方法。将每一项的得分或失分乘上权数，得到加权后的得分和失分，并分别计算出总和(即加权后合计)；再把加权后的“得失差数”算出来，即把每个方案加权后的得分减去失分。据此做出最终决定。得分越大，该职业方案越适合你，如表5-3所示。

表5-3 职业生涯决策平衡单样表

职业决策考虑要素		重要性的权数(1～5倍)	第一职业方案		第二职业方案		第三职业方案	
			得(+)	失(-)	得(+)	失(-)	得(+)	失(-)
自我精神方面的得失	1. 适合自己的能力							
	2. 适合自己的兴趣							
	3. 适合自己的个性							
	4. 符合自己的价值观							
	5. 未来有发展空间							
	其他(写下来)							
自我物质方面的得失	1. 较高的社会地位							
	2. 符合自己的理想生活状态							
	3. 适合个人目前处境							
	其他(写下来)							
外在精神方面的得失	1. 带给家人声望							
	2. 有利择偶与建立家庭							
	其他(写下来)							
外在物质方面的得失	1. 优厚的经济报酬							
	2. 足够的社会资源							
	其他(写下来)							
加权后合计								
加权后得失差数								

活动实训 我的职业决策平衡单

职业决策平衡单是一种量化地确定职业生涯目标的方法，它更直观地告诉你哪种职业生涯目标更适合你。请登录我们的网络平台制作一张自己的职业决策平衡单，看看你的职业生涯目标究竟是什么。

- ❑ 职业生涯规划实训平台
  - ❑ 确定职业生涯目标
    - ❑ 我的职业决策平衡单

关于确定职业生涯目标的方法并不仅限于上述几种，事实上，职业生涯目标的确定方法是很多的。研究者一直在不断地探索各种能够帮助人们确定职业生涯目标的方法和知识，近年来随着职业指导实践的深入，职业指导体系也随之完善。除了书中介绍的较为流行的几种方法外，你也可以通过网络等方式学习其他方法。

名人名言

➢ 以现在为阶梯，而向前追求，决不能以现在为天国。

——李大钊《今与古》

➢ 高擎着理想，睁大着眼抉剔人生的错误。

——徐志摩《示儿女》

5.3 关注职业生涯目标决策过程

有目标，我们才知道该往哪里去，去追求些什么。目标的重要性使得我们迫切地想为自己的人生制订一个目标，可是目标对职业生涯的重大意义让我们又不敢轻易地作出决策，怎样才能使我们的目标既适合自己又切实可行呢？接下来我们一起来关注职业生涯目标决策过程。

5.3.1 了解职业生涯决策的内涵

人生实际上是一个不断决策的过程，会面临无数次的决策。我们现在的职业生涯决策会决定着我们的未来，遗憾的是，多数人并未意识到这一点，甚至根本不清楚职业生涯决策是什么，他们的决策往往是在不知不觉中做出的，于是一次又一次的后悔、一个又一个的遗憾便接踵而至。

生涯故事

面对选择，如何取舍

小黎是某教育学院大专中文专业的学生。毕业在即她不禁开始发愁：我的生涯目标是什么呢？面对职业选择，她犹豫不定。

SWOT分析和SMART分析小黎也都做过了，但是她还是确定不了自己究竟适合什么样的工作。英语很好，尤其口语很流利；喜欢写作，空闲的时候会写写小说；有工作能力，大学期间一度在外兼职；喜欢看时政，对国家大事有独到的见解。小黎的父母建议他考公务员，因为公务员这个工作既稳定，待遇又好，而且她平时关于这方面的积累很多，具备一定优势。但是她不喜欢政府部门那种复杂的人际关系，以及烦琐的工作内容。她很喜欢外企那种紧张激烈的气氛，每天的生活都很充实，但是公司又太忙，空余时间很少，很多爱好都要放弃。

她到底应该怎样决策呢？

【专家指导】

大家也许会像小黎这样，进行了大量的分析，整合信息，锁定目标，但还是无法做出决策。在面对职业决策时，大多数人都是犹豫不定的。还有人即使已经确定了生涯目标并制订了职业生涯规划，可能依然会举棋不定，在某些方面犹豫不决。为了帮助你做出正确的职业决策，我们建议大家认真思考一下究竟什么是职业生涯决策。

活动知识

职业生涯决策的内涵

❍ 广义的职业生涯决策

广义地说，整个职业生涯规划的过程就是一个重要的职业决策，它包括以下几个组成部分：

(1) 建立意识；(2) 了解自己；(3) 收集职业信息；(4)研究自己所处的环境；(5)找出备选职业/职业前景；(6)决策；(7)执行目标；(8)获取反馈。

❍ 狭义的职业生涯决策

狭义的职业生涯决策特指职业生涯规划中确定目标的阶段，即对所有职业规划相关资料和信息进行整合，对目标进行判断和选择的阶段。

❍ 衡量职业生涯决策质量的标准

(1) 找出多种可能的职业选择，并对它们认真探索；

(2) 收集并研究各种需认真考虑的职业信息，并审查自己与这些职业相关的个人目标及价值观；

(3) 对每一种职业前景的代价、风险、正面和负面后果都进行仔细评估；

(4) 搜集新的信息，以便进一步评估每种选择；

(5) 听取并考虑专家的意见，哪怕他们并不支持自己所倾向的职业选择；

(6) 在作最后的职业选择前，重新审视所有选择的正负两方面的后果。

如果这六条标准中的任意一条没有达到，就说明你的决策在某些方面还不够完善。

5.3.2 识别决策困难的原因

了解了职业生涯决策的内涵并掌握了衡量其质量的标准后，我们对职业生涯决策有了一个概念上的认识。可是在实践中，面对诸多选择的时候，我们往往无从下手，不知如何取舍，为什么这么多人会存在决策困难的问题呢？做完下面的小测验，也许你就能找到答案了。

活动实践

识别决策困难的原因

实践指导：下面的自测题可以帮助你识别决策困难的原因，答题时应尽可能地实事求是。在下列的六个问题之后填写"是"或者"否"。

	是/否
1. 我十分明白最需要从工作中得到什么(如：充分的责任)。	______
2. 换个环境，我就能很好地抓住任何适合我的机会。	______
3. 我确信自己能做出适合自己的职业生涯决策。	______
4. 做出与职业生涯相关的决策的念头不会让我感到害怕。	______
5. 家庭的压力与我期望的职业生涯发展方向并不互相矛盾。	______
6. 我现在的条件只适合这个工作，其他工作即使很吸引人，我也不去考虑了。	______

结果说明："是"越少、"否"越多说明你决策中的拦路虎越多，不妨先思考清楚这些问题再去做出决策。

活动知识

决策困难的原因

根据相关人士对大学生职业生涯决策困难的问题的调查，发现大家不能确立职业生涯目标有着各种各样的原因。总体来说，有以下几点。

第一，缺乏对自己的了解。这反映出不了解自己的兴趣、长处、价值观和生活方式偏好。如果你在上述测验中的第1道题回答"否"，那么你的问题就出在这里。

第二，缺乏对外部工作环境的了解。这反映出对外部的工作机会缺乏足够的了解，包括职位、组织和行业的机会。如果你在测验中的第2道题回答"否"，那么你的问题就出在这里。

第三，缺乏做决策的自信。这反映出在做有关职业生涯的决策时不具备足够的自信。如果你在测验中的第3道题回答"否"，那么你的问题就出在这里。

第四，害怕决策和对决策有忧虑。这反映出在进行职业生涯决策时，由于害怕和忧虑而不敢做出决策。如果你在测验中的第4道题回答"是"，那么你的问题就出在这里。

第五，非工作的需要。这反映出职业生涯愿望与来自非工作(例如家庭)的压力之间的冲突。如果你在测验中的第5道题回答"是"，那么你的问题就出在这里。

第六，客观因素的制约。这反映出人们的职业生涯决策要受收入状况、年龄和受教育情况的影响。如果你在测验中的第6道题回答“是”，那么你的问题就出在这里。

以上原因中，可能你会存在1个或2个，甚至更多。本次活动结束，会帮助你做出正确的职业生涯决策。

5.3.3 分析个人决策风格

在这个大千世界中，每个人都有自己的个性、自己的选择，而其中决定我们不同选择的一个因素就是决策风格。决策风格有哪些呢？哪种决策风格会使我们的决策更明朗呢？哪种决策风格更适合自己呢？让我们一起来看看小进的计划。

生涯故事

小进的计划

经历一系列挫折之后的小进，显得是那样的自信而胸有成竹。小进明白了：今天的学习就是为了明天的工作。如今的小进已经能为自己列出明确的目标和详细的计划，并严格地付诸实施。大二第二个学期，小进不仅所修学科成绩优秀，而且把英语四、六级证书，计算机三级证书都顺利拿到了手。目前，对于自己的职业生涯发展他有三个打算：成为市场销售总监，成为对外汉语教师，从事与计算机专业有关的工作。以下是他的考虑。

1. 市场销售总监

小进希望用10年的时间来实现此目标，认为其符合自己的性格、兴趣，而且自己在课余兼职中有一些销售的经历。他还认为，计算机运用方面也是他的优势，能帮助他成为市场销售总监。

2. 对外汉语教师

小进认为这是一个新兴的职业，目前的市场潜力很大，与自己喜欢与人交往的性格特点和职业兴趣相匹配。缺点是入行难度较高，需要相关资格证书。

3. 计算机专业的相关工作

小进认为目前该专业人才需求量大，就业机会最多。可是毕竟不是自己的本专业，有一定的入行难度，但是相比于对外汉语教师来说入行难度又会小一些。而且他对计算机这样的技术型的工作并不喜欢。

小进利用职业决策平衡单得出职业决策的结果，综合平衡之后，他认为成为市场销售总监较为符合他的职业生涯目标。

【专家指导】

小进能冷静且客观地分析各种选择的利弊得失，系统地收集相关信息，最后的决策也以最有利的条件为依据，因而能顺利地作出决策。有计划的决策往往是事半功倍的。因此，我们认为职业生涯的成功不仅取决于人的专业能力、基本素质、个性等因素，生涯决策风格也是很重要的因素之一。

活动知识

职业生涯决策风格分析

职业生涯决策风格是指在做出职业选择时所采用的反应方式。当面临职业生涯抉择时，对自身的生涯决策风格有一个清晰的了解，并相应采取适当的决策方式，将有助于做出明智的职业选择，进行有效的职业规划。决策风格的类型如下。

❍ 直觉型

在任何情况下都会重视直觉，根据自己的感觉来做决定，依照灵感来开展行动，而不考虑外在人、事、物的影响。

表现方式："我的直觉很准的，我感觉应该这么办。"

优势：有自我选择的意识，能够主动设定自己的目标。

劣势：不考虑外在人、事、物的影响，考虑问题太主观，不够客观全面。

改进方法：获取足够的决策资源、充分地比较分析后再做决策。

❍ 没头没脑型

人云亦云，没有办法做出客观的分析，缺乏逻辑思考，没有主张。

表现方式："我没什么主意，你们说怎么办就怎么办吧。"

优势：心理承受能力强。

劣势：随波逐流，左右摇摆。不能积极主动地做出选择，往往贻误好的就业机会。

改进方法：行动起来，为自己的将来确定正确的方向。

❍ 计划型

冷静且客观地分析各种选择的利弊得失，能系统地收集相关信息，最后的决定也以最有利的条件为依据。

表现方式："综合考虑所有的因素，我决定……"

优势：冷静、客观地分析，这种决策方式往往比较科学。

劣势：面临重大抉择时，表现出犹豫和延宕。或由于考虑问题过多，而畏首畏尾。

改进方法：切实不断地进行决策实践。说到底，实践才是检验真理的唯一标准。确定了目标，就努力实现，可以在实践中不断调整完善职业目标。

❍ 犹豫型

思前顾后，顾虑太多，在最后关头仍然处于犹豫不决的状态。

表现方式："我不能轻易做决定，万一错了怎么办啊？"

优势：充分收集资料，在做决定的时候反复考虑。

劣势：顾虑太多，在最后关头仍然无法下定决心。

改进方法：关键要发挥边反复考虑边充分收集资料的优势，避免空想而不为决策做准备。

❍ 冲动型

易冲动，根据自己的主观意愿作决定，较少收集相关信息，缺乏计划性。决策者往往在碰到第一个备选方案时就马上做出反应。

表现方式："先决定了再说，不考虑后果。"

优势：没有决策困难的问题，有了想法就去做，敢想敢干。

劣势：容易碰钉子，到最后往往一事无成。

改进方法：与其失败时再进行科学的决策，不如从一开始就正确分析，再做出决策。

❍ 拖延型

虽然知道问题所在，但却一直拖延不做决定。缺乏自信，对自我评估不高，不愿对自己承诺，也不会承诺。

表现的方式："不用急，看看再说吧。"

优势：没有压力，生活轻松。

劣势：不具有危机意识。

改进方法：遇到问题，积极主动地去解决问题。

❍ 依赖型

做决定时易受他人或环境的影响，常常需要等待或依赖他人替他做决定而自己不做决定，很少会系统地收集相关信息。

表现方式："我不知道怎么办好了，你帮我决定吧。"

优势：随遇而安，听从组织安排，在所做的决策无关痛痒的时候，这的确是种又省事又省力的方式。

劣势：这种决策方式使人越来越懒惰、被动、脆弱，缺乏自主性和创造性。

改进方法：尝试自己做一次决策，你会体会到自由选择的成就感。

如表 5-4 所示，呈现了各种决策风格的特点。

表 5-4　决策风格分析表

类型	早作决策	迟作决策	信息充分	信息缺乏	自主	依赖	一致	多变
直觉型	√			√	√		√	
没头没脑型		√		√				√
计划型	√		√		√		√	
犹豫型		√	√		√			√
冲动型	√			√	√			√
拖延型		√		√	√		√	
依赖型		√		√		√	√	

其实没有一种决策风格绝对地好与坏。虽然我们做决定的方式通常都有模式可循，但也不是一成不变的。有时遇到不同的问题，我们也可能会以不同的方式做决定。所以这七种不同的决策风格，我们都有可能在不同的时机、不同的情景加以运用。

活动实训　我的决策风格

我们在网络平台上将职业生涯决策风格分为直觉型、没头没脑型、计划型、犹豫型、冲动型、拖延型、依赖型七种类型。你的决策风格属于哪种类型？请登录我们的网络平台做详细的了解。

- ❑ 职业生涯规划实训平台
  - ❑ 确定职业生涯目标
    - ❑ 我的决策风格

5.3.4 让你成为决策高手

学习了决策的内涵，有了科学决策的方法，也明白了决策困难的原因，我们可以科学地进行决策，但是想成为决策高手，还是需要日后多加磨炼。柳青在《创业史》中说："人生的路虽然漫长，但紧要处常常只有几步，特别是当人年轻的时候。"职业生涯选择就属于这紧要处的几步中的一步。每个人的决策风格不同，职业生涯决策的过程就不同。我们要完善自己的决策方式，提高决策能力，争取做出正确的决策。我们的决策能力又是怎样的呢？先来做一个小测验。

活动实践

测测你的决策能力有多强

实践指导：下面的自测题是帮助你评估自己的决策能力的，答题时应尽可能地实事求是。在下列选项后面写出"是"或者"否"。

是/否

1. 在做出一个决定之前，你会搜集资料并且加以评价吗？ ______
2. 在开始具体的决策前，你会对决策的类型进行分析吗？ ______
3. 对于需要你负全部责任的事情，还愿意作出决定吗？ ______
4. 对于需要决定的问题，你会先定出轻重缓急的次序吗？ ______
5. 在确定轻重缓急的次序时，你是否根据一定的标准来确定？ ______
6. 在做决策前，你会对自己以及竞争对手的优劣条件进行全面分析吗？ ______
7. 你是否用具有挑战性、创新性的方法来剔除陈旧的观点？ ______

8. 当你在做决策前,会参考别人提供的信息吗? ______

9. 你是否根据最终的目的客观地分析和评估所有可选方案? ______

10. 在分析结果时,你是否客观地判断每种方案成功的可能性? ______

11. 在制订决策过程中,你是否考虑实施决策的计划及决策的效果? ______

12. 在适当的时候,你是否应用计算机帮助自己进行决策? ______

13. 在制订决策时,你是否在有把握的时候考虑冒点风险? ______

14. 你是否会考虑采用不同的情境设计来完善计划,并测试计划的可行性? ______

15. 你是否与别人公开地、真诚地并尽可能及时地交换对决策的看法? ______

16. 在交流意见的过程中,你是否鼓励他人对决策提出反对意见? ______

17. 在你制订一套行动计划时,是否会准备替代方案以备不时之需? ______

18. 你是否会事先对决策执行过程中有可能发生的事情做出补救方法? ______

19. 一个分阶段目标完成后,你是否回顾行动过程以发现问题和吸取经验教训? ______

20. 当新的情况出现时,你在更改决策时是否会考虑自己的抵触情绪? ______

结果说明:回答"是"得 1 分,回答"否"不得分,得分在 15 分以上,说明决策能力比较强,得分在 3~6 分时,则说明决策能力较弱,需要好好培养。

活动知识

培养职业生涯决策能力的途径

职业生涯决策能力不是天生的,而是随着学习与经验的积累而提高的,因此职业生涯决策能力是可以有目的地进行培养的。

(1) 要有自主选择的机会和自由。比如学习策略、交友选择、专业与职业选择等,都要有一定的自主权。

(2) 要承担自主决策的责任。选择无论优劣,承担后果有助于理解决策的意义,同时又能促进决策行为的改进和决策能力的提高。

(3) 获取足够的决策资源。包括各种信息、选择机会、顾问支持等。

(4) 切实不断地进行决策实践。说到底,决策能力就是在一次次决策活动中提高的。决策行动次数越多,经验越丰富,决策能力就会越高。

诺贝尔说,有什么样的选择,就有什么样的人生。在人生的重大问题上,往往不允许你作第二次选择,所谓"一着不慎,满盘皆输"。而在职业生涯发展等相当重要的选择上更是如此。如果人生没有目标,你就没有前进的方向;如果职业生涯目标选择不当,那么成功也将会离你越来越远。所以制订出了切实可行的职业生涯目标,等于我们明确了成功的方向,而且离成功又进了一大步。

本章小结

- 职业生涯目标是职业理想的进一步深化和具体化，是指人们希望得到的、与职业生涯相关的结果。所谓明确职业生涯目标，就是明确自己想成为一个什么样的人，在职业发展上达到哪一级别，担任什么社会角色。
- 职业生涯目标包括：职业生涯的长期目标和短期目标、内职业生涯目标和外职业生涯目标、不同组织之间变动的职业生涯目标这三种分类方式。
- 本章介绍了四种确定职业生涯目标的方法，分别是：SWOT 分析法、SMART 原则、5W 法和职业决策平衡单。SWOT 分析法用于整合个人信息和职场信息，缩小自己的职业目标范围，初步锁定几个备选的职业生涯目标；运用 SMART 原则可以对备选目标进行评定，选出最符合自己的、最切实可行的目标。5W 法和职业决策平衡单也是很好的确定职业生涯目标的方法。
- 职业生涯决策有广义和狭义两种内涵；衡量决策质量的六条标准如果其中任意一条没达到，就说明你的决策在某些方面还不够完善。
- 决策困难的 6 种原因分别是：缺乏对自己的了解；缺乏对外部工作环境的了解；缺乏做决策的自信；害怕决策和对决策有忧虑；非工作的需要；客观因素的制约。
- 每个人在决策过程中做决策的方式是不同的。具体有 7 种决策风格：直觉型、没头没脑型、计划型、犹豫型、冲动型、拖延型、依赖型。没有一种决策风格绝对地好与坏，关键是对自己的决定方式有一个认识，这样就可以扬长避短，针对不同的情况做出不同的决策。
- 每个人的决策风格不同，职业生涯目标决策的过程就不同。我们要完善自己的决策方式，提高和培养决策能力，争取做出正确的决策。

关键词

职业生涯目标　职业决策平衡单　职业生涯长期目标　内职业生涯目标　外职业生涯目标　决策风格　决策能力

第6章　计划与实施

你了解了自己……

你了解了职业……

你确定了自己的职业生涯目标……

那么接下来，该做什么呢？聪明的你，一定知道该行动起来了！你的职业生涯目标就好像远方永不熄灭的灯塔，照亮你前进的路并引导你一步一步地走向它。我们的职业发展路径，就好比我们通向灯塔的必须要走过的路，这条路不是唯一的，但却是必不可少的。每走一步，你都要制订出自己的行动计划，因为只有计划的指引，你才不会忘记现阶段要做的事情！而制订每一个行动计划都要进行时间安排。每个人的时间都是有限的，怎样在有限的时间里做更多的事情，使效率更高，使时间变得“无限”，这就需要一个有效的时间管理方法。

本章活动将指引你去思考：有了职业生涯目标，该怎样选择职业发展路径？选择了职业发展路径，该如何走好每一步？在制订计划时，又该如何高效地管理和利用宝贵的时间？

活动思考

- 你了解职业发展路径吗？
- 根据职业生涯目标，你会给自己选择一条什么样的职业发展路径？
- 在制订个人行动计划时，应该注意哪些问题？
- 你的周末是怎样度过的？
- 你知道的时间管理方法有哪些？你认为时间管理重要吗？

活动导图

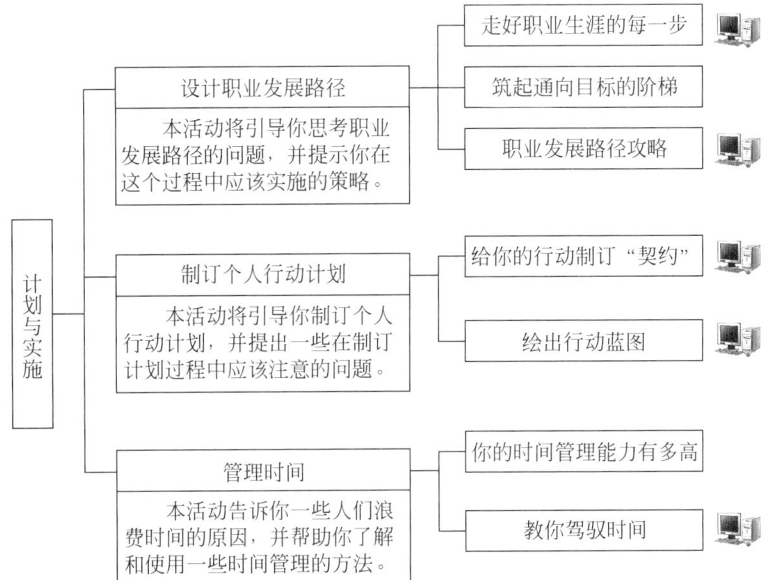

6.1 设计职业发展路径

伟大的诗人歌德说，人生重要的事情就是确定一个伟大的目标，并努力实现它。上一章已经引导大家确定了职业生涯的目标，那么接下来就应该思考怎样去实现它。一个人如果只有目标而不脚踏实地去做，那么他所希望的一切就会落空。设计你的职业发展路径，并一步一个脚印地走向你的职业目标。

6.1.1 走好职业生涯的每一步

职业发展路径的确立就是将职业生涯目标分解成一个一个小的职业目标。只有实现了每一个小的职业目标，走好职业发展路径，才能顺利实现职业生涯目标。那么一个人应该怎样设计自己的职业发展路径呢？下面我们先来看看小强是怎么做的。

生涯故事

小强的职业咨询

小强是一个各方面发展都比较全面的学生，专业成绩非常优秀，而且有很多实习工作的经历。在学习《职业生涯规划》这门课的过程中，他一直在思考自己的职业发展路径。他确立了自己的生涯目标，但到底通过哪条路径去实现，是走技术路线还是走管理路线，小强很困惑。于是，他准备找专业的职业咨询师去咨询。

职业咨询师根据小强的个人情况，设计了四个方面的问题来引导小强探索自己的职业发展路径。

1. 了解自己

小强在《职业生涯规划》课程中认真地测试了自己的性格，测试结果显示，小强的性格为ENTJ型（拥有领导者气质），即外向、直觉、思考、判断型。根据小强的性格，职业咨询师和小强探讨了以下几个和性格有关的问题。

"你认为自己是一个外向的人吗？"

"你觉得你的思维方式是理性多一些还是感性多一些？"

"测试显示你是关注整体的，你怎么看？"

"你觉得制订行动计划书有没有用？你会经常有计划地做事吗？"

经过以上几个方面的性格测试后，职业咨询师发现，小强是典型的ENTJ型性格的人，E型的人（外向）喜欢和人沟通，NT型的人善于分析研究，而J型的人（判断）有很强的计划和执行能力。

2. 职业兴趣探索

小强的职业兴趣探索所得的霍兰德代码是：EIA（企业型、探索型、艺术型）。小强认为自己对管理、研究都比较感兴趣，艺术感也很强。职业咨询师针对这个发现和小强就以下问题进行了探讨：

"企业型主要表现在影响他人的愿望以及对组织管理工作的兴趣，你在这方面表现如何？"

"你对哪些研究领域感兴趣？"

"职业兴趣测评显示你有较强的艺术感，你有类似的经历吗？"

然后，他们又一起分析和探讨了小强的职业价值观。在小强的职业价值观中，最重要的是成就感、创造力和领导力。

3. 能力的探索

接下来就是自我探讨的第三个方面：能力的探索。小强认为自己具有几项重要的能力：人际沟通能力、领导能力、分析能力、创造性解决问题的能力，以及编程和英语能力。

通过性格、兴趣、价值观和能力的分析，小强对自我有了更为全面的认识。他希望自己将来从事的工作可以发挥他的分析能力和创造能力。在他所了解的工作和职务中，系统构架师和解决方案开发者都需要创新性思维，很具有挑战性，比较适合他。小强说自己对管理和金融也很感兴趣，如果有一天能够跨行业发展的话，希望能做企业战略方针制订、品牌经营或营销策划这样的工作。

4. 做出职业探索报告

结束了以上两个阶段的咨询，咨询师给小强布置了一项"作业"，让小强做出自己的职业探索报告。不久,小强信心满满地向咨询师提交了《我的职业探索报告》,报告分别从职位要求、发展方向、社会需求等几个方面分析了系统架构师和战略规划经理两个职位,小强还结合自己的专业指出了自己从事这两个职位的优势和劣势。

"这么说,我还是适合走技术路线!"在充分的分析和讨论之后,小强把自己的职业发展定位在技术路线上。他定位自己的职业发展路径是:先从事IT业的软件开发,并做到系统架构师。一条备选路径是从一般的软件研发人员到技术管理人员。

小强同时还设计了行动方案:可以考研,继续加强自己的编程能力,进一步学习相关技术,增加自己在计算机领域的资本;毕业后两年内当上项目经理,五年内当上高级工程师,七年内当上系统架构师。

完成了职业生涯路径的策划后,小强结束了职业咨询。心中有了"丘壑",小强觉得自己的生活和工作更有了动力,他期待着在这条职业生涯路径的终点迎接他的是鲜花和掌声。

【专家指导】

像小强那样,如何选择职业发展路径成为大学生制订生涯规划时面临的关键问题。小强选择职业发展路径的过程给了大家一定的启示,即你必须首先对自己有一个清楚的了解,知道自己到底想做什么。我们建议大家:如果你打算实现你的职业生涯目标,那么你就要计划出能够到达那里的最佳路径,在你制订路径之前,要认真思考你的性格、特长和你的理想职业。

活动知识

职业发展路径

从狭义上来讲,职业发展路径是指组织为内部员工设计的自我认识、成长和晋升的管理方案。在这里,职业发展路径是指大学生在制订职业生涯规划时,需要设定的到达职业目标所走的职业路线。如在上述案例《小强的职业咨询》中,小强为自己制订了一条专业技术发展路径,即考研→项目经理→高级工程师→系统架构师。

一般较为常见的职业发展路径有两条:行政管理发展路径和专业技术发展路径,如图6-1所示。

显然,小强选择了一条专业技术人员的发展路径,而在小强的《我的职业探索报告》中涉及的战略规划经理的发展路径,则是管理人员的发展路径。

当然,在现实生活中,还包括了从这两条路径发展而来的综合型发展路径,即先走技术路径再转向行政管理路径,或者两条路径交替出现等。选择了不同的发展路径,你的职业生涯发展类型、职业生涯规划和努力的方向也将有所不同,同样对你的职业发展要求也将随之改变。

在职业生涯规划中,存在一些不同的职业发展路径模式,即按照模式可将职业发展路径大致分为以下三种类型。

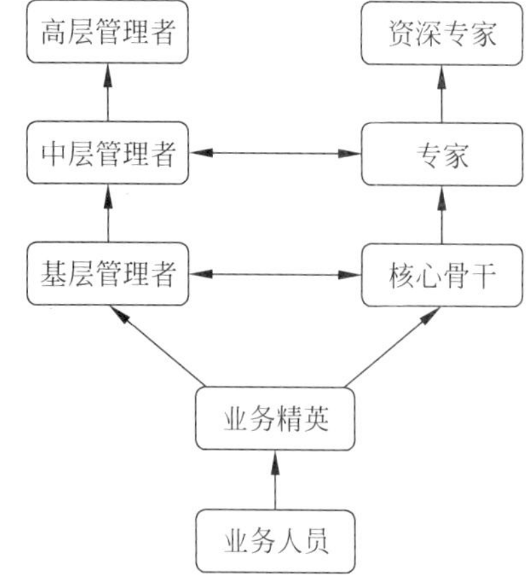

图 6-1 管理人员、专业技术人员的常见职业发展路径

1. 直线型职业生涯发展路径

走直线型职业发展路径，就是在一生的职业发展中只从事一种职业，不断学习和提高专业技能，积累经验和资历，只在这个职业的一系列职位中发展。直线型职业发展路径只有一个通道，员工做垂直运动，职业发展目标就是晋升。

部分大学生比较喜欢稳定的工作，他们推崇“干一行，爱一行”，一旦获得满意的工作岗位就会一直干下去。

2. 螺旋型职业生涯发展路径

走螺旋型职业生涯发展路径，就是在一生的职业发展中从事两种或两种以上职业，不断学习和提高多种技能，培养灵活的就业能力，不断积累提升人力资本，在不同职业甚至不同行业中寻求发展。螺旋型职业发展路径的通道不明晰，关键是满足心理成就感，运动方式是螺旋型上升。职业发展主要靠个人设计与管理。

2008 年底，某招聘网站发布的网络调查显示，与前两年相比，毕业一年内频繁跳槽的大学生比率已经从前两年的平均 20%～30%，降低到 2008 年的 10%，如图 6-2 所示。

大学毕业生跳槽已经成为一种普遍现象，但随着高校对大学生职业生涯教育的逐渐重视，大学生跳槽渐趋于理智化，更多的大学生开始按照规划的路径来选择毕业后的第一份工作，避免了盲目性。但是在市场经济体制下，螺旋型职业生涯发展路径还是普遍存在的。

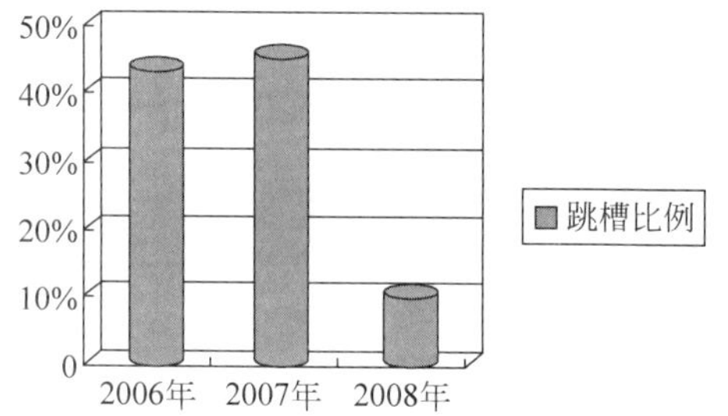

图 6-2 2006—2008 年的大学毕业生跳槽情况

3. 跳跃型职业生涯发展路径

走跳跃型职业生涯发展路径，一生的职业生涯中职务等级或职称等级不是依级晋升，而是越级晋升。走跳跃型职业生涯发展路径可在较短的时间达到较高的职业高度，但跳跃型职业生涯发展路径不是一种普遍适用的路径，它需要特殊的机遇或个人特别的努力。

6.1.2 筑起通向目标的阶梯

职业发展路径是通向职业生涯目标的阶梯，把每一层阶梯都设定好，并走稳走好每一层阶梯，抵达目标就顺理成章了。那么到底该走管理路径还是技术路径呢？小强职业路径选择的案例给了我们一定的启示：分析自己，找出自己的优劣势，根据自己的职业生涯目标，选择属于自己的最佳职业发展路径。下面通过一个活动实践引领大家思考一下自己的职业发展路径问题。

活动实践

思考自己想走的路

实践指导：认真分析自己的职业生涯目标，根据个人的实际情况回答下列问题，将答案写到一张纸上。记住，一定要认真思考，不能盲目地写下答案，因为它可能关乎你的一生。

(1) 你希望向哪条路径发展？

(2) 你适合往哪条路径发展？

(3) 你能够朝哪条路径发展？

(4) 对你而言，哪条路径可以取得发展？

(5) 你的职业发展路径图(请在纸的右上方认真写下你的名字)。

活动知识

设计职业发展路径的步骤

通过上述实践“思考自己想走的路”，大家对职业发展路径的设定已经有了一个整体的了解。设计职业发展路径可遵循以下步骤。

1. 思考规划职业发展路径

在选择职业路径时，首先要对职业生涯要素进行系统的分析。可以考虑以下四个方面的问题。

(1) 我希望向哪条路径发展？

主要是根据个人的爱好兴趣、价值观、理想和成就动机等主观因素，计划出自己希望朝哪条路径发展。如，是向专业技术方向发展，还是向行政管理方向发展？以便确定自己的目标取向。

(2) 我适合往哪条路径发展？

分析个人适合向哪一条路径发展，主要考虑自己的性格、经历、特长、学历和家庭影响等一些客观因素对职业发展路径选择的影响，确定自己的能力取向。

(3) 我能够朝哪条路径发展？

个人能够向哪一条路径发展，主要考虑自身所处的社会环境、经济文化环境、政治环境和组织环境等，确定自己的机会取向。

(4) 哪条路径可以取得发展？

选择了自己希望和适合的发展道路后，进一步综合分析各方面的因素，判断这条职业目标的实现路径是否可以取得发展。

2. 挑选最佳路径

通过系统地分析自身因素和环境因素，权衡利弊，做出路径的选择，挑选出能实现自己目标的最佳路径。

3. 画出职业生涯路径图

典型的职业生涯路径图是一个"V"字形的图形。图形的一侧表示从事管理活动路径,另一侧表示从事专业技术路径,如研究、开发。可参照6.1.1小节中的图6-1。

总结一下,选择职业目标实现路径的步骤如图6-3所示。

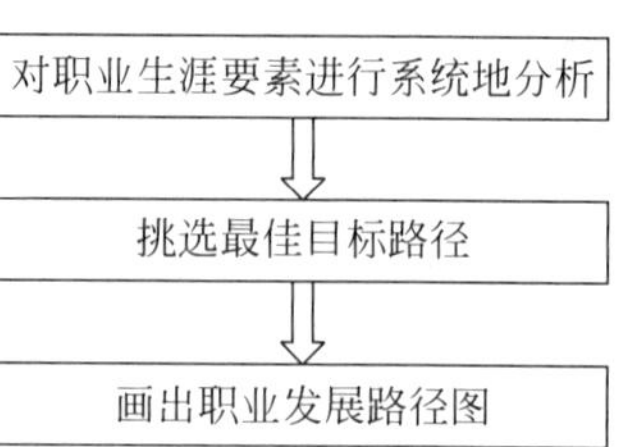

图 6-3 选择职业发展路径

6.1.3 职业发展路径攻略

确定了职业发展路径是不是就可以高枕无忧了?当然不是。在整个职业生涯规划实施过程中,必须采取适当的策略,才能确保职业生涯目标如期实现,不同的人、不同的职业,采取的策略可能不一样。但总体来说可以分为练习内功策略和练习外功策略。

活动实践

你的自信心有多强?

实践指导:你的自信心有多强?请根据个人的实际情况填写表6-1。在你选择的答案下面打"√","得分"栏先不用填写。

表 6-1 自信心测量表

题号	题目内容	选择		得分
		是	否	
1	一旦你下了决心,即使没有人赞同,你仍会坚持做到底吗?			
2	参加晚宴时,即使很想上洗手间,你也会忍着直到宴会结束吗?			
3	如果想买性感内衣,你会尽量邮购,而不亲自到店里去购买,是这样吗?			
4	你认为自己是个较完美的人吗?			
5	如果店员的服务态度不好,你会告诉他们的经理吗?			
6	你不常欣赏自己的照片,是吗?			
7	别人批评你,你会觉得难过吗?			
8	你很少对人说出你真正的意见,是吗?			
9	对别人的赞美,你持怀疑的态度吗?			
10	你总是觉得自己比别人差吗?			
11	你对自己的外表满意吗?			
12	你认为自己的能力比别人差吗?			
13	在聚会上,只有你一个人穿得不正式,你会感到不自在吗?			
14	你是个受欢迎的人吗?			
15	你认为自己很有魅力吗?			
16	你有幽默感吗?			
17	目前的工作能发挥你的专长吗?			
18	你懂得服装搭配吗?			
19	危急时,你很冷静吗?			
20	你与别人合作无间吗?			

续表

题号	题目内容	选择		得分
		是	否	
21	你认为自己只是个寻常人吗?			
22	你经常希望自己长得像某某人吗?			
23	你经常羡慕别人的成就吗?			
24	你为了不使他人难过,而放弃自己喜欢做的事吗?			
25	你会为了讨好别人而打扮吗?			
26	你勉强自己做许多不愿意做的事吗?			
27	你任由他人来支配你的生活吗?			
28	你认为你的优点比缺点多吗?			
29	你经常跟人说抱歉吗? 即使在不是你错的情况下。			
30	如果在非故意的情况下伤了别人的心,你会难过吗?			
31	你希望自己具备更多的才能和天赋吗?			
32	你经常听取别人的意见吗?			
33	在聚会上,你经常等别人先跟你打招呼吗?			
34	你每天照镜子超过三次吗?			
35	你的个性很强吗?			
36	你是个优秀的领导者吗?			
37	你的记性很好吗?			
38	你对异性有吸引力吗?			
39	你懂得理财吗?			
40	买衣服前,你通常先听取别人的意见吗?			
总分	—	—	—	

计分标准:

根据以下内容,将你所得分数填写到上表中,并计算出总分。

(1) 是→1　否→0　(2)是→0　否→1　(3)是→0　否→1
(4) 是→1　否→0　(5) 是→1　否→0　(6) 是→0　否→1
(7) 是→0　否→1　(8) 是→0　否→1　(9) 是→0　否→1
(10) 是→0　否→1　(11) 是→1　否→0　(12) 是→0　否→1
(13) 是→0　否→1　(14) 是→1　否→0　(15) 是→1　否→0
(16) 是→1　否→0　(17) 是→1　否→0　(18) 是→1　否→0
(19) 是→1　否→0　(20) 是→1　否→0　(21) 是→0　否→1
(22) 是→0　否→1　(23) 是→0　否→1　(24) 是→0　否→1
(25) 是→0　否→1　(26) 是→0　否→1　(27) 是→0　否→1
(28) 是→1　否→0　(29) 是→0　否→1　(30) 是→0　否→1

(31) 是→0　否→1　(32) 是→0　否→1　(33) 是→0　否→1
(34) 是→0　否→1　(35) 是→1　否→0　(36) 是→1　否→0
(37) 是→1　否→0　(38) 是→1　否→0　(39) 是→1　否→0
(40) 是→0　否→1

结果分析：

如果你的分数在25～40之间，说明你自信心十足，明白自己的优点，同时也清楚自己的缺点。不过，在此警告你一声：如果你得分接近40的话，别人可能会认为你自大狂傲，甚至气焰太盛。你不妨在别人面前谦虚一点，这样人缘才会好。

如果你的分数在12～24之间，说明你对自己颇有自信，但是你仍或多或少缺乏安全感，对自己产生怀疑。你不妨提醒自己，在各方面你并不输于别人，要特别强调自己的才能和成就。

如果你的分数在11分以下，说明你对自己不太有信心。你过于谦虚和自我压抑，因此经常受人支配。从现在起，尽量不要去想自己的弱点，多往好的一面去想；先学会自己看重自己，别人才会真正看重你。

活动知识

练内功策略

练内功策略的一个重要方面就是提高心理素质水平。练内功策略主要是通过培训、自主学习等渠道，提高自己的竞争能力，并在实际的工作中取得业绩，获得外界认可。

对于大学生来说，大学的课程学习就是对自我能力的提高。但仅仅有专业课程的知识是不够的。在这个瞬息万变的时代，当你走出校门的时候，你可能会发现自己在大学时学到的知识，可能因为新技术的出现而在一夜之间变得一文不值，你可能会无法找到专业对口的工作而偏离了职业发展路径，即使得到了理想的工作岗位，你会发现自己的专业优势已越来越弱，自身价值得到充分体现的可能性也越来越小。所以在大学期间不仅要学好专业课程知识，而且要注重提高自己各方面的能力，较强的能力是可以受用一生的。

大学阶段要培养塑造以下几方面的能力：

(1) 学好专业的学业能力
(2) 步入职场的商业能力
(3) 管理生涯的职业能力
(4) 享受生活的基本能力
(5) 步入社会的社会能力

还有在以上能力基础上形成的个人特殊能力，这些能力的综合就是个人的综合实力。而个人实力的开发、增强又取决于个人的内在潜力，当然也有后天的强化努力因素的作用。

大学阶段形成的能力对个人今后的职业生涯有着重要的影响，很多大学生已经充分认识到了这一点，在大学阶段已经开始提高自己各方面的能力，常见的途径有考证和参加社会实践等。大学阶段是心理逐渐成熟的阶段，良好的心理素质在整个职业生涯中都起到至关重要的作用，特别是要建立自信心。进入社会以后就要时常参加培训，给自己充电。下面就从提高心理素质水平、考证、积极参加社会实践、参加培训等方面来向大家介绍练内功的途径。

❍ 提高心理素质水平

据调查，70%以上的职业人士没有健康的职业心理，心态不稳定，这其中有一些人经常感到焦虑、疲惫、烦躁和没有安全感，困惑和迷茫的折磨使他们常常对生活绝望。在我们实施职业生涯规划的道路上会遇到很多问题，心理因素占很大一部分。市场经济体制下，竞争越来越激烈，人们几乎每天都过着快节奏的生活，大多数人都处于一种心理亚健康的状态。即使在学校的大学生，也常常会因学习压力而出现心理问题，常常引发一些悲剧事故。所以大学生在日后的职业生涯道路上，要时刻关注自己的心理健康。

你可以从建立自信、树立乐观的生活态度、养成良好的生活习惯等几个方面来给自己建设健康的心理城堡。下面重点介绍建立自信。

自信是对自我能力和自我价值的一种肯定。在影响自我的诸要素中，自信是首要因素。有自信，才会有成功。美国作家爱默生也曾说过："自信是成功的第一秘诀。"如何建立自信是每一位大学生的一门"必修课"。

名人名言

➢ 只有满怀自信的人，才能在任何地方都怀有自信沉浸在生活中，并实现自己的意志。

——高尔基

➢ 缺乏信心并不是因为出现了困难，而出现困难倒是因为缺乏信心。

——塞内加

下面告诉你几个建立自信的方法，无论是在学校，还是今后走上工作岗位，都不要忘记带着自信的笑容上路。

(1) 挑前面的位子坐；

(2) 练习正视别人；

(3) 练习当众发言；

(4) 怯场时，不妨道出真情，即能平静下来；

(5) 运用肯定的语气可以消除自卑感；

(6) 做自己能做的事；

(7) 积极的心理暗示。

补充资料　建立自信

建立自信不是一朝一夕的事情，需要我们在日常生活的一举一动中时刻提醒并锻炼自己。在职业生涯规划网络平台上，我们对上述几种方法做了详细的解释，并给出了相应的例子，还列举了其他一些常见的建立自信的方法。请登录网络平台查询。

- ❑ 职业生涯规划实训平台
  - ❑ 资源库
    - ❑ 建立自信

○ 考证

近几年，考证成为各大高校学生的热门话题，由于高校扩招，大学毕业生就业问题日渐严峻起来。在校大学生已经意识到这个问题，为了提高自己的能力，为毕业后的就业增加"筹码"，越来越多的大学生加入了"考证大军"。

考证代表了一种不甘平凡、积极进取的生活态度。但是，大学生考证不能盲目跟风，一定要结合自己的职业生涯规划，很多大学生认为证书是一种能力的象征，证书越多，就证明你能力越强，结果"眉毛胡子一把抓"，到最后找工作的时候发现很多证书都和所期待的职业无关，不仅浪费金钱，还浪费了很多时间。在3.3.1小节中的"证书能否代表技能？"这个有关小米的案例中已经给了大家一定的提示。

所以，大学生要理智地对待考证问题，将"考证"与自己的职业发展路径和职业生涯目标结合起来，如表6-2所示。

表6-2　目前大学生求职最有用的证书

证书类型	证书介绍	备　　注
英语证书	大学英语四、六级证书（CET-4，CET-6）	极其重要
	专业八级证书	只有英语专业的学生才有资格考，但有很多职位要求专业八级证书，如翻译或者外籍主管的助理
	大学英语四、六级口语证书	想要进外企，就得过面试口语关
	英语中高级口译证书	含金量很高
	出国需要的相关证书	托福（TOFEL）、雅思（IELTS）、GRE等，如果你想出国，就需要根据你选择的地方的要求过英语这关，在国内有少数企业也会问到是否考过托福

续表

证书类型	证书介绍	备注
计算机证书	全国计算机二级证书	大多数企业，不只是IT行业的，都会要求二级证书，有时还需要三级、四级证书等
	专项技能计算机证书	软件工程师、JAVA认证等计算机证书，一般定向比较明确，与职业发展路径相关
学校证书	奖学金证书、三好学生、优秀毕业生、优秀学生干部	应届毕业生简历中的亮点，猎头关注比较多
第二外语证书	日语、法语、德语、韩语等	对于出国和一些对语言有特殊要求的职位，占据很大优势，这样的人才比较缺
财务类证书	注册会计师(CPA)	共五科，每科报名费80元
	注册金融分析师(CFA)	需要3年以上相关方面工作经验，考证难度很高，花费比较大
	特许公认会计师(ACCA)	被称为"会计师界的金饭碗"，考证费不菲
专业资格证书	CAD工程师认证证书	多用于机械、室内装饰、建筑行业
	导游资格证书	根据国家规定，导游人员必须持证上岗
	报关员证书	有证书才有资格
	人力资源从业资格证书	共有人力规划，招聘配置，培训开发，绩效考核，薪酬管理，劳动关系管理六大部分
	国家司法考试证书	主要测试应试人员所应具备的法律专业知识和从事法律职业的能力
	驾驶证	—
其他	如发表论文、专利证书、竞赛获奖证书、第二学位证书等	—

❍ 积极参加社会实践

从广义上讲，社会实践是相对于单纯的理论、课程学习的行为，可以是了解社会的行为，也可以是实践的行为。参与校园社团活动，了解社会兼职工作，参与公益性的社会活动，与本专业相关的实践、试验，去企业参观、实习等都是社会实践活动。

社会实践有五个作用。

(1) 在实践中学习

仅仅在课程上进行理论学习还是不够的，尤其是那些应用性强的专业，如计算机专业等，可以在实践中更好地学习，而且还可以提高实际操作能力。

(2) 体验并加强社会化

每个人都是要走入社会的，如果说大学是半个社会，那么社会就是半个大学，在自己有时间的时候去社会大学进修一下，是可以了解很多社会规则和知识的，也为自己毕业后走入社会做准备。

(3) 了解并为职业化做准备

这里的实践，并不是盲目的实践！而是为自己毕业后的工作做准备，早点认识工作，发现自己的优劣势，在找工作时才能做到心中有数。

(4) 丰富经历经验

大学生活是丰富多彩的，同时有更多可自由支配的时间，在大学里多做些事情，可以丰富自己的经历，为“校园人”成为“社会人”做好过渡准备。积累很多经验，也为求职增加一个重要砝码。

(5) 发展自己

大学阶段是发展自己、完善自己的一个重要阶段，想要塑造什么能力、补充哪方面知识的能力，在大学里都成为可能，而其中很多能力都要通过实践实习的“真刀真枪”才可能得以实现。

大学生的社会实践主要有：知识型实践、劳力型实践、技能型实践、专业型实践、能力型实践等几类，如表6-3所示。

对于大学生来说，实践的目的还是学习，那么都要学习些什么呢？要学习6个方面：做人，做事，能力，知识，规则和思维方式。

进入社会就和校园不同了，在学校接触的是同学、老师，而在社会上接触到的是形形色色的人，大学生在实践中要注意观察上司、同事是如何做人的，他们的处事方式与在学校里有何不同。能力也是重要的一个方面，学习能力、沟通能力、人际交往能力等，都可以在实践中得到锻炼和提高。不同的行业有不同的规则，了解你所实践的行业的规则对毕业后顺利融入职业是很有帮助的。另外是对于思维方式的转变，“十年寒窗苦读”让大学生形成了一种思维方式，但进入社会以后也许原有的思维方式就不再适应了，要试着在实践中来改变一下不适应的思维方式。

表6-3　大学生常见的社会实践

类　型	举　　例	备　　注
知识型实践	家教等	用自己所学的知识赚钱
劳力型实践	服务员、派单等	看似不需要学历，但要想干好也绝非容易的事情
技能型实践	计算机老师、网管、英语翻译等	需要对所需技能熟练与精通
专业型实践	相关专业实习	如计算机专业的学生到软件公司、网站设计公司等单位工作，广告专业的学生到广告公司工作，是有针对性的实习与学习
能力型实践	商业化写作、市场调查、推销、经商等	以能力为本，锻炼自己的好机会

❍ 参加培训

“活到老，学到老！”在整个职业发展路径中要不断地学习，不断地给自己充电。过去，知识更新速度比较慢，适应起来比较容易，人们通过学习获得的知识和技能可以享用一生。现在，与高科技直接联系的职业知识和技能更新速度加快，即使与高科技联系相对不密切的职业也在发生变化,因为技术进步导致了组织变革,组织变革又导致了职业化。知识经济时代强化了知识的作用,受教育水平是影响个人竞争力的核心因素。要形成竞争的优势。如果像过去那样,一次学习管一生,是跟不上时代步伐的。知识经济时代要求我们不断地学习、不断地更新自己的知识结构,才能跟上时代的步伐。

名人名言

➤ 培训很贵,但不培训更贵。

——松下幸之助

➤ 员工培训是企业风险最小、收益最大的战略性投资。

——沃伦贝·尼斯

即使大学毕业了,学习也并没有结束,要把学习当成一种终身的事业来做。即使以后走上工作岗位,没有大块的时间去系统地学习某一个知识,也可以通过培训的方式来提高自己。

首先,选择培训渠道。

(1) 各个高校提供了不同层次的学历教育培训,如自考、函授、电大、夜大等。

(2) 各个高校也提供了内容丰富的非学历的短期培训,比如针对热点宏观经济政策、经济管理等问题进行的培训。

(3) 各种营利性培训机构和咨询公司举办的各种培训,如考证培训班、高级人才研修班等。

总之,培训的内容和渠道比较多,大学生在工作的过程中,应根据自身实际情况进行选择。

其次,根据培训的目的,选择培训方法。

根据培训的目标,选择合适的培训方法,是提高自己培训效果的根本所在。可以根据公司的实际需要和个人自身的状况,设计培训方式。走上工作岗位以后,组织也会根据员工的实际情况组织培训,即在职培训。目前,在职培训是每个组织都非常重视的,在职培训的形式较多,主要有以下几种,如表6-4所示。

表6-4 在职培训的常见形式

形式名称	方　式	作　用
工作扩大化	横向地扩大个人的工作范围,使一个人所做的工作种类更为多样化	扩大自己的知识和技能范围,增强工作岗位的适应性,提高自己的竞争力
岗位轮换	尝试不同岗位	有利于全方位地开发员工潜力和建立和谐的人际关系
工作丰富化	向纵深方向发展,增加了挑战性的任务,提高了工作难度	激发了员工的工作积极性,需要组织投入较高的培训费用

通过上述三个方面的学习，相信大家已经对练内功策略有了一定的认识。当然，在职业发展路径的实施过程中，还有其他许多方法能够帮助我们提高自身能力，这就需要大家在今后的职业生涯中切身体会。

在实施你的职业生涯规划时，当你一步步沿着职业发展路径走向自己的职业目标时，你会遇到这样那样的问题，有的问题可以通过自己的努力来解决，但有一些问题却需要借助别人的力量，所以在职业发展路径中，不仅要注意内在能力的提高，还要注意练习"外功"，即通过自我展示和建立和谐的人际关系来为自己增加砝码！

活动实践

你的人际关系如何?

实践指导：请你根据自己的实际情况，如实回答下面的15个问题，然后对照后面的分数统计表计算分数，再看看后面的分数评语，你就会知道自己是否善于交朋友，以及人际关系如何。

1. 你和朋友们在一起时过得很愉快，是因为：

A. 你发现他们很有趣，既爱玩又会玩

B. 朋友们都很喜欢你

C. 你认为你不得不这样做

2. 当你休假的时候，你：

A. 很容易交上朋友

B. 比较喜欢自己一个人消磨时间

C. 想交朋友，但发现这不是一件很容易的事

3. 当你已经安排好要见一个朋友，但你感到很疲倦，却又不能让朋友知道你的这种状况时，你的想法及做法是：

A. 希望他会谅解你，尽管你没有到朋友那儿去

B. 还是尽力去赴约，并试图让自己过得愉快

C. 到朋友那儿去了，并且问他如果你想早回家，他是否会介意

4. 你和朋友的关系一般能维持多长时间?

A. 一般情况下有不少年

B. 有共同感兴趣的东西时，也可能一起呆几年

C. 一般时间都不长，有时是因为迁居别处

5. 一位朋友向你吐露了一个非常有趣的个人问题，你的做法是：

A. 尽自己最大努力不让别人知道它

B. 根本没有想过把它传给别人听

C. 当朋友刚离开，你就马上找别人来议论这个问题

6. 当你有问题的时候，你的想法及做法是：

A. 通常感到自己完全能够应付这个问题

B. 向你所能依靠的朋友请求帮助

C. 只有问题十分严重时,才找朋友

7. 当你的朋友有困难时,你发现:

A. 他们马上来找你帮忙

B. 只有那些和你关系密切的朋友才来找你

C. 通常朋友们都不会麻烦你

8. 你要交朋友时,你的想法是:

A. 通过你已经熟识的人

B. 在各种场合都可以

C. 经过一段较长时间的观察、考虑,甚至可能经历某种困难之后才交朋友

9. 下面的三种品质中,哪一种你认为是你的朋友应该具备的:

A. 使你感到快乐和幸福的能力

B. 为人可靠、值得信赖

C. 对你感兴趣

10. 下面哪一种情况对你最为合适,或者接近你的实际情况:

A. 我经常让朋友们开怀大笑

B. 我经常让朋友们认真地思考

C. 只要有我在场,朋友们就会感到很舒服、很愉快

11. 假如有人邀请你参加一次活动,或者在聚会上唱歌,你是:

A. 找借口不去

B. 饶有兴趣地参加

C. 当场就直率地谢绝邀请

12. 下面哪个你是真实的?

A. 我喜欢称赞和夸奖我的朋友

B. 我认为诚实是最重要的,所以我常常持有与众不同的看法,而讨厌鹦鹉学舌

C. 我不奉承但也不批评我的朋友

13. 你发现:

A. 你只是同那些能够与你分担忧愁和分享欢乐的朋友们相处得很好

B. 一般来说,你几乎和所有人都能相处得比较融洽

C. 有时候你甚至和对你漠不关心、不负责任的人都能相处下去

14. 假如朋友对你恶作剧,你的做法是:

A. 跟他们一起大笑

B. 感到气恼,但不溢于言表

C. 可能大笑,也可能发火,这取决于你的情绪

15. 假如朋友想依赖你,你有什么想法?

A. 在某种程度上不在乎,但还是希望能和朋友保持距离,有一定的独立性

B. 很不错,我喜欢让别人依赖,认为我是一个可靠的人

C. 我对此持谨慎的态度,比较倾向于避开可能要我承担的某些责任

评分标准:

根据表 6-5 所示标准进行评分,并计算出总分。

表 6-5　测试评分标准

题号	A	B	C	题号	A	B	C
1	3 分	2 分	1 分	9	3 分	2 分	1 分
2	3 分	2 分	1 分	10	2 分	1 分	3 分
3	1 分	3 分	2 分	11	2 分	3 分	1 分
4	3 分	2 分	1 分	12	3 分	1 分	2 分
5	2 分	3 分	1 分	13	1 分	3 分	2 分
6	1 分	2 分	3 分	14	3 分	1 分	2 分
7	3 分	2 分	1 分	15	2 分	3 分	1 分
8	2 分	3 分	1 分				

结果分析:

36～45 分:你对周围的朋友都很好,你们相处得不错,而且你能够从平凡的生活中得到很多乐趣。你的生活是比较丰富多彩而且充实的,你很可能在朋友中有一定的威信,他们很信任你。总之,你会交朋友,你的人际关系很和谐。

26～35 分:你的人缘不怎么好,你和朋友们的关系不牢固,时好时坏,经常处于一种起伏波动的状态中。这就表明,一方面你确实想让别人喜欢你,想多交一些朋友,尽管你作出很大努力,但是别人并不一定喜欢你,朋友跟你在一起可能不会感到轻松愉快。你只有认真把握自己的言行,虚心听取那些逆耳忠言,真诚对待朋友,学会正确地待人接物,你的处境才会改变。

15～25 分:很糟糕! 你很可能是一个孤僻的人,思想不活跃、不开朗、喜欢独来独往。但是,这一切并不意味着你不会交朋友,更不能武断地说你人际关系差。其主要原因在于,你对于社交活动,对人和人之间的关系不感兴趣。但是请你记住,一个人生活在社会中,就不可能不和人交往,认识到这一点,你就会积极地改善自己的交友方式了。

活动知识

练外功策略

练外功策略主要是通过改善与外部环境的关系,或适度表达自己的愿望,来达成自己的职业目标。运用的方式有建立和谐的人际关系和自我展示。

❍ 建立和谐的人际关系

个体的成长与发展依赖于人际关系。长期以来,高校教育缺乏对学生人

际关系能力方面的培养。学生处理人际关系的能力大多是自然而然形成和发展的，造成学生交往能力和人际关系处理能力较差。有很多大学生不知如何与他人相处，导致进入社会以后无法适应。因此，提高大学生的人际交往能力，使其掌握建立良好人际关系的有效策略，对促进大学生人格健康发展，毕业后更顺利地融入社会有着重要的意义。

名人名言

➢ 和谐社会需要健康的人际关系，因为它是一个人可以依赖的最重要的外在资源。

——首都经贸大学心理学教授杨眉

➢ 千人同心，则得千人力；万人异心，则无一人之用。

——《淮南子·兵略训》

大学生建立和谐的人际关系可从以下几个方面做起。

1. 积极实践，掌握建立良好人际关系的技术

建立良好的人际关系既是一种能力，也是一种技术。大学生若想具有稳定的、良好的、建设性的人际关系，就需要掌握建立良好人际关系的技术，即：

(1) 要积极、主动交往；

(2) 要注重社交礼节，正确把握交往语言，善于运用非语言技巧；

(3) 要注重个人外表魅力。

2. 加强自我教育，塑造良好个性品质

大学生应积极、主动地加强自我教育，注意自我良好个性品质的培养，如：举止大方、坦然自若、助人为乐、坦诚无私、富有主见、充满自信等品质。“千里之行，始于足下”，良好的个性品质都是一点一滴积累而成的，要注意从身边的小事做起。

3. 学会欣赏他人，忌用有色眼镜看人

欣赏他人是建立良好人际关系的重要策略。大学生应该善于发现他人的价值，学会欣赏他人，善于克服第一印象、刻板印象、晕轮效应（指人们对他人的认知判断首先是根据个人的好恶得出的，然后再从这个判断推论出认知对象的其他品质的现象）等的不良影响，不苛求他人，真诚待人，宽容待人，尊重他人的人格、权利，主动营造宽松的人际交往氛围，为人际关系的健康发展创造有利的环境。

4. 管理好自己的情绪

情绪健康是心理健康的体现，同时也标志着人格的成熟程度。

“具有丰富的情绪体验并控制情绪表现的人，通常是有能力满足自身基本需要的人，是拥有稳定可靠的人际关系的人。”因此，良好人际关系的建立，一定要注意人的感情因素，使

之成为增进人际关系的积极因素。可通过理智调节、合理宣泄等方式化消极被动情绪为积极主动的行动，促进良好人际关系的建立。

❍ 自我展示

自我展示是大学生走上工作岗位以后需要掌握的必要策略之一。它主要是指，向管理者或掌握发展资源的人表达自己的发展愿望和能力等，并期待他们关注自己的表现。

为了更充分地挖掘自己的潜力，为组织谋取最大的利益，也为了使个人更好地实现职业生涯目标，个人应该主动展示自己，让领导更多地了解、认识你。通过这个过程，也让组织上级改变态度，客观、公正地评价下属。自我展示是练外功策略的核心内容。

自我展示主要包括职业理想追求和实际工作表现两个方面。它是把双刃剑，用得好，能促进自己职业生涯的发展；用得不好，则可能成为自己在组织中发展的障碍，因此在自我展示的过程中应讲究策略和艺术。

1. 如实地向上司反映情况

如实地向上司展示自己的工作能力，合理推销自己，在现代社会中是很正常的事情。

2. 注意上司的个性特征

认真了解分析上司的个性、心胸、气度等特征，对不同特征的上司采取不同的表现形式。当然要注意尺度，不要让同事以为你在巴结上司，避免影响同事关系。

3. 在自我展示时，注意以展示自己的客观表现为主，避免谈愿望和态度

建立良好的人际关系以及积极地运用自我展示策略可以在职业发展路径上助我们一臂之力。另外，还有一些小技巧，如怎样留下完美的第一印象，如何在不同的场合表现自我等，这些都需要大家在今后的职业发展路径中慢慢领略。在职业发展路径的实施过程中，要将练外功策略和练内功策略结合起来，努力实现自我的社会价值。

有了一个明确的职业目标，有了一条适合自己的职业发展路径，掌握了练内功和练外功的各种策略，现在的你是不是跃跃欲试，准备大显身手了呢？有了方向，该怎么走呢？先不要急着向前迈步，静下心来制订一个计划书吧！这会让你更加明确每个时间段该做什么。

6.2 制订个人行动计划

在选择了职业发展路径之后，就要开始行动了。每一段路径的“尽头”都是一个短期目标，每一个短期目标都需要有一个实现的过程，怎样才能更快地到达路径的“尽头”呢？这就需要制订个人行动计划，它是整个职业生涯规划过程中必不可少的步骤。

6.2.1 给你的行动制订“契约”

行动计划书主要是为了约束你的行为，使你的日常行为不会偏离你的目标太远。一份计划书就是你和你的行动之间的“契约”，你的行动需要按照“契约”执行。大学期间，大部分的时间由学生自己支配，多数学生都有自己的目标。其中有一部分学生根据目标制订了

详细的行动计划，并坚持按照计划来做；另一部分学生虽然有目标，但并没有制订“契约”对日常行为进行约束，久而久之就把原来的目标抛到了脑后。很显然，这两部分学生过着不同的大学生活，他们大学毕业后的境况也会有很大差距。下面我们来看看小强和他的同学的大学生活都是怎样的。

生涯故事

不一样的大学生活

大学生活是丰富多彩的！虽然有的大学生迷茫过，困惑过，但他们都对未来生活充满了美好的憧憬，都有着自己的奋斗目标。每个大学生的目标不同，每个人为实现目标所采取的行动不同，他们所走过的大学生活就不同。

一直以来，小强都是一个很独立的人，这也许和他的家庭背景有关，身为教师的父母从小就教育小强做一个独立自强的人。受家庭环境熏陶，小强从小做事就十分有条理，房间整洁，书桌一丝不乱。小强做各种事情都有自己的“规矩”，即在做每一件事情之前都会制订一份严格的行动计划书。

进入大学以后，小强依旧保持着自己的良好习惯。在学期之初，小强就给自己定下了“到某知名软件公司做软件开发工作”的目标，他知道这个软件公司对软件开发人员的要求很高，他就决定利用四年的大学时间来学习各方面知识。特别是学习了《职业生涯规划》这门课程以后，小强的计划有了理论依据，执行起来也更有动力和信心。

小强对自己大学四年有了一个整体的规划，他每天的生活，都过得很充实。四年的行动计划书是一份“契约”，它时刻提醒着小强，并引导着小强的行动。在此基础上，小强还制订了月行动计划、周行动计划，每一天都会有目的地学习和生活。

小强的同学B，入学的时候和小强一样，希望毕业后能够到一家知名的软件公司工作，但在四年的学习中，B时常怀疑自己的目标是否能达到。B是一个对自己没有信心的人，他也渴望成功，也希望珍惜大学时光，为自己的未来打下基础，但他的不自信又使他常常徘徊。他总喜欢效仿别人，看到小强每天都在努力，他也每天努力，但他的努力是盲目的，他没有像小强那样每天都有自己的计划和目标，所以B看不到他努力的成果。渐渐地他开始怀疑自己是否应该学习小强，后来他发现宿舍的同学C每天都在为考研做准备，生活很充实，他想自己是否也该考研，于是就跟着同学C每天去自习室，后来他发现……就这样，B看到其他同学做别的事情很成功，他就会想自己可能也有那方面的潜能，就更换原来的目标。结果在大学四年中，B树立了无数的目标，行动也跟着变了很多次，最后终究一事无成。

【专家指导】

小强的行动有据可循，所以小强4年大学生活过得很充实；B同学的行动缺少计划的指导，带有很大的盲目性，所以会经常变动自己的目标。如果每一天各有一个努力的方向，那么所有的努力都会白费。所以我们建议大家在日常学习和生活中，要坚持制订个人行动计划，它会使大家每天都收获进步，帮助大家更加靠近自己的职业生涯目标。

活动知识

为什么要制订计划？

有了职业生涯目标，努力去实现它就可以了，为什么还要制订行动计划呢？在上述案例“不一样的大学生活”中小强的同学B的例子给大家敲了警钟。那么究竟行动计划书有哪些神奇的力量呢？

1. 明确目标，鼓舞斗志

我们时常憧憬未来的美好生活，目标就是未来美好生活的一个缩影，有了目标，就觉得有了希望和动力。每个人心目中都有一幅未来美好生活的图景，而计划书实际上就是一个为了达成这种生活而做的整体行动计划。正因为人们本能地期待美好的生活，所以计划的存在对一个人的鼓舞力量是难以估量的。

2. 循序渐进，提高效率

在最短的时间里做尽可能多的事。虽然大学生还年轻，还有很多好光阴，但生命是有限的，提高效率是每一个人都要做的事情。

所以，大学生在行动中就必须设法尽量避免浪费时间，减少走弯路，减少无用功，减少精力的浪费。而一个科学而周密的计划，恰恰具有这些作用。做什么，做多少，计划会清楚地告诉你，这有利于尽早进入实战，无须观望犹豫。

如果一个计划是经过严密的思考后制订的，那么一般都能使我们有效地避免精力的浪费，提高学习的质量。这些情况综合在一起，就会提高办事效率。反之，若在日常生活中没有一个严密的计划，常常会事倍功半。例如，一些平时无计划的同学，到考试前往往会夜以继日地苦战，造成负担过重，不仅无法提高学习效率，还会严重损害身体健康。

3. 增强能力，驾驭生活

计划，考虑的是未来，但却是以“过去”为参照的。制订一个好的计划不仅要根据当前的实际情况，也要依据过去的经验。在对“过去”经历的回忆中，在对当前客观情况的考察中，在对个人主观条件的分析中，自我认识能力以及对客观世界的认识能力都会得到锻炼和提高。

例如，一个学生会干部，在组织学生活动的时候总要制订活动计划书，在这个过程中他要考虑到参与人员的特点、过去的活动经验、学生会的客观情况，这无形中就提高了他的组织能力和领导能力。

4. 养成良好的学习习惯

一种习惯的养成，一般需要三周左右的时间，有规律地、持续地锻炼与培养。一个计划的连续性短则几个月，长则三四年，但只要大家在执行计划的前21天内能坚持按计划学习，一个良好的学习习惯就可能变为自觉行动，学习的积极性和主动性就会随之增强。

5. 形成优良的学习品质

在实际的学习生活中，总会遇到一些意外的情况冲击你的计划，也就会产生计划与现实的矛盾冲突，这时可以调整一下这一天的学习计划，如果不能调整，就需要努力克服困难，保证计划实施。在这个过程中，如果你能够经受住考验与磨炼，良好的意志品质就会得以形成和发展。

总之，计划的意义非同一般。它能给你以勇气，给你以效率，给你以能力，促使你飞速进步，并使你养成很多好的习惯，这些习惯会在你的整个职业生涯里起到不可估量的作用。

6.2.2 绘出行动蓝图

既然制订行动计划书如此重要，那么到底该如何制订呢？制订行动计划书有没有步骤可循？在案例"不一样的大学生活"中，小强的行动计划已经给我们以启示。下面让我们来看看小强的行动计划书。

生涯故事

小强的行动计划书

小强的目标是"到某知名软件公司做软件开发工作"，根据这个目标，小强制订了详细的行动计划书。他首先了解了到这个软件公司做软件开发工作所需要的各种技能，然后将这个大的目标进一步分解成一个个小目标，并将小目标的完成按顺序分配到各个学期中去，如表6-6所示。

表6-6 小强的行动计划书

短期目标	到某知名软件公司做软件开发工作						
实施战略	胜任现职	投入时间	开发技能	拓展机会	拜师结友	树立形象	组织策略
策略总目标	软件开发工程师	4年	Java等编程语言	到此软件公司实习	与老师、同学搞好关系，通过朋友结交此公司的技术人员	专业、干练、认真负责、具有领导力的职业人形象	增强团队意识，提高领导才能
一年级第一学期	学生班长	6个月	自我表现及领导力	主动帮助别人	与班内50名同学及10位代课老师建立良好关系	称职的班长，刻苦的学生	热心助人，提高组织决策力
一年级第二学期	学生班长	6个月	英语四级水平	通过练习口语结识更多的朋友	结交20位热爱英语的朋友和5位老师	热情、踏实、有一定领导力	积极热情，乐于助人，发挥领导作用

续表

短期目标	到某知名软件公司做软件开发工作						
二年级第一学期	学生会干部	6个月	英语六级水平	通过练习口语结交更多的朋友	结交30位热爱英语的朋友和5位老师	勤奋上进，较有领导和组织能力	积极向上，组织活动，发挥领导作用
二年级第二学期	学生会干部	6个月	计算机二级水平	通过学习和考试结识更多的良师益友	结识20位热爱计算机的朋友和10位专业方面的老师	勤奋上进，刻苦钻研，较有领导和组织能力	培养接班人，调动大家工作的积极性
三年级第一学期	实习测试员	本学期的周末及节假日	软件测试及团队协作技能	向社会及企业展现自我	结交15位与专业有关的同事或领导	认真负责，勤勉高效	虚心请教，热心助人
三年级第二学期	校电脑门诊部部长	6个月	学习C++和Java语言	通过学习，结交更多本专业的同学和老师	结交15位志趣相投的朋友，认识10位良师	刻苦钻研，虚心向上	善于沟通，营造钻研的氛围，提高大家的动手能力
四年级第一学期	校电脑门诊部部长	6个月	毕业论文的撰写、毕业设计的开展	得到毕业论文和毕业设计的学习、实践机会	结交10位在撰写论文的同学和2位指导老师	积极沟通，虚心请教	宣传调动能力，领导力
四年级第二学期	目标公司的实习程序员	6个月	软件开发的实践机会以及团队协作力	为以后在此公司工作创造机会	认识15位公司同事和3位领导	谦虚上进，认真负责，条理清晰，精干整洁	虚心请教，认真服从，培养团队合作精神

在制订了四年的行动计划书后，小强的生活一下子明朗起来，他知道自己每个学期都该做什么，而且做的事情帮助他越来越靠近自己的目标。除了四年的行动计划书以外，小强还制订了更详细的每月、每周的计划书，它们都是依据四年计划书所制订的，小强称之为“子计划书”。小强在这些计划书的指引下，充实地走完他的大学生活，并一步步地向他的目标迈进！

【专家指导】

小强为实现毕业后“到某知名软件公司做软件开发工作”的短期目标，给自己大学四年做了一个整体的规划，制订了一份行动计划书。这些计划使小强的大学生活有了明确的方向，也更加充实，从而有利于其短期目标的实现。我们建议大家能够像小强那样，试着分解自己的目标，将一个大的目标融入每学期或每周的计划之中。

制订计划的步骤

活动知识

看到小强如此充实地生活，你是不是也想制订自己的计划书呢？那么还等什么，马上行动吧！

制订计划，并不是简单地将计划写下来，你必须根据个人的目标有针对性地进行。就如同小强制订的行动计划书一样，每一个行动都是有目的的，都是为了能够离目标更进一步。那么，怎样制订一个合理的行动计划书呢？

制订计划应该遵循以下步骤（如图 6-4 所示）：

1. 明确你的目标

在制订计划之前，你首先要清楚地知道自己希望达到的目的是什么。最好能够精确地定义你的目标，一个目标要包括最终目的、时间限制、实际效果等要素。例如，你的目标是在大二上学期通过全国大学生英语四级考试，并取得良好的成绩，或者是在大三下学期，使所在社团获得"优秀社团"奖杯。

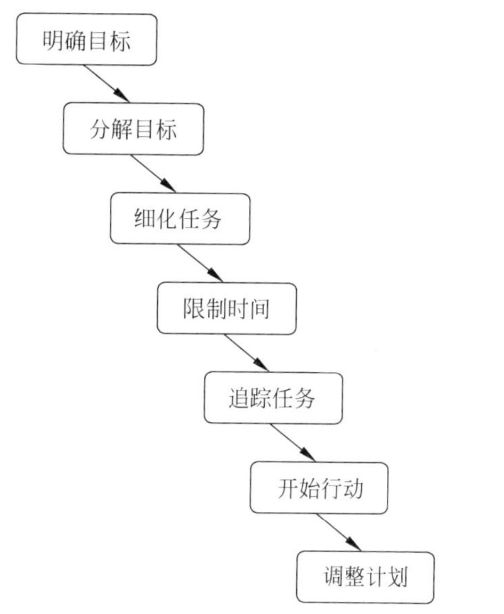

图 6-4　制订计划的步骤

要记住，如果你的目标不明确，那么什么样的计划都帮不了你，因为你根本不知道自己想要什么。目标不明确，制订出来的计划也不具有可实施性和可度量性。

2. 将你的目标分解成几小步

现在你已经明确了自己的目标，但只有一个明确的目标是不行的，因为它看起来好像离你很远，尤其是当你在制订一个长期计划的时候，这种感觉会更加明显。对于一个大目标，一般不容易把握从开始到实现它的整个过程。所以，你得把这个大目标分解一下，即把它分成几个小部分。

例如前面提到的"在大二上学期通过全国大学生英语四级考试，并取得良好成绩"的目标，可以分解为几个小目标。

（1）听、说、读、写分别提高；

（2）第一个月背单词，并注意阅读外文杂志；

（3）第二、第三个月，做历年真题；

（4）考前两个月，做模拟试题。

3. 细化你的计划

现在，你已经成功地把计划分成几个小步骤。仅此还是不够的，只做了步骤的切分还不足以保证你的计划完全实现。下面我们来讨论制订计划过程中的核心内容：可实施性和可度量性。

你计划中的一个任务是可实施的，指的是这个任务有着明确的定义，这包括了该任务的实现条件、实施者、需要的时间、最终的效果。例如，你希望自己能在两个月内完成近十年四级真题的训练，包括定时完成试卷、对照答案、标注错误类型、查漏补缺等任务，如果简单地说两个月内完成历年真题，就不是一个可实施性的计划。

你计划中的一个步骤是可度量的，指的是这个任务的目标有一定的量化指标，可以衡量你的计划是否实现了。例如你计划两个月内做完8套四级模拟题，就是可度量的计划，但如果只说在两个月内做几套模拟题，就不是可度量的计划。

了解什么是可实施性和可度量性之后，就可以细化我们的计划了。拿出你刚才已经划分好步骤的计划书，把每一个步骤细化为一系列的可实施和可度量的任务。这样，你就拥有了一个列表，这个列表上有一个总体目标，有几个比较大的步骤，有很多的可实施和可度量的细化的任务。

4. 为你的计划定上"闹钟"

你的计划书已经初见模样了，是不是还缺点什么？那就是每一个细化后的任务的时间限制。注意，这个时间限制和前面的每一个任务的完成时间并不是一个概念。完成时间是一个时间段，如两个月、三个月，而时间限制是一个绝对时间，如考前一周的晚上十点。

开始为每一个任务定上"闹钟"吧。因为各个任务之间可能存在着一定的依赖关系，而且它们还有可能出现交替、重叠等情况。而这些具体的情况，往往是因人而异，因目标而异的。没有一种通用的来安排你的时间限制的方法，不过你可以按照项目的进度，一天一天地往后安排。

现在，你可以把所有的时间限制点加到你的任务列表上。

5. 建立追踪机制

计划制订完成了，并不代表你就可以高枕无忧了。你怎样才能知道自己的计划实施情况呢？如计划实施到哪一步了，哪些任务已经完成了，哪些任务正在进行中，哪些任务遇到了障碍等，这就需要一种追踪机制。

一种常见的追踪机制是使用你写好的任务列表。可以将所有任务分成"已经完成"、"正在进行时"、"遇到障碍"等几项，每一项用不同的符号表示，并标注在相应任务之前。这个任务列表你可以每天都看一次，并带在身边，这样方便你随时记录和思考。

虽然这个方法看起来很简单，但真正实施起来却没那么容易，不过只要你有耐心，这个方法一定会见效的。

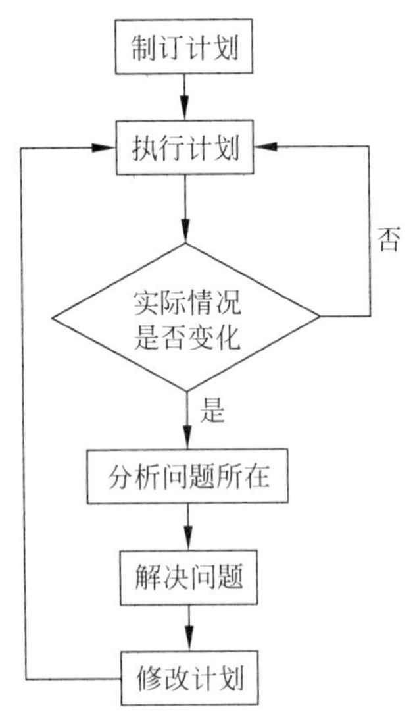

图 6-5　调整你的计划书

6. 按计划行动

计划书已经完成了，现在就可以按照计划行动了。记住，如果你不去做，再好的计划也是无用的。

7. 在工作进行中适当的调整计划(如图 6-5 所示)

很少有人能预测未来，所以在行动的过程中，你会发现很多问题在制订计划的时候并没有考虑到，而这些未预测到的因素常常会阻碍计划的进展。这时，你就需要动态地调整你的计划。没有一成不变的计划，只有随着实际情况及事态发展而适当调整的计划。"计划不如变化"，让我们的计划也随着变化起来吧！

在实施计划的过程中使用追踪机制，你会清楚地看到哪些任务没能按时完成，哪些任务提前完成了，从中找出是哪些因素影响了你的进度，并解决它们，然后适当地调整你的计划，继续实施它。

以上就是制订计划的大体步骤，按照这个步骤来做，你就会发现你的生活有了一个章程可循，你会离你的目标越来越近。

生涯故事

制订推销计划

制订推销计划对推销工作具有重要意义。推销工作的特点是推销员自己可以安排工作日程，决定每天的工作量。这种工作方式的优点是灵活多变，推销员可根据不同的客户安排不同的工作日程，其缺点是推销员必须严格要求自己按照计划行动，否则就会陷入每天的工作都无法完成、"日复一日"的恶性循环中。严格要求自己的方法之一，就是要掌握科学的制订计划的方法——拟订计划，执行计划，并对执行情况进行检查，以不断总结和改进计划。

推销计划可以分为年计划、月计划和日计划。一般来说，公司管理部门会要求推销员汇报年计划或月计划，然后对计划的制订提出指导思想和修改意见，而日计划则由推销员自己制订。日计划是年、月计划制订的基础，它的完成也是年、月计划完成的保证，所以日计划的制订至关重要。

制订推销计划可以节省时间和有效地利用有限的时间。据美国大西洋石油公司的一项调查显示，优秀推销员和劣等推销员在交通时间相同的情况下，时间安排上会有明显差别。优秀推销员用于准备、开拓新客户、与客户接触及交易的时间多，而劣等推销员用于等候面谈和聊天的时间多，这一调查结果为推销员更好地制订计划提供了参考。下面以制订推销日计划为例，来看看优秀推销员是怎样为推销工作做准备的。

有效的推销日计划包括拜访客户前和拜访客户后两方面的内容。

1. 拜访客户前的准备

(1) 客户基本情况，即客户的姓名、职务、性格、爱好、固有观念、家庭情况(成员、工作单位、生日)和权限等。

(2) 客户购买行为特征,即客户对推销员的态度、推销过程中可能会遇到哪些阻力、客户会有哪些反对意见、客户的购买政策等。

(3) 我能为客户提供什么,从产品、其他服务、洽谈要点是什么三个方面准备。

(4) 我如何进行推销,即从如何吸引客户注意力、如何引起客户的购买兴趣、如何刺激客户的购买欲望、如何实现购买行动、客户有哪些特殊之处可能影响(有利于或不利于)我的推销等几个方面来分析。

(5) 我此次拜访所要达到的目的是什么,可从了解客户需求、影响客户的购买行为、向客户介绍有关情况、促使客户作出购买决定四个方面做准备。

(6) 本次洽谈与以前业务洽谈的联系。

除了填好拜访客户前的日计划外,还应先问问自己下面的问题:

① 有无忽略对本次成交有决定权的人?

② 有无研究与本客户情形相似的以往的推销经过?

③ 为应付客户可能的变化,有无随时变更话题的准备?

④ 有无准备与客户见面时的第一句话?

⑤ 有无事先练习说明方法以求增强说服效果?

2. 拜访客户后的准备

(1) 对客户所提出的要求做出相应的整理。

(2) 对客户说话的语气甚至客户所在办公场所的摆设环境都要进行合理的分析。

(3) 做出有针对性的推销策略。

(4) 准备推销工具:公司产品实样、产品说明、公司简介、公司荣誉证书复印件等。

【专家指导】

"狼的许多难以置信的做法也值得借鉴。不打无准备之仗,踩点、埋伏、攻击、打围、堵截,组织严密,很有章法。好像在实践孙子兵法,'多算胜,少算不胜'。"海尔集团总裁张瑞敏常常这样对员工们强调准备的重要性。通过推销员的例子,我们建议大家在制订计划时,一定要遵循一定的步骤和原则,不要盲目地列计划。如在制订计划之前要学会思考,在这个计划中该做什么,怎样去做,在计划完成后,该如何来总结自己的计划等。

活动知识

制订计划应该遵循的原则

通过以上有关制订计划的内容的学习,你是否会觉得原来制订计划是如此简单的一件事呢? 不过,大家在制订计划时要注意,切勿走入以下误区。

(1) 目标不明确;

(2) 好高骛远;

(3) 急功近利;

(4) 过于死板,办事不灵活;

(5) 不具有可实施性;

(6) 不具有可度量性。

所以,在制订行动计划的时候一定要贯彻以下原则。

(1) 清晰性原则。目标要清晰明确。

(2) 变动性原则。目标或措施应该有弹性和缓冲性,能随着环境的变化而方便地做出调整。

(3) 具体性原则。计划中的每个任务都需要具体可行。

(4) 挑战性原则。任务应该具有一定的挑战性,而不仅仅是保守地考虑、估计在自己的能力范围之内,要善于挖掘潜力。

(5) 激励性原则。可根据自己的兴趣和爱好,在完成任务后给予自己一些小小的奖励。

(6) 合作性原则。在任务中,要充分考虑到外力的作用,可借助同学或老师的力量协同完成。

(7) 可评量原则。计划的设计应该有明确的时间限制或标准,以便评量和检查,使自己随时掌握执行情况,并为计划的调整提供参考依据。

活动知识

制订计划的小窍门

计划在实施过程中总会遇到各种各样的问题,如。

1. 拖拉

本来计划中该今天完成的事情,结果拖到了明天,明天的任务又无法完成,造成一个恶性循环,计划书名存实亡。

名人名言

➢ 明日复明日,明日何其多,我生待明日,万事成蹉跎。世人若被明日累,春去秋来老将至。朝看水东流,暮看日西坠。百年明日能几何,请君听我明日歌。

——文嘉《明日歌》

2. 不懂得拒绝别人

有人找你帮忙,你虽然知道自己的计划还没完成,但却不好意思拒绝朋友的请求,结果耽误了自己的计划。

3. 贪图玩乐

大学期间娱乐项目较多,有一些大学生虽然制订了计划,但总会被其他一些娱乐活动所吸引,如上网、玩游戏、同学聚会和逛街等,导致计划内时间被占用,计划无法完成。

4. 过于追求完美

有的大学生过于追求完美,对所完成的任务反复检查,并一直反省是否还有遗漏,不仅把时间浪费在了一些无关紧要的问题上，还影响了其他任务的完成。

补充资料　计划实施过程中的“拦路虎”

在计划实施过程中总会遇到各种各样的问题，上面列举的四种问题只是其中的一部分。在职业生涯规划网络平台上，我们给出了另外几种问题，并对相应问题该如何解决有针对性地给予了建议，请你登录查询。

- ❑ 职业生涯规划实训平台
  - ❑ 资源库
    - ❑ 计划实施过程中的“拦路虎”

为了避免在行动过程中出现上述问题，我们可以在制订计划的时候就有预见性地把握好时间的尺度。下面介绍几个制订计划的小窍门供大家参考。

1. 安排固定项目

大学期间虽然课余时间比较充足，可以做很多自己的事情，但是学校安排的课程还是大学生活中的重点。上课时间是固定的，在制订计划之前可以打印一张本学期的课程表作为参照。制订计划时，其他活动的安排必须绕开上课时间进行。

把固定时间安排好之后，就该安排每天的日常活动了，如睡觉和吃饭，这些是很重要的事情。有的学生为了节省时间，常常不吃早饭或每天只睡五六个小时，这是不可取的。在安排计划时，一定要将这些看似平常却对整个一生都有重要影响的事情安排进去。

剩余的时间就供你支配了。

名人名言

- 一个人不能没有生活，而生活的内容，也不能使它没有意义。做一件事，说一句话，无论事情的大小，说话的多少，你都得自己先有计划，先问问自己做这件事，说这句话，有没有意义？你能这样做，就是奋斗基础的开始奠定。

——戴尔·卡耐基

- 一个人不论赋有什么样的才能，他如果不知道自己有这种才能，并且不形成适合于自己才能的计划，那种才能对他便完全无用。

——休谟

2. 根据你的生物钟安排时间

把重要的任务安排在你工作效率高、干扰少的时间段。

首先把空余时间按你的效率高低和外界干扰多少排序并给予不同分值。然后，把优先度高的任务分配到分值较高的时间段。例如，用大块的时间学习新知识，早上记忆比较好的时间段可以用来背诵单词等。

3. 把较大的任务分割成易于控制的小块

当你面对一个巨大的任务，被它压得喘不过气来的时候，试着把它分成小块，使它易于管理，然后相应地安排你的时间。这样做有以下几个好处。

首先，你明确了完成整个任务的各个步骤，只要按部就班地完成各小块任务就能成功，畏难情绪会减轻；

其次，把一个任务拆分为若干小块，可以使你的进度显得更显著，并能多次体会达到目标的喜悦；

最后，较小的任务段易于估计时间，从而加强对完成时间的控制。

4. 充分利用零碎时间

从时间表中"剪裁"大块大块的时间后，剩下的"边角余料"可不能浪费。可以用它复习学过的知识、洗一件衣服等。一个利用小块时间的技巧是：把你不愿做的事情分成小片，然后在做其他事情的间隙中每次完成一小片，不知不觉就做完了讨厌的事情。

5. 为每件事设定明确的起止时间

这样可以防止任务之间互相干扰，也可以防止你把事情拖到最后一分钟才做。

6. 留出充分的休息和娱乐时间

在制订时间表时，千万不要"虐待"自己。要制订一个切实可行的计划，就应该为生活中真实的你"量身定做"，预留出你需要的休息和娱乐时间，使你保持良好的状态和愉快的心情。否则，执行的时候会不断打乱计划，不但没有节省时间，反而使其他事情也脱离预定轨道。

7. 留出机动时间，不要把所有的时间都填满

为突发事件预留时间。一个填得满满当当的计划表是没有"防震"性能的，稍有意外，整个计划就会"破碎"，无法执行。

8. 制订完计划后，按下面的标准逐条检查，修改计划：

(1) 事情是按重要程度和紧急程度依次进行的吗？

先处理重要的和紧急的事情，注意发展型任务优于维持型任务。是否有根本不需要做的事情列入了计划书？在有限的时间里，你不可能完成每件事情，也不可能把每件事情做得尽善尽美。我们将在下一节中重点介绍怎样利用你有限的时间。

(2) 每天应有用于自省和修订计划的固定时间。如果遗漏了这一部分，请在计划书中补上。

(3) 对于有截止期的任务，是否留有足够的时间使其能在时限内完成？

没有处理过的事情花费的时间往往比你想象的要多，记得要为它们留下充裕的时间。

(4) 把用于生活不同方面的时间分别加总，各部分之间应保持平衡。

很多时候，在计划书的各个单项中看不出来的问题，会在合计数字中显示出来。如果某部分明显超过或低于合理的比例，请进行调整。

计划是人制订出来的，只要你信念坚定，并时刻把你的目标放在心上，你一定会制订出帮助你达成目标的计划。

在第5章中，我们运用了SMART分析的方法确定了目标，本节中主要使用制订个人行动计划的手段来实现目标。那么具体该怎么做呢？在本节的“生涯故事：小强的行动计划书”中，小强的行动计划书其实就是按照一种制订行动计划书的方法来制订的，我们称之为“按战略手段分解的行动计划书”。下面简单地介绍一下这种方法，如表6-7所示。

表6-7 按战略手段分解的行动计划书

短期目标：							
实施战略	胜任现职	投入时间	开发技能	拓展机会	拜师结友	树立形象	组织策略
策略总目标							
一年第一学期							
一年第二学期							
二年第一学期							
……							
四年第二学期							

“按战略手段分解的行动计划书”使用规则。

(1) 短期目标：根据职业生涯规划设置的大学期间所要达到的短期目标。

(2) 胜任现职：填写本学期所在的职位或希望得到的职位。

(3) 实施战略：主要从期望任职、投入时间、本学期应该学到的技能、在人际关系和组织方面的努力，以及个人在同学、同事、老师之间应该树立的形象。

(4) 策略总目标：即在整个大学期间，本策略需要达到的期待程度。

(5) 每个学期都有相应的任务，填写时要注意写下的任务一定要与行动目标有所联系，不能偏离目标太远。

活动实训 我的行动计划书

“每天有1%的进步，一百天以后的进步就是100%！”按照战略手段来分解一下你的目标，不要将目标看得那么遥远，其实只要每个时间段都按行动计划书执行，每个时间段都有进步，当你到达终点时，就会发现原来遥不可及的目标就在眼前。请登录我们的网络平台完成你的行动计划书！

❑ 职业生涯规划实训平台
❑ 计划与实施
❑ 我的行动计划书

6.3 管理时间

大学生职业生涯规划从大的方向看是对今后一生的规划，但归根到底就是对时间的规划。怎样合理地利用时间？怎样在有限的时间里完成更多的事情？这是每个制订职业生涯规划的人都需要思考的问题。在大学阶段，课余时间相对比较充裕，而且大部分学生课下没有老师和家长的督促，学会管理时间尤为重要。

6.3.1 你的时间管理能力有多高

你会管理时间吗？你的时间管理能力有多高？日常生活中的一些习惯可以体现出你是否是时间的主人。我们来看看下面这个有关自我时间管理的测试。

活动实践

时间管理自我诊断量表

实践指导：时间就是生命，有效地利用时间能够达到事半功倍的效果。请你根据自己日常学习与生活中对待时间的方式与态度，选择最适合你的一种答案。

1. 星期天早晨醒来，你发现外面正在下雨，而且天气阴沉，你会怎么办？(　　)

A. 接着再睡

B. 仍在床上逗留

C. 按照一贯的生活规律，穿衣起床

2. 吃完早饭后，在上课之前，你还有一段自由时间，你怎样利用？(　　)

A. 无所事事，根本没有考虑学点什么，时间不知不觉地就过去了

B. 准备学点什么，但又不知道学什么好

C. 按照预先订好的学习计划，充分利用这一段自由时间

3. 除每天上课外，对所学的各门课程，在课余时间里是怎样安排的？(　　)

A. 没有任何学习计划，高兴学什么就学什么

B. 按照自己最大的能力来安排复习、作业、预习，并紧张地学习

C. 按照当天所学的课程和明天要学的内容制订计划，严格有序地学习

4. 你每天晚上怎样安排第二天的学习时间？(　　)

A. 不考虑

B. 心中和口头做些安排

C. 书面写出第二天的学习计划

5. 我为自己拟定了“每日学习计划表”,并严格执行。(　　)

A. 很少如此　　　B. 有时如此　　　C. 经常如此

6. 我每天的休息时间表有一定的灵活性,以使自己拥有一定时间去应付预想不到的事情。(　　)

A. 很少如此　　　B. 有时如此　　　C. 经常如此

7. 当你发现自己近来浪费时间现象比较严重时,你有何感受?(　　)

A. 无所谓　　　B. 感到很痛心　　　C. 感到应该从现在起尽量抓紧时间

8. 当你学习忙得不可开交而又感到有点力不从心时,你怎么处理?(　　)

A. 开始有些泄气,认为自己头脑不灵活,自暴自弃

B. 有干劲,有用不完的精力,但又感到时间太少,仍然拼命学习

C. 开始分析检查自己的学习时间分配得是否合理,找出合理安排时间的方法,提高学习效率

9. 在学习时,常常被人干扰打断,你怎么办?(　　)

A. 听之任之　　　B. 抱怨,但又毫无办法　　　C. 采取措施防止外界干扰

10. 当你学习效率不高时,你怎么办?(　　)

A. 强打精神,坚持学习

B. 休息一下,活动活动,轻松轻松,择日再战

C. 暂时停下来,转换一下兴奋中心,待效率最佳的时刻到来,再高效率地学习

11. 你是怎样阅读课外书籍的?(　　)

A. 无明确目的,见什么看什么,并常读出声来

B. 能一面阅读一面选择

C. 有明确目的进行阅读,运用快速阅读法,提高自己的阅读能力

12. 你喜欢什么样的生活?(　　)

A. 按部就班,平静如水的生活　　　B. 急急忙忙,精神紧张的生活

C. 轻松愉快,节奏明显的生活

13. 你的手表或闹钟经常处于什么状态?(　　)

A. 常常慢　　　B. 比较准确　　　C. 经常比标准时间快一些

14. 你的书桌井然有序吗?(　　)

A. 很少如此　　　B. 偶尔如此　　　C. 常常如此

15. 你经常反省自己处理时间的方法吗?(　　)

A. 很少如此　　　B. 偶尔如此　　　C. 常常如此

评分标准:

选择A,得1分;选择B,得2分;选择C,得3分。将各题的得分加起来计算出总分,然后根据下面的分析判断出自己的时间管理能力和水平。

结果分析:

35～45分,有很强的时间管理能力。在时间管理上,你是一个成功者,不仅时间观念强,而且还能有目的、有计划、合理有效地安排学习和生活时间,时间的利用率高,学习效果良好。

25～34分,较善于对时间进行自我管理,时间管理能力较强,有较强的时间观念,但是,在时间的安排和使用方法上还有待进一步提高。

15～24分,时间自我管理能力一般,在时间的安排和使用上缺乏明确的目的性,计划性也比较差,时间观念较淡薄。

14分以下,不善于时间管理,时间自我管理的能力很差,在时间的自我管理上是一个失败者,时间观念淡薄,不能合理地安排和支配自己的学习、生活时间。

活动知识

为什么时间会悄无声息地流逝?

古人云:"一寸光阴一寸金,寸金难买寸光阴。"时间既不能储存,又不能买卖,也不能转借,所以时间才显得珍贵。对于每个人而言,每天都只有24个小时,每个小时都只有60分钟,时间不会因为人的财富多少、地位高低、身份不同而有所偏袒。既然时间如此宝贵,为什么还有人浪费时间呢?究其原因,有以下几点。

1. 主观原因有:

(1) 做事目标不明确;

(2) 行动作风拖拉;

(3) 缺乏优先顺序,抓不住重点;

(4) 过于注重细节,以致于在"精益求精"中贻误机会;

(5) 做事有头无尾;

(6) 缺乏条理,不简洁,简单的事情复杂化;

(7) 事必躬亲,不懂得授权;

(8) 不会拒绝别人的请求;

(9) 思考问题消极,退避意识强烈。

2. 客观原因有:

(1) 生活环境的影响,如交通堵塞,购物排队等;

(2) 工作环境的影响,如领导办事拖拉,开会时间过长等;

(3) 朋友聊天,聚会等。

归根到底,浪费时间就是对时间没有作出一个合理的安排,没有计划地生活学习,在无所谓的事情上浪费了很多时间。一个效率糟糕的人与一个高效率的人工作效率相差可达10倍以上。这就需要时间管理。

名人名言

➢ 你热爱生命吗？那么别浪费时间，因为时间是构成生命的材料。

——富兰克林

➢ 时间应分配得精密，使每年、每月、每天和每小时都有它的特殊任务。

——夸美纽斯

6.3.2 教你驾驭时间

生命短暂，珍惜时间就等于珍惜生命，特别是对于年轻的大学生来说，合理安排大学的时间，就等于提高了生命质量。大学生活中，除了日常的上课，还有各种各样的讲座、讨论会、学术报告、文娱活动、社团活动、公关活动和实习等。只有合理地规划时间和利用时间，才能达到学习、工作和娱乐的平衡，避免顾此失彼。

生涯故事

抓住生命中的大石块

一天，一位时间管理专家给一群商务专业的学员作讲座，为了清晰地阐述他的观点，使学员铭记在心，他做了一个演示。

他站在这群渴望成功的学员面前，说："我们来做一个小实验。"于是，他在面前的桌子上放了一个可盛一加仑东西的大口瓦罐，然后把一些拳头大小的石块小心地放进瓦罐里。

瓦罐里再也放不进石块了。这时，他问道："满了吗？"

班上所有人都回答："满了。"

然后，专家问道："真的吗？"学员们有些疑惑。

他把手伸到桌子下面，拿出一桶沙砾。他把一些沙砾倒进瓦罐，然后摇了摇，这些沙砾便渗进石块的缝隙中。这时，他又问这些学员："满了吗？"

此时，班里的学员不再像刚才那么肯定了。"可能还没有。"一位学员回答道。

"是的。"他应声道。

专家再次从桌子下面拿出一桶细沙倒进瓦罐，细沙渗进石块与沙砾的缝隙中。他再次问道："满了吗？"

"没有！"学员们异口同声地叫道。

他又说："回答得好！"然后，抓起一个水壶，在瓦罐中注满了水。

这时，这位时间管理专家看了看班上的学员，问道："这个演示说明了什么？"

一位学员迫不及待地举手回答："这说明，不管你的时间表排得多满，只要用心，总可以挤出时间来做其他事。"

"不对，"这位专家回答道，"这不是我的目的。这个演示告诉我们：假如你不先把石块放进去，以后也就不可能放进去了。那么，一生中你的大石块是什么呢？你的爱人、孩子、你所爱的一切、你的朋友、学业梦想，一切值得你去做的事业，还是教育指导别人？做你喜欢的事，安排好自己的时间。记住，先把大石块放进去，包括你的健康，否则，这些大石块永远也不可能再放进去。如果你忙碌于一些小事(像沙砾、细沙之类的)，那么你就没有宝贵的时间来做大事、要事(如大石块)。因此，今天晚上或明天早上，当你想起这个故事时，问自己这样一个问题：我生命中的大石块是什么？然后把它先放到瓦罐里去。"

【专家指导】

怎样在瓦罐有限的空间里放入更多的东西？这个例子告诉大家应该遵循石块—细沙—水的顺序放入。那么，怎样在有限的生命里做更多的事情呢？我们建议大家将事情分成大事、小事、琐碎的事，并按照时间管理的方法把每一件事都合理安排到时间这个大容器里。

活动知识

时间管理的方法

小时候总盼着过生日，但成年以后，伴随生日而来的往往是对时间的危机感：不知不觉又过了一年，太快了！类似的日子还有除夕、元旦等。不过，这种危机感难以持久，第二天早上醒来，又觉得来日方长，24小时对于一生来讲不算什么。

如何使自己常常保持危机感，警惕时间的流逝，抓紧利用每一分每一秒？最好的方法就是学会管理时间。

职业生涯规划的过程把一生的时间分成了一个个小的时间段，在各个时间段内都规划好要完成的内容。每一个时间段里，我们要学会将时间以周、天为单位来划分，而不是以年和月，这样当一周或一天过去后，我们就会很快地意识到时间的流逝，从而增强对时间的重视。

名人名言

➢ 节约时间，也就等于延长了人的生命。

——鲁迅

时间管理的含义就是面对时间的流动，如何进行自我管理，其所持的态度是将过去作为改善现在的参考，把未来作为现在努力的方向，同时好好地把握现在，迅速地去运用正确的方法做正确的事。

相信根据6.3.1小节中的"时间管理自我诊断量表"的实践结果，你对自己的时间管理能力已经有了一个新的认识。如果你的时间管理能力不佳，不要灰心，下面我们将给出几种时间管理的方法，相信总有一种方法是适合你的。

❍ 时间"四象限"

"四象限"法是美国管理学家科维提出的一个有关时间管理的理论，即把工作按照重要和紧急两个不同的程度进行划分（如图6-6所示），基本上可以分为四个"象限"：

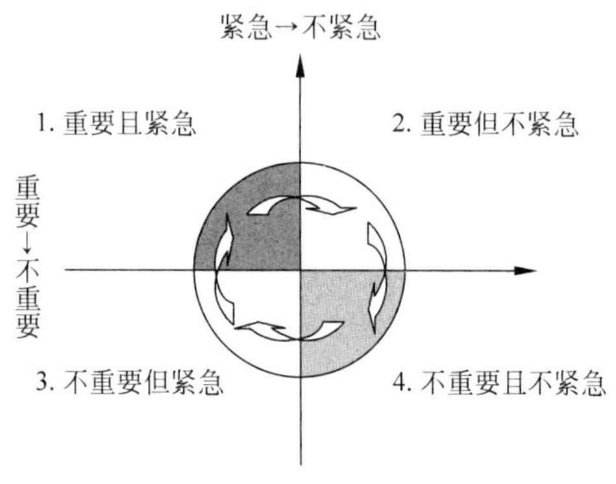

图6-6　时间"四象限"

第一象限：既重要又紧急

比如，突发的危机事件，有时间要求的工作计划，事关大局的急迫问题等。

第二象限：很重要，但并不紧急

比如，制订计划、未雨绸缪的工作、给自己"充电"的学习培训、锻炼身体以及和家人沟通交流等。

第三象限：不重要但很紧急

比如，朋友打电话约你喝茶聊天、处理某些垃圾邮件、整理电脑里的资料、学校突击检查宿舍卫生等。

第四象限：不重要且不紧急

比如，某些闲聊的电话，与上铺的兄弟PK网络游戏、宿舍里打牌、看电视剧等。

你在不同的象限投入时间的多少，决定了你绩效水平的高低。据统计，成功人士和普通人士对四个象限投入的时间有明显差异，如表6-8所示。

表6-8　不同人士对四个象限投入时间的差异

	第一象限	第二象限	第三象限	第四象限
普通人士	25%～30%	15%	50%～60%	2%～3%
成功人士	20%～25%	65%～80%	15%	<1%

现在，你可以把每月或每周要做的事情列出来，分门别类地划入四个象限，然后决定为它们花费多少时间。作为一个训练有素的职业人，主要做的应该是第二象限的工作，并尽量减少第一象限的工作。第二象限的事情尽管很重要，但是往往不紧急，可是它们却是我们生命中的"大石块"，我们经常会忽略它们，或者是往后拖延它们。比如，制订计划、坚持学习、提升能力、锻炼身体、关心家庭、孝顺父母、与爱人和孩子沟通、休闲身心等。

每天留出部分时间处理重要而不紧急的事情，是保持领先的方法。这样做就相当于你把宝贵的时间储存起来，在以后面临突发事件时，便能动用你的储蓄，即使面对紧迫的时间压力也能应付自如。

❍“二八”法则

1897 年，意大利经济学家帕累托，在从事经济学研究时，偶然注意到 19 世纪英国人的财富和收益之间存在着一种重要的现象，即 20％的人享有 80％的财富。这一重大的发现揭开了世界财富分配的秘密。后来，人们把这一研究成果运用到企业管理中，比如，20％的努力带来 80％的收获；20％的顾客带来 80％的生意；20％的产品带来 80％的利润；20％的时间和精力创造 80％的绩效等。这也就是所谓的“二八”法则，如图 6-7 所示。

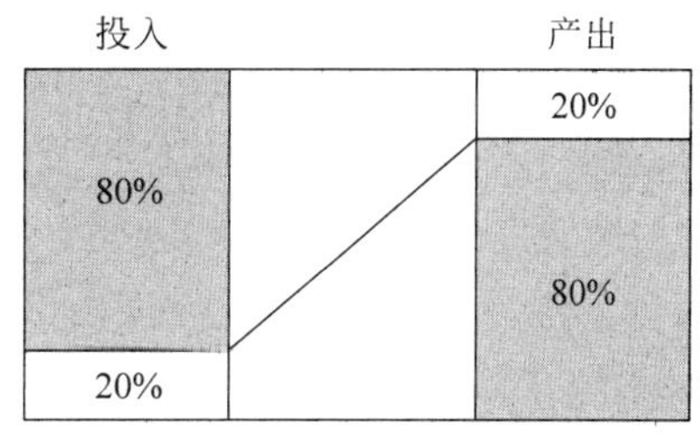

图 6-7 “二八”法则

“二八”法则也叫帕累托法则、不平衡法则、关键少数法则、最省力法则等，是指在因和果、努力和收获之间，普遍存在着似乎无法解释的不平等关系。

“二八”法则的精髓是：抓住关键的少数，用 80％的时间和精力，去做对你的工作最有价值和最重要的那 20％的大事，而对于那些琐碎的 80％的小事可以见缝插针，甚至可以忽略不计。其实，“二八”法则并不神秘，我们平常所说的抓主要矛盾、“牵牛要牵牛鼻子”、“擒贼先擒王”、“纲举目张”等都是这个道理。问题是不少人知道，但就是没有做到，或者没有坚持做到，结果总是劳而无功，最后变成了可怜兮兮的“没有功劳也有苦劳”的人。

❍ 六点优先工作制

六点优先工作制应用方法。

(1) 写下要做的全部事情；

(2) 将事情按重要性排序，从“1”到“6”标出六件最重要的事情；

(3) 每天一开始，请你全力以赴做标号为“1”的事情，直到它被完成或被完全准备好，然后再全力以赴做标号为“2”的事情，以此类推。

这是一个看起来非常简单的时间管理方法，但真正采取行动去做的人有多少？甚至个别人对此有些不屑。如果你每一天、每一分、每一秒都在做最重要、最有生产力的事情，假以时日，可以想象你会有什么样的成就。

六点优先工作制集中体现了“要事第一”的时间管理原则，被管理学界喻为“价值 2.5 万美金的时间管理方法”。是因为这套方法被美国伯利恒钢铁公司总裁理查斯·舒瓦普采用，使公司在五年的时间里从一个鲜为人知的小钢铁厂一跃成为最大的不需要外援的钢铁生产企业。正因为如此，舒瓦普向方法的提出者——效率专家艾维·李支付了 2.5 万美元的报酬。

补充资料　抓住浪费时间的源头

在《为什么时间会悄无声息地流逝?》这个活动知识中,我们介绍了浪费时间的主、客观原因。那么怎样有针对性地将上述几个时间管理的方法应用到其中呢?是否还有其他时间管理的方法呢?在职业生涯规划网络平台上给出了几点建议,希望能够对大家有所帮助。请你登录查询。

- ❑ 职业生涯规划实训平台
  - ❑ 资源库
    - ❑ 抓住浪费时间的源头

只掌握方法还远远不够,现在有很多工具可以用来帮助我们掌握自己的时间,如借助网络资源中的软件、48 小时时间管理法等。下面简单介绍一下 48 小时时间管理法的使用方法。

48 小时时间管理法主要是用于周末两天的时间管理。对于大学生来说,周末的两天时间是完全可以自由支配的时间,学生可以自主安排自己的学习、工作和生活。当然这种管理方法和理念同样适合于任何其他时间的管理,如表 6-9 所示。

表 6-9　48 小时时间管理法

序　号	时　间	工作任务	紧急度		重要度		与职业生涯相关度	
			紧急	不紧急	重要	不重要	相关	不相关
1	0:00～							
2								
3								
……								
	～0:00							
	……							

在表格后附"周末 48 小时时间管理活动的反馈总结"。

48 小时时间管理法使用方法如下。

(1)"时间"栏:填写完成任务所需要的时间。一般这个时间段是需要一段时间的概率统筹后才能给出结果的。例如每次召开学生部例会需要多长时间,会议结束后处理事情需要多少时间,经过几次的统计就可以得出所需要的时间了。时间段可以灵活把握,如可在每个任务之间空出 10 分钟的缓冲时间等。

(2)“工作任务”栏：注意“二八”法则的使用，将一些琐碎的事情见缝插针地完成，如需要给某位老师打电话问候病情，需要预习明天高数的学习内容等。

(3) 本表主要利用时间“四象限”方法对计划任务进行优先顺序的划分，大家可根据“四象限”的标准，把任务归为“既重要又紧急”、“重要不紧急”、“不重要但紧急”和“不重要且不紧急”四个方面。

(4)“与职业生涯相关度”栏：在确立了职业发展路径之后，所有的计划都围绕着职业生涯目标展开，但日常总有一些不得不做的工作，常常使我们身不由己。可以在日常制订计划的时候显示出做的任务是否与“职业生涯规划”相关，用来提醒自己在生活中注意不要偏离“职业发展路径”太远。

(5) 48 小时时间管理法既适合于周末前对周末两天进行安排，也适合于周末结束后对周末所做活动进行回顾。查看自己的行为是否偏离了原有的行动计划，在“周末 48 小时时间管理活动的反馈总结”中总结一下自己的周末活动有哪些偏离了计划，需要怎样改进等。

活动实训 我的 48 小时(时间管理)

做好自我时间管理，先从自己的课余时间开始。请参照上述 48 小时时间管理法，设计一张属于你的周末 48 小时时间管理表。请登录我们的网络平台设计你的周末之旅。

- ❑ 职业生涯规划实训平台
  - ❑ 计划与实施
    - ❑ 我的 48 小时(时间管理)

本章小结

- ❍ 职业发展路径是指在制订职业生涯规划时，需要设定的到达生涯目标所走的职业路线。职业发展路径一般分为专业技术路径和行政管理路径。
- ❍ 职业发展路径有直线型、螺旋型和跳跃型三种模式。
- ❍ 在设定职业发展路径时，首先应该对职业发展中的各因素进行分析，其次挑选出最佳路径，最后画出职业发展路径图。
- ❍ 制订个人行动计划共分为 7 步，明确目标──→分解目标──→细化任务──→限制时间──→追踪任务──→开始行动──→调整计划。

- 在制订计划的过程中要避免走入常见误区，并坚持清晰性、变动性、具体性、挑战性、激励性、合作性和可评量原则，注意技巧的使用。
- 注意在日常生活、学习和将来的工作中，使用时间“四象限”法、“二八”法则、六点优先工作制等管理时间的方法。

职业发展路径　练内功策略　练外功策略　制订行动计划　时间管理

第 7 章　评估与反馈

成功的职业生涯需要一种叫做“预警”的控制系统，用来检验职业生涯是否如其规划的那样进行。很多人错误地认为，只要制订了一个科学而详尽的职业生涯规划就可以一劳永逸。其实不然。

俗话说“计划赶不上变化”，变化是永恒不变的主题，职业生涯规划也是一个动态的变化过程。影响职业生涯规划的因素很多，有的变化因素是可以预测的，而有的变化因素则难以预测。在此状况下，要使职业生涯规划行之有效，就须不断地对职业生涯规划进行评估与修订。其修订的内容包括：职业的重新选择；职业生涯路线的选择；人生目标的修正；实施措施与计划的变更等等。

职业生涯规划的评估与反馈过程就是个人对自己的不断认识过程，也是对社会的不断认识过程，它是使职业生涯规划更加有效的有利手段。

在现实生活中，不少人不懂职业生涯评估，或评估不当，还有人因没有正确认识和对待职业生涯评估而导致种种困惑，这些都不同程度地影响了个人的发展。

活动思考

- ❑ 你制订了个人行动计划吗？
- ❑ 你按原计划实施你的行动了吗？
- ❑ 你达到当初设定的阶段性目标值了吗？
- ❑ 与理想的目标值相比，你还存在哪些差距？
- ❑ 你打算怎样调整和改进自己的行动？
- ❑ 你把这些宝贵的经历都记录下来并建立自己的职业生涯档案了吗？

活动导图

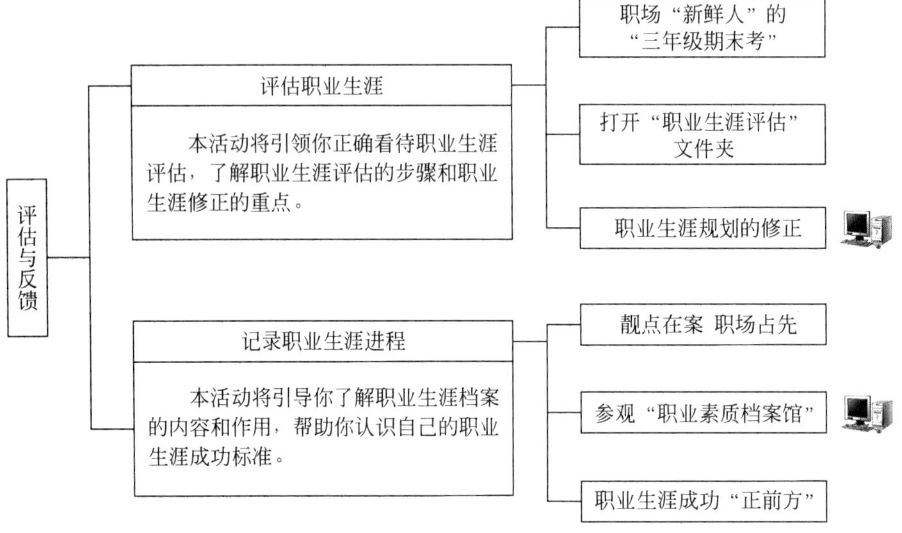

7.1 评估职业生涯

在人生的发展阶段，由于社会环境的变化和一些不确定因素的存在，我们的职业生涯很可能会与原来制订的职业生涯目标产生偏差，这时就需要我们对职业生涯目标进行评估并做出适当的调整，为自己重新定位，找到适合自己的最佳位置，使之更好地符合自身发展和社会发展的需要。

7.1.1 职场“新鲜人”的“三年级期末考”

进入职场之前，我们都会为自己设置短期或长期的职业目标。职场如考场，职场的每一个阶段都是对自己职业目标的考查。对照你设定的目标，看看你迈出了多少步，离目标还有多远，也就是说你得了多少分，丢了多少分。

生涯故事

小进的职业生涯评估经历

小进今年26岁了，大学毕业后第一份工作是某机电设备有限公司的销售代表，主要负责销售一体化的系统设备及每年350万元资金运作的市场推广工作。在这个职位上小进一做就是两年，作为公司内审员之一，他先后参与制订了公司的ISO9002和ISO14001认证，对自己的目标职业——营销总监有了进一步的认识。但由于目前公司规模较小，不能够为小进提供更为广阔的舞台，所以他决定辞职，以实现自己的职业目标。

随后，小进在一家世界500强企业中担任营销经理助理。一年的时间里，他主要负责一些销售管理工作。他仍觉得目前的工作不会使他有更大的发展，无论他怎么努力，似乎向上发展的空间都不是很大，更让他苦恼的是，这里的人际关系很复杂，与人交往总感觉非常地吃力。谨小慎微地说话，小心翼翼地做事，他厌倦了这里的工作环境。他感到很疲惫，而且觉得离自己的预期目标似乎越来越远了，他感到失望，心情也越来越烦躁。

其实，早在大学期间，小进就学习了职业生涯规划课程并从网络上了解到很多有关职业生涯规划的理论知识。在心理咨询师的帮助下，他在大学期间就制订了详细的职业生涯规划，并认真地做着准备。与其他同学相比，较早的职业准备为小进在大学期间的学习和生活确定了方向，也使小进毕业后顺利地找到了与自己目标相吻合的工作。

正因为如此，小进想不明白，自己有详细的职业生涯规划做指导，为什么工作之后职业发展情况却并不如想象的那么顺利？日渐失望中，小进走进了专业的职业咨询机构，希望能够从职业规划师那里得到帮助。

专业的职业规划师仔细分析后发现，尽管小进较早地为自己制订了详细的职业生涯规划，并取得了一些成效，但小进工作后，处于相对复杂的人际关系网络中，受到同事和朋友的影响，加之经历了一些社会磨炼，自身的性格、价值观发生了变化，使得他目前从事的工作内容方面、工作对象以及工作环境、氛围方面与预期差距较大。针对这些变化，小进没有给予足够的重视，更没有及时地结合实际对自己在大学期间制订的职业生涯规划进行修正，而是闷着头照老路往前走，时间一长，问题就暴露出来了。

另外，职业规划师还发现，小进适合与人交往、能够密切参与整个决策流程、且有明确的目标和业绩指标。性格感知、感性且善于做出理性判断的小进，待人友善，做事主动，具有较高的团队合作精神和敏感度，但也因此，时常会因为别人对他善意的不理解而感到失望，这主要是由于他与人缺乏沟通。

依照他的性格特点，职业规划师建议小进尽量在自己的能力范围内慢慢学会适应别人，使自己变得更加快乐。职业规划师认为，目前的营销行业与他的能力、性格以及适合于他的职业特性是十分匹配的，但也由于与人缺乏沟通导致的人际关系问题，使他一直未能在这个行业有更大的发展。

在职业规划师的帮助指导下，小进开始了新的职业生涯规划过程。之后，小进学习了大量与人沟通的技巧。职业规划师针对他的个案，对他在职场中遇到的种种问题进行了详细的剖析，让他深刻认识到不良人际关系造成的职业瓶颈对一个人的职业生涯发展有着多么重要的影响。同时，还对他进行了一对一的专业培训，以强化他与人沟通协调的能力。慢慢地，小进的沟通能力提高了，人际关系也渐渐有了好转。

目前他已经在公司担任物流经理的职务，出色的工作表现和大为改善的人际关系，为他的未来发展奠定了良好的基础，如今，精神焕发的小进正充满信心地朝着营销总监的职业目标走去。

【专家指导】

我们欣喜地看到小进由一名大学生成长为职场新人，更让人欣慰的是小进在职业生涯遇到困难的时候，找到专业的职业规划师对自己的职业生涯进行了重新评估，从而找到了能力差距，增强了所欠缺的能力，使其职业生涯得以顺利地朝着自己的职业目标发展。由此，我们不难看出对自己的职业生涯进行正确和适当的评估对职业生涯发展的价值和意义。

活动知识

职业生涯评估

所谓职业生涯评估，是指依据我们职业生涯个人行动计划所制订的目标、标准，采用一定的技术或手段，按照一定的程序，对我们计划、实施结果或状态，进行分析、研究，以判断其效果和价值的一种活动。它能够为我们日后的行动提供可靠的参考依据。

生涯故事

一位36岁的高中历史教师，越来越厌倦他现在的工作。他经过多方面的自我评价后得出结论：自己应该在教育领域寻找一份比现在的岗位灵活性大，提供多挣钱的机会，还能发挥他善于同他人共处的优势的工作。他看了大量关于教育职业方面的资料并与很多同行充分交流后，制订了具体的行动目标，那就是他想3年后从事高中管理工作。

这位教师为自己制订了战略规划，它包括两个部分：首先，报名攻读地方大学的在职硕士学位。读完这一课程可使他获得从事管理的资格，等将来有机会时就有资格去争取更多的管理职位。其次，他要求获准代表本学校参与地方和州举办的会议以及"家长教师协会"(PAT)的活动。他采取的后一种战略是测试自己对管理领域的兴趣和管理才能，为将来更换职业做准备。

这位教师读研究生的经历是有启迪性的。一个学期以后，他发现自己对管理整个学校的兴趣不如面对面教孩子的兴趣大(因为他讨厌编预算、搞人事和排课程表)，而第二学期的几门心理课程的学习更强化了他的这一发现。最后的结果是他改选攻读学校心理学学位。

【专家指导】

正如这位教师所经历的，职业生涯评估过程是一个学习的过程。在这一过程中，你会不断地发现自己，发现自己真正的兴趣和某一方面突出的能力，这些发现会促使你重新审视自己的职业生涯目标，通盘考虑自己的职业生涯评估问题。这位教师之所以放弃了从事管理工作的想法，是因为他经过更深的思考，对自己的兴趣和学校日常管理工作有了进一步的认识，进而重新修改了自己的职业生涯目标，使之具有了正确的方向。

活动知识

职业生涯评估的必要性

1. 正确的职业生涯评估可以审视目标本身是否适当，即继续坚持这一职业生涯目标是否有望取得成功。

目标的制订源于在某个时间段对自我做出的全面认识和对环境做出的客观分析。然而变化是永恒不变的主题。变化的实际情况要求我们必须对自己的职业生涯进行阶段性的评估，总结经验教训，甚至在必要时修正自己的职业目标。下面的问题，你只有在实际的工作中才能找到正确的答案。

(1) 你目前的工作是你最希望从事的吗?

(2) 你真的适合从事这种职业吗?

(3) 你是否将重心放在了工作中最重要的地方?

(4) 你是否仍然相信自己致力的工作与你的职业目标相一致?

2. 恰当的评估可以检查出职业生涯策略适当与否，而准确地了解这一策略能让你更好地迈向自己的职业目标。

我们制订职业生涯规划时，会对自我进行客观的分析，在此基础上确定自己的职业生涯目标，并根据目标制订相应的策略，包括详尽的学习计划、培训计划、工作计划等等，这一系列策略和措施都是为了保证目标的实现。但是，这些策略和措施的制订都是建立在主观分析和以往经验的基础上的，实际效果如何，不得而知。这就要求在实施过程中，定期地对措施的实际效果进行检验。我们必须经常地反省，问问自己下面的问题：

(1) 对于制订的策略和措施，其适当程度如何，它有作用吗?（目标和策略的一致性）

(2) 是否有了离目标更近的感受?

(3) 制订的策略和措施与自己的正常生活是否互相冲突?

(4) 能否如期完成既定目标?

3. 经常性的评估会把我们指引至不断改善的良性循环之路。

经常对自己的职业生涯规划进行评估是有必要的，可以及时地发现自己的不足，以求得改善和改进。一般而言，应根据自己的职业现状，对照自己的职业生涯规划，在每一规划阶段进行一次系统的评估，每半年或一年进行一次。通过有意识地回顾自己的职业生涯并总结得失，检查这一阶段的策略执行效果，进而纠正分阶段目标中出现的偏差，如图 7-1 所示。

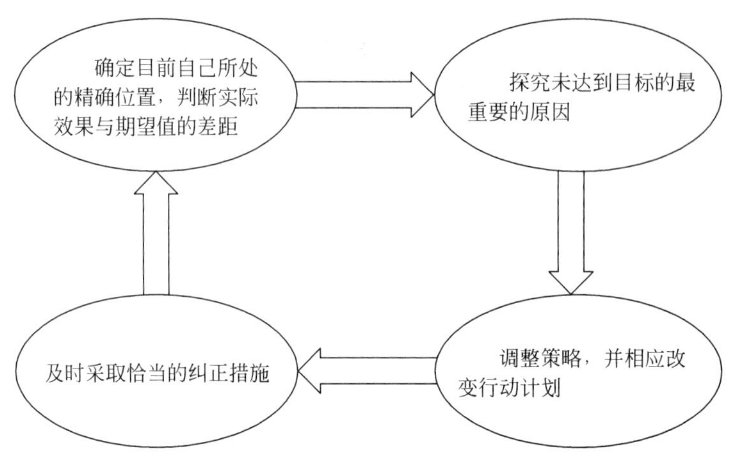

图 7-1　由评估产生的良性循环

7.1.2　打开"职业生涯评估"文件夹

职业生涯进程犹如登山，我们可以借鉴"登山原理"来进行职业生涯评估，这其中包括不断地反省、修正生涯目标、评析生涯策略与、方案是否恰当。

活动实践

根据"登山原理"做职业生涯评估

实践指导：回答以下三个问题，写下你的答案，然后对照后面给出的解释，看看自己的职业生涯是否存在问题，如果有，请加以总结。

1. 重新问自己：你的期望值和目标到底是什么？——明确山的高度

2. 重新问自己：你的前进道路设计得是否真的合理？——评估山的陡险

3. 重新审视自身素质：你的准备做得充分吗？

问题评析：

1. 山的高度决定了你的期望值大小和目标的高低，也影响着你的激情和动力，请选择有高度的山作为自己的目标吧，选择没有高度的人已先输掉了一半，因为海拔 2 000 米的山峰即使只攀登了一半，也可俯首嘲笑爬上"500 米顶峰的成功者"。

当然，不可能一口气攀登上高山的顶峰，你得有个计划和日程，这就是我们的职业生涯计划，包括心理和物质准备、通路选择及策略等。因为计划在先，实施在后，所以攀登上一个高度后你得歇一下，想一想你的路径选择是对的还是错的，进而对计划进行修正，这就是职业生涯评估的含义。

当然，也许现在的你，离山顶还有相当远的距离。但是，目标不可轻易改变，改变的应是方法，有句经典格言：成功者往往注重改变方法，失败者常常轻易改变目标。

2. 当你明确了自己要攀登的那座"山"之后，接下来就要为攀登做准备了。这个时候，你需要对你设计的前景通路做好充分的自我评估。

A. 评估能力

面对黄山、华山、泰山、喜马拉雅山，各自风景不同，情况各不一样，你的各项准备也应该有所不同，如果你的目标是经理，那么MBA对你很有用，组织与协调能力也必须养成；假如你想成为工程师，技术进修和研究不可少。这就是职业生涯规划理论中为达成目标而做出的通路设计及策略。

B. 评估机会

你不可能刚毕业一进工作单位就当上经理或工程师，走过一段路程后，你该想一想自己攀峭壁、过险路、披荆斩棘，已攀登上怎样的高度，并搞清庐山真面目。即：对所处组织的文化和战略、组织结构等方面进行分析，估量出个人发展的机会；对社会的政治、经济和技术等方面进行分析，把握自己的未来方向。这就是职业生涯评估理论中的机会评估。

C. 评估方法

该怎样努力？一个最实用的方法是多问为什么，进行换位思考。为什么上司要我这么做？站在经理的位置，该如何看待及处理问题？与经理相比，差距在那里？如何"向上司学艺"？跟上经理的步伐，自负自傲永远是职业发展的大敌，职业生涯发展是一个不断学习不断攀登的过程。

3. 在攀登高山之前或之后，你应对自己的人格类型（心理的）、职业倾向（能力的）、体魄（生理的）等方面有清晰的认识，同时对个人的历史及现状进行分析，估量出自己优势和劣势，然后选择高度和陡险度都和自身素质相适宜的山峰。力所不及、力所偏离、力能及而不想及都不是我们应该选择的。职业生涯规划理论倡导的是力所能及、集中核心力、竭尽全力的攀登。这就是职业生涯评估理论中的自我评估。

活动知识

进行职业生涯评估的步骤和要点

如何条理清晰地开展评估工作，第一步该做什么？第二步该做什么？这涉及职业生涯规划评估的步骤和具体操作问题。很多人对此感到非常困惑，常常不知道该从何处着手。其实，职业生涯规划的评估和其他评估工作有着相同的目的，都是为了检查工作的开展情况和实际效果，因此，在具体操作流程上有着相似之处。

1. 确定评估目的和任务

在每次正式的职业生涯规划评估工作开始时，都应该首先确定最主要的目的和最重要的任务是什么。一般情况下评估应该围绕着以下三个任务进行：

(1) 检查目标的设定是否合理；

(2) 检查计划、措施的制订是否科学；

(3) 检查实际的执行情况是否顺利。

2. 进行自我评价

任何评估工作最基础的部分都是自评。因为从某种意义上讲，自己最了解自己，特别是针对自己制订的职业生涯规划，自己应该更容易把握一些。自评可以从两方面进行。

(1) 按照完成时间评估

在前面的章节讲到过，目标的实现可以分解成很多小步骤，每个小步骤的完成都会有一定的时间限制。这样我们就可以按照这些规定的时间来检查我们该做的工作是否完成。如果在限定的时间内目标完成比较顺利，说明目标和措施的制订比较合理，计划的执行情况良好，可以进行下一步的工作。如果在限定的时间内目标无法完成，就应该进一步反思问题出在哪里，原因何在。另外，保证至少每三个月检查一次你的工作进度。过程监督可以发现计划的问题，可以考察计划的落实情况，可以有针对性地提出解决方案。

(2) 按照完成性质评估

按照时间评估仅仅是从时间的限定上来检验目标完成情况，但目标完成的是好是坏，并没有做出准确的评估。这就要求我们必须客观评价目标的完成：是很轻松地完成还是很勉强地完成；是超额完成还是等额完成；有没有充分利用时间来体现效率，是否扭曲了自己的生活。这些都只有自己最清楚。如果感到自己的生活节奏很慢，效率很低，没有实现原计划的职业生涯目标，首先应该考虑的是自己的动机水平是否足够。如果不是制订的职业目标太难，就应该加强紧迫感，使自己不脱离职业生涯规划的轨道，而一旦长期偏离生涯规划的轨道，个人就会放弃原来的计划，那么计划则成为一纸空文。可能有时你的应酬太多，应该学会拒绝，以增加在职业目标上的精力投入。

3. 全面收集反馈信息

要做到对信息的全面收集，至少应该抓住两个方面：工作与非工作领域。工作和非工作生活构成了一个人生活的全部内容。并且工作和非工作生活是相互影响的，因此要了解全面的反馈信息，必须了解这两个领域。

(1) 工作领域

工作领域中你会接触到上级主管、同事、下属、客户以及其他与工作密切相关的人员。这实际上是要你尽量形成一个网络，以便工作中相互指导、相互支持和相互鼓励。同时你应该尽量从上级那里了解自己当前的表现，包括你的优势和劣势以及组织对你有哪些需要。要把自己的经验和感受讲给信赖的人听，同事之间坦率的交流对大家都是有益的。首先，别人能看到你自己看不到的另一面；其次，别人亲口说出来的目标、愿望、保留意见和战略，能帮助你清楚自己的感受；最后，其他人也可能愿意把自己工作中(这些环境与你有关)成功的经验、失败的教训讲给你听，使你受到启迪。

(2) 非工作领域

这是从工作之外寻求信息反馈。职业目标的实现离不开工作,更离不开社会、家庭、朋友等工作之外的因素。不仅工作会影响家庭生活,而且家庭状况也能够影响你的工作。如,有的人为了表现自己的勤勉和忠诚,经常会主动加班,可能这是他职业生涯规划措施的一部分。一开始他假定这种做法不会影响家庭关系,然而时间长了就有必要检查一下这种假设是否还靠得住。因为家人和朋友之间常会产生一些误解,这种误解一旦产生,会影响到个人情绪。所以与家人、朋友的沟通,是协调工作与非工作活动的必要手段,也是制订职业生涯目标和措施的前提。

4. 就反馈信息的准确性和可用性进行分析

全面收集到的信息,由于客观的原因总会存在一些偏差和误区,所以我们一定要就反馈信息的准确性和可用性进行仔细的甄别和分析,筛选对自己有用的,祛除那些对自己有负面影响的信息。我们应该强调的是,在对反馈信息进行分析时,一定要结合自我认识和评价进行,这样得出的结论才会是全面而客观的。

5. 得出结论

通过上面的评估步骤,最终得出评估的结论。这些结论是对一开始确定的评估目的和任务的客观回答。能够获得正确的回答,就表明评估工作顺利完成。

一般说来,任何形式的评估都可以归结为自我素质和行为对现实环境的适应性判断,然后分析自己现在的状况,特别是针对变化的环境,找出偏差,并做出修正。

(1) 最重要的目标

猎人如果同时瞄准几只猎物,那么他可能一只猎物也猎不到。同样的,在我们的评估过程中也不必面面俱到,而是应该抓住一两个关键的目标和最主要的策略方案进行追踪。在职业生涯某一个阶段,一两年内,或者三五年内,可能同时存在几个需要完成的目标,但其中必定有一个最重要的目标,而其他目标都是指向这个核心的,你完全可以通过优先排序的方法,重点评估那些可能达到这个核心目标的主要策略执行的效果。

(2) 发掘出最新的需求

职业生涯是一个漫长的过程。在这个过程中,不论是外部环境还是我们自身,都会发生很多的变化,针对变化了的内外环境,要善于捕捉最新的趋势和影响。俗话说"要跟得上形势",一定要与时俱进,改变自己陈旧观念的同时,要善于发现新的变化和挖掘新的需要,并注意与自己的职业目标结合起来。对于新的变化和需求,要全面思考怎样的策略才是最有效而且最有创意的。

(3) 找准突破方向

职场竞争就像下棋,常常会有"一招制胜"的情况发生。有时候,在某一点上取得突破性的进展会使整个局面发生意想不到的改变。想一想,先前规划中的策略方案,哪一条取得了突破性进展,对于目标的达成有意想不到的影响?目标达到了吗?如果没有,为什么?

如何寻求新的突破？这样的分析和总结有利于在后面的进程中找出突破口，少走弯路，从而取得事半功倍的效果。

(4) 弥补最弱点

一般说来，职业生涯评估走到这一步时要停下来，给自己一定的思考分析的时间，看看自己在制订目标和策略之前，通过SWOT分析得出的劣势在经过这一阶段的努力后是否有所改观？如果没有，原因是什么？是否有新的问题产生，为什么？差距到底在哪里？我们可以从以下四个方面来分析原因，如表7-1所示。

表 7-1 能力差距类型表

差距类型	类 型 详 解
观念差距	观念是对客观事物的一种价值观，不同的观念会使之具有不同的行为方式，人的行为总是捍卫自己的观念。在职业生涯规划中，受各种因素影响，人的观念可能存在落后于现实的情况，形成观念差距。
知识差距	很多时候，目标难以实现是由于实施策略所需要的知识积累不够造成的。很多技术性很强的职业对于从业者自身知识储备、职业素养要求很高，而知识的积累需要一个长期的过程。所以，要耐心地学习，并作出理智的分析，弄清究竟是策略的制订出了问题，或者自身努力不够，还是没有把握好学习的方向？
能力差距	能力的培养是一个渐进的过程，需要有意识地持续地加以锻炼。环境在变，对人的能力的要求也在不断变化。此一阶段你通过种种努力提高了某些能力，但彼一阶段可能又会出现新的差距。另外，对前一阶段的总结很重要，是否坚持按计划措施来培养提高能力呢？你取得了多大进步，遇到了些什么具体的困难？对这些问题的回答和思考，对你下一阶段的努力会是一个重要的启发。
心理差距	心理涉及一个人的毅力、面对变故和挫折时心理承受能力、情绪智力(EQ)等。外界竞争的激烈性，加之个人应对能力的差异性，使得部分职场人士在心理素质方面表现出不符合职业生涯发展需求的素质，人与人的心理差距自然形成。

7.1.3 职业生涯规划的修正

在评估结束以后，就要根据评估的结果进行目标和策略方案的修订。修订的内容包括：职业的重新选择、职业生涯路线的选择、阶段目标的修正、实施措施与行动计划的变更等。

生涯故事

郭广昌的职业方向变化之路

郭广昌，男，1967年生，浙江东阳人。现任上海复星高科技(集团)有限公司董事长、上海复星实业股份有限公司董事长、复地(集团)股份有限公司董事长。

在郭广昌的创业初期，他先后办过茶厂、消防器材厂、电子厂，曾经试着生产过彩色火焰蜡烛等产品。经营一段时间后，他感到这些企业难以做大、做强，便果断地选择了放弃，开始调整目标，进入咨询业。进入咨询业不久，他又认为自己在竞争日渐激烈的咨询业中并不具有竞争优势，于是他又选择了退出。在这一系列的目标调整中，郭广昌虽然赚了一些钱，但是他觉得一个企业要想做大、做强就必须进入一个具有巨大发展空间的行业。靠人员优势来获得大量市场信息、技术结构简单、进入门槛低的咨询业，显然不太适合当时只拥有几十个员工的复星，那么复星的下一步该往哪里走呢？

1993年6月，经过一段时间的思考，郭广昌调整战略，决心进入生物制药业和房地产销售业。郭广昌进入生物制药和房地产业的想法并不是一时的冲动，他有着自己的打算：做利润丰厚的房地产销售不需要太大投入，而且是靠创意来进行市场推广，不需要大量的复杂的劳动人力；生物制药业是靠科研实力打天下，而他的一些大学同学和老师正好可以帮助他。此外，20世纪90年代的中国生物药业刚刚兴起，形势一片大好，谁能抢得头筹，谁就是这个市场上的王者。

算盘打得精准，目标变得及时。对时势和目标把握都不差分毫的郭广昌凭着自己的能力，在职业发展中几乎没有什么大的失误，步步为营、稳扎稳打造就了今日复星这条企业巨龙。而以前十几年的职场磨炼也使他成熟、迅速调整目标，果断做出选择，这是他一贯的做事风格。最主要的，他在做每一件事时，都会制订非常明确的目标和计划，做到什么程度退出，在什么时候进入新的领域，在他心中都有清晰的规划。

【专家指导】

“决策被实践检验是错误的，追求目标的行动就应适时停止，并坚决掉转方向。决策正确，企业发展顺利，我们也要懂得在必要的时候调整自己的发展方向，不要一条路走到底，以免走进死胡同。”这就是郭广昌把握目标以及行动的秘诀。

活动知识

职业方向的修正

通过对评估结果的仔细分析，有的人会发现自己职业生涯发展不顺利的原因是一开始方向就搞错了。方向错误是由缺乏对内外环境的客观分析，或者缺少对工作的真实体验，或者自己的兴趣爱好发生了变化等原因造成的。方向的正确与否是职业生涯成功的关键，这就要求我们必须重新进行全面的自我认识和评价，重新评估外在环境，从而做出正确的职业选择。

应该说，职业方向选择错误对于年轻人，特别是缺乏工作经验的学生来说是很正常的。大家应该知道，要准确找到自己的“职业锚”本身就是件很麻烦的事情，并且“职业锚”是在人们学习得到的工作经验的基础上建立的，一个人职业倾向的形成需要长期的工作积累，这是一个漫长的过程。一个人的“职业锚”不是一成不变的，它会随着主客观环境的变化而变化。所以，我们应该正确认识自己在选择职业时的错误，不要沮丧更不要丧失信心，而应该冷静地分析并积极地改正。

职业选择错误会直接导致职业目标以及职业生涯路径选择的错误。在正确地选择适合自身职业的基础上，我们要对职业目标、职业生涯路径、阶段性目标进行修正。总结前一阶段取得的成绩、经验，保留与修正后的选择相一致的目标，删除一些没有实际意义或者与现在的选择相冲突的目标，并调整限定的时间。

如果我们从评估结果中发现，职业选择是正确的，职业目标的制订也是科学合理的，但是我们的职业生涯发展并不顺利，总是不能很好地完成目标，那么真正的原因很可能是制订的策略和措施出了问题。

生涯故事

李正的策略调整

李正在一家外资公司就职，他所在的公司每年都会选派一名员工去国外总部进行培训，培训回国后一般都会得到晋升。李正很看好这样的机会，希望能在今年获得出国培训的资格。公司选拔主要有三条标准：第一，工作业绩突出；第二，英语水平必须通过公司的测试；第三，有较强的专业基础知识。李正的专业背景很好，他的工作业绩处于中等偏上水平，但仍需努力。他最薄弱的环节在于英语水平。李正最近一年的短期目标就是提高英语水平，争取通过公司内部的测试。为达到这个目标，他接受一个朋友的建议，报名参加了一个英语辅导班。两个月下来，李正疲惫不堪，原因是英语辅导班的上课地点离公司和公寓都比较远，大量时间浪费在了往返的路上，有时上课时间和上班时间发生冲突，直接影响了他的工作，李正感到得不偿失。更重要的是，他发现自己的英语水平并没有明显地提高，因为老师的讲授面向所有学生，缺乏针对性。李正认真总结后认为，自己的英语基础还是比较扎实的，在一年内达到公司要求的水平是有可能的。他果断地做出决定，不再参加英语辅导班，而是与家教中心联系请经验丰富的老师来为自己做家教。这样一来，时间可以由他自己安排，不会影响到本职工作，而且家教授课针对性强，有利于自己英语水平的提高。另外，在家学习还可以节约时间。在家教老师的帮助和自己的努力下，李正的英语水平有了很大的提高，同时工作表现也得到了上司的肯定，他对实现自己的短期目标充满信心。

【专家指导】

从这个案例中我们可以看出，及时调整自己的策略和措施能够使自己的职业生涯目标顺利实现，我们要养成自查的习惯，保证措施的有效性。不过这必须建立在对前一阶段得失的客观分析之上。

活动知识

策略和措施的修正

在分析了自身实际和目标之间的差距后，我们需要制订一些措施，比如参加技能培训、学习进修、实践锻炼等，这些措施还可以进一步细化，如：该参加什么样的培训班，该选择哪位老师哪本教材，应该去哪家公司哪个岗位实习锻炼。这些细化的措施都会影响到我们目标的实现，都是我们应该注意的。

此外，职业生涯发展不顺利也可能是由于心理和行为的不一致造成的。因此，在职业生涯发展的过程中，要善于调节自己的心理，保持最佳状态。

1. 自信，要相信自己的判断和选择，切忌自我怀疑和犹豫不决；

2. 坚持，要持之以恒，不要被外界干扰所左右，更不要因此放弃自己的计划；

3. 乐观，要保持积极乐观的情绪。懂得快乐学习、快乐工作的人，才是懂得生活的人，这样的人最有可能获得职业生涯的成功。

通过评估和修正，达到以下目的：

1. 对自己的优势充满信心(我很清楚自己的优势是什么)；

2. 对自己的发展机会有一个清楚的了解(我知道自己什么地方还有待改进)；

3. 找出有待改进的关键所在；

4. 为你的有待改进之处制订详细的计划；

5. 实施你的行动计划，确保你能取得显著的进步。

总之，职业生涯规划是一个持续的动态过程，有效的职业生涯规划需要不断反省并修正职业生涯目标，反省策略方案是否恰当，以适应环境的改变。同时，上一阶段的评估可以作为下一轮规划的参考依据。下面是一张职业生涯评估表，依据表中所列项目，我们来对职业生涯的各个方面进行阶段性总结和评估，如表 7-2 所示。

表 7-2 职业生涯评估表

<table>
<tr><td rowspan="4">自我评估</td><td>学习成绩排名</td><td></td><td>素质拓展总分</td><td></td><td>身体素质状况</td><td></td></tr>
<tr><td>获奖</td><td colspan="5"></td></tr>
<tr><td>自我规划
落实情况</td><td colspan="5"></td></tr>
<tr><td>经验与教训</td><td colspan="5"></td></tr>
<tr><td colspan="2">家庭评价</td><td colspan="5"></td></tr>
<tr><td colspan="2">朋友评价</td><td colspan="5"></td></tr>
<tr><td colspan="2">学校评价</td><td colspan="5"></td></tr>
<tr><td colspan="2">社会评价</td><td colspan="5"></td></tr>
<tr><td colspan="2">成才外因评估</td><td colspan="5"></td></tr>
<tr><td colspan="2">职业目标修正</td><td colspan="5"></td></tr>
<tr><td colspan="2">规划步骤、途径
及完成标准修正</td><td colspan="5"></td></tr>
</table>

活动实训　完成职业生涯评估表

我们在实训平台上设置了职业生涯评估表，在表中呈现了更加丰富的关于职业生涯评估与修正的内容，能够使你全面评估你的职业生涯，助你走向职业成功。下面请登录我们的网络平台进行相关内容的填充。

- ❑ 职业生涯规划平台
  - ❑ 评估与反馈
    - ❑ 完成职业生涯评估表

7.2　记录职业生涯进程

在参与了前面的活动实践以及学习了前面的知识后，你很可能会产生这样的想法：对自己的职业生涯经历需要作一份详细的记录。接下来我们将开始职业生涯档案的介绍。

7.2.1　靓点在案 职场占先

大多数人对自己的能力充满信心，认为只要给我一个施展才华的机会，我会有出色的能力表现。那么，如何才能让用人单位给你这个机会呢？你需要建立一份属于自己的职业素质电子档案。下面我们来看看小强是怎样做的。

生涯故事

小强的职业素质档案（一）

2004年的秋天，小强兴奋地开始了他在某大学的生活，他建立了一个属于自己的职业素质档案。

小强在自己的职业素质档案中加入了个人信息、上传数字图片，并插入自我介绍和描述自己学业目标的简要陈述。同时他还创建了个人档案站点，他对因特网的基本知识和经验足以让他很容易地创建发表他的个人档案站点。小强的个人档案站点包括他的个人简历、书签、重要成绩和一个用来记录学习结果的管理学习包。利用网络，小强可以将他的站点地址发送给父母、朋友和同学，以方便他们了解并关注自己的现状，进而提出合理化的建议。

1. 收集和反思学习成绩

小强把他写的论文和参与的项目保存在职业素质档案中，每保存一份文件都作一次反思笔记，用来说明自己在完成作业的过程当中学到了什么，是如何进步的。

2. 充实履历

目前的职业素质档案中只是包含一些他的联系方式、数字图片、简单的自我介绍和他的一些学习目标。小强意识到自己需要找一份兼职来交纳学费，所以他决定写一份履历，并且在其中链接一些相关的报告论文、项目和过去的一些工作经验。这样，有意向的招聘单位通过浏览他的职业素质档案就可以很容易地找到他的履历并且了解他曾做过的一些工作。

3. 新建一个展示窗

虽然小强的履历包含了几乎所有他的一些学术的和工作的经历，但是目前的表现形式只是基于一些可打印的文本文件。所以，小强决定新建一个更全面的展示页面，在那里他可以展示自己在多媒体方面的重大成就。这个页面通过短的脚本和个人制作可以包含课程视频流和一些 PowerPoint 文件的展示。这个展示页面可以对他的多方面才能进行一个全方位的展示，这是传统的文本文件和简历所不能及的。

4. 完成学业和参与工作面试

准备一个职业素质档案是每一个毕业生必须要做的事情之一。小强做完市场调查后，列出一系列他自己想进入的公司。他明白，不同的公司和工作需要不同的申请材料。于是，小强利用职业素质档案的形象管理系统生成 4 个不同的职业素质档案形象，利用职业素质档案，相应地提供申请某一工作需要的材料。同时，小强还允许可能的老板通过一个唯一的识别码访问限定的材料。这样老板就可以审查小强提供的能够突出自身优势的各种材料，在他耐心地等待面试通知的同时，他还定期登录站点，核对登录日志，以便随时发现是否有人访问他的职业素质档案。

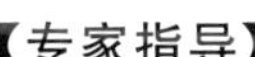

"职业素质档案"是一套求职就业必备的工具，它全程记录你的成长历程。职业素质档案包括：我的名片、我的简历、我的测评报告、我的教育培训、我的社会实践、我的兴趣特长、我的专业作品、我的相册，还可加上若干自选栏目。

活动知识

职业素质档案的主要内容

1. 个人情况

(1) 个人简历：包括个人的生日、出生地、就职部门、职务、现住址等。

(2) 文化教育：初中以上的就读学校的名称、地点、入学时间、主修专题、课题等。所修课程是否拿到学历，在学校负责过何种社会活动等。

(3) 学历情况：填入曾经获得的所有的学历，包括取得的时间、考试时间、课题以及分数等。

(4) 曾经受过的培训：曾受过何种与工作有关的培训(如在校培训、业余培训还是在职培训)以及参与过何种课题，注明其形式和开始时间。

(5) 工作经历：按顺序填写你以前工作过的单位名称、工作地点。

(6) 有成果的工作经历：写出你以前的工作成绩，不要写现在的。

(7) 以前的行为管理论述：写出你对工作的评价以及关于行为管理的评述。

(8) 评估小结：对档案里所列的项目及内容进行自我评估。

2. 现在的行为

(1) 现在的工作情况：应填写你现在的工作岗位、岗位职责等。

(2) 现在的行为管理文档：关于你现在的行为管理记录，可以在这里加一些注释。

(3) 现在的目标行为计划：设计一个目标，同时列出和此目标有关的专业、经历等。这个目标是有时限的，要考虑到成本、时间、质量和数量。如果有什么问题，可以立刻同你的上司(职业指导老师)探讨解决。同时，关注下面的问题：如果你有了目标，它是什么？怎样为每一个目标设定具体的期限？

3. 未来的发展

(1) 职业目标：在今后的3～5年内，你准备达到什么目标？做到什么位置？

(2) 所需要的能力、知识：为了达到你的目标，你认为应该拥有哪些新的技术、技巧、能力和经验等？

(3) 发展行动计划：为了获得这些能力、知识等，你准备采用哪些方法和实际行动？其中哪一种是最好、最有效的？

(4) 发展行动日志：此处填写发展行动计划的具体活动安排，其中包括所选用的培训方法，如听课、自学，并注明开始的时间、取得的成果等。这可以帮助你清楚地了解自己的计划、行动，为未来的工作做好更充分的准备。同时，你还要对照自己的行为和经验等，填写你从中学到了什么。

7.2.2 参观“职业素质档案馆”

职业素质档案连续地记录了你的工作经历，它将作为你以后工作的参考。它的设计使你对自己所取得的成就，以及将来想做什么有一个系统的了解。它既指出自己现在的目标，也指出自己将来的目标及可能达到的目标。同时还指出，你如果要达到这些目标，在某一阶段你应该具备什么样的能力、技术及其他条件等。职业素质档案帮助你在开展行动时认真思考，检查自己是否非常明确这些目标，是否具备所需能力和条件。

生涯故事

小强的职业素质档案(二)

小强的第一份工作，是他经过充分准备得来的，正像他在职业素质档案中承诺的那样，这份工作他一做就是好几年。小强非常珍视他的职业素质档案，把它作为个人主页，并决定终身维护它。他想通过对档案的维护来记录他职业生涯的进展。另外，职业素质档案也为他和老师、同学、朋友以及同事

之间的交流提供了更为广阔的平台。毕业后，小强把职业素质档案的标题从“小强，本科，软件学院”改为“小强，软件助理工程师，用友 NC 部”。

像很多职场人士一样，小强也曾几次更换自己的工作。每次换工作的时候，他都会把他的私人的职务信息填入他的职业素质档案中。每当取得阶段性进步的时候，他都会获得更多的经验和附加的训练证明，这时，他会迅速根据这些信息修改自己的档案。

小强说：“这份职业素质档案是我的职业生涯顺利发展的一大法宝，我要不断用心去维护它！”

【专家指导】

对过去的工作、生活不断地记录和总结，以找出新的改进方法；适时修正完善自己的方案计划，更好地发展个人的职业生涯以实现个人价值。职业素质档案能够帮你达到这一目的。让我们走进职业素质档案馆，看看馆中到底有多少秘密。

活动知识

职业素质档案的主要作用

1. 发布

“职业素质档案”采用博客(BLOG)的方式，你可以轻松地表达自己的想法，记录自己的工作、学习和生活，大到你对时事新闻、国家大事的个人理解认识，小到你对工作、学习中的一件小事的看法，甚至对服饰打扮的真知灼见。当然，当你看到某篇言论很对自己的胃口或者对自己有用，你完全可以在注明出处的情况下将其复制过来，或是提供一个超级链接。

“职业素质档案”可以帮助你简便快捷地表达个人信息，梳理你的经验和能力，并且你不需要掌握任何烦琐复杂的技术，也不需要了解艰涩难懂的程序代码，你要做的可能简单到只需要敲几个你想发布的文字而已。

2. 交流

“职业素质档案”绝不仅仅是一种单向的发布系统，它有着极其出色的交流功能，完全可以将公共性和私人性很好地结合起来。

你在“职业素质档案”上发布的个人经验，会给其他朋友带来莫大的帮助；你遇到的难题也会得到别人的帮助；你发表的言论也许会得到别人的支持，也许会得到别人的反对，但无论支持或反对都将使你的思维水平得到提升。同时，你也可以参与他人职业素质档案的评论，去认识更多的朋友。通过职业素质档案，你可以很方便地扩大你的交际范围。

3. 个性展示

每个人都是与众不同的，如何向企业提交一份富有个性魅力的应聘资料，是否曾经困扰过你？没关系，“职业素质档案”提供了非常方便实用的个性化功能。通过“职业素质档案”提供的模板更换功能，你可以很方便地选择自己喜欢的模板，给自己的“职业素质档案”换上中意的“服装”。同时，你可以很自由地编辑自己的档案，张贴自己满意的图片、相片，甚至你可以将自己的声音、视频等多种信息慷慨地与大家分享。

“职业素质档案”分为生活、工作、培训、测评等多个部分，在应聘时你可以根据自己的需要选择显示哪些部分，而将另外的部分隐藏起来，以满足你的不同需要。

活动实训　建档备案 网上浏览

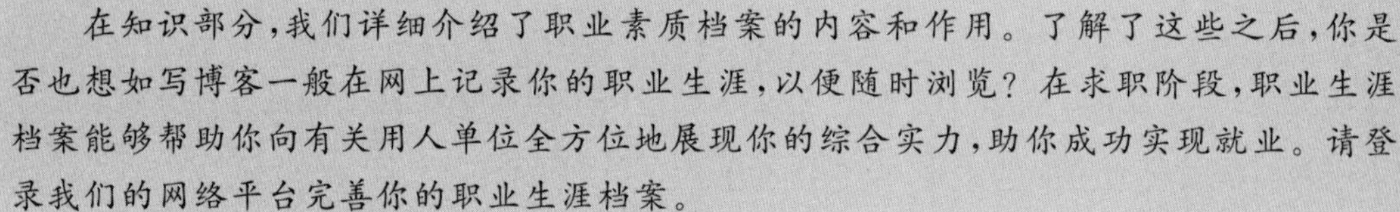

在知识部分，我们详细介绍了职业素质档案的内容和作用。了解了这些之后，你是否也想如写博客一般在网上记录你的职业生涯，以便随时浏览？在求职阶段，职业生涯档案能够帮助你向有关用人单位全方位地展现你的综合实力，助你成功实现就业。请登录我们的网络平台完善你的职业生涯档案。

- ❑ 职业生涯规划平台
  - ❑ 职业素质档案

7.2.3 职业生涯成功“正前方”

职业生涯成功是个人职业生涯追求目标的实现。职业生涯成功的含义因人而异，即使对于同一个人，在不同的人生阶段也有着不同的含义。

生涯故事

不断超越　迈向成功

大一的时候，同学们都专注于学习，个别喜欢计算机的同学也仅限于参加学校的计算机培训或是计算机等级考试，李勇峰却选择了一条和其他人不同的路。出于对计算机技术，尤其是新兴技术的热爱，他一直在寻找适合自己的学习道路。记得自己在参加第一个国际认证的培训时曾经犹豫了很久，其间发生的一个小插曲最终促使他选择了微软认证系统工程师(MCSE)培训。

当时，李勇峰凭着在学校学到的点滴计算机理论知识和并不成熟的计算机技术，进入一家图片社作兼职，从事图片处理工作。工作中经常遇到的问题是，通过使用第三方软件实现的APPLE-PC互联非常不稳定，频繁地掉线，浪费了大量的时间，进而影响了工作效率。偶然的一个机会，他听一位“大虾”提到，可以不通过第三方软件直接和苹果机互联(后来才知道这是Services for Macintosh)。当得知MCSE培训是以Windows系统为核心来学习时，奠定了李勇峰选择MCSE的决心！当时并不曾想到，这个决定会改变了他的职业生涯！

真正参加了培训才知道，自己原来对 Windows 系统几乎一无所知。于是，李勇峰从网络基础，Windows 操作系统核心技术等课程一点一滴学起，从基础内容开始到逐渐融合案例，学习原理和方法，逐步理解并掌握了全系统的规划、实施、管理、运维等环节的工作需求和所需的工作技能，逐步地完成了知识的吸收、积累、融会贯通的过程，同时他还把以前接触到的一些零散的、不系统的知识融会贯通起来，逐步形成了一个完整的知识体系。在学习的过程中，他也接触到了很多在不同行业、背景和环境下从事 IT 工作的同学、朋友，平时的交流，在实验课程上和他们一起协作完成实验，让李勇峰了解了更多在实际环境下的应用场景和可能产生的问题。这种积累过程使李勇峰受益匪浅。在培训中，他不断地发现问题，不服输的个性使他全力去解决问题，他不断地尝试与钻研，并乐在其中；而解决问题、与别人共享成果又使他获得前所未有的成就感。这一切，为他今后的发展打下了坚实的基础！

盼望已久的 MCSE 证书终于拿到手，在同学们羡慕的目光中，李勇峰开始了在 IT 职业路上的拼搏。

依靠在学习中掌握的丰富知识和实验中积累的操作经验，李勇峰参与了多个系统集成项目。他还记得，在 1999 年，他和几个同学利用业余时间，使用 NT4.0 域和 Exchange 系统，为中国农业科学院土壤肥料研究所成功完成了企业信息系统的设计和实现，以及企业邮件系统的设计和实现。这些成功使他欣喜，但他并不满足，认为自己还能做得更多、更好！

2001 年，李勇峰迎来了职业生涯中的又一个挑战——担任微软认证高级技术培训中心的讲师。做一名成功的讲师，不仅要掌握一定的授课技巧，更要具备扎实的技术功底，要将自己的知识、自己的经验与学员共享。在这段时间里，李勇峰教授过成千上万的学员，他们来自全国各地、有着不同的背景、经历和抱负，但都有一个共同的愿望——学到真正有用的知识！每当他站在讲台上，每当他接触到充满渴望与信任的目光，他总能感觉到自己肩上沉甸甸的责任！当学员们一个个学业有成，有的找到了满意的工作，有的获得了晋升，有的甚至改变了自己的命运，他内心充满了成就感，对自己的工作备感自豪！

要做就做到最好！李勇峰不仅狠下工夫提高自己的技术水平和授课水平，还积极参加微软组织的各种活动。功夫不负有心人！2003 年，他被评为微软首届金牌讲师第一名！

评选金牌讲师是一个漫长而艰难的过程，共有 41 家培训中心的 70 多名优秀的微软认证讲师参赛。初赛经过网上投票、网上考试、微软内部投票三个步骤，综合来自学员、网友、微软内部技术专家等各方面的意见，对参赛选手做出评判，李勇峰顺利通过初赛、成功进入总决赛。在微软总部举行的总决赛上，微软对他们进行上机操作考试和面试公开课考试，对他们的技术能力、实践经验、语言表述、教学引导等方面进行综合评估，经过大半年百里挑一式的严格筛选，最终评选出了 10 名金牌讲师。而李勇峰，名列 10 大金牌讲师之首！在全国这么多优秀讲师里拔得头筹，难度可想而知。对于这份荣誉，他倍加珍惜！

站在微软认证高级技术培训中心为自己搭建的平台上，李勇峰对自己在这几年积累的技术功底和能力充满信心，从不满足的他又对自己提出了更高的要求。他担任过微软产品技术专家,从产品角度出发,将微软的产品介绍给不同的客户。现在,李勇峰又迎来职业生涯中又一个新的机遇,进入惠普公司技术解决方案部。在这里,李勇峰则需要从运营的角度出发,以满足特定客户的专项 IT 需求,这对李勇峰而言,又是一项新的挑战,也是他迈向成功的又一个新起点!

【专家指导】

每个人都可以,也应该对自己的职业生涯成功进行明确界定,界定的内容包括成功意味着什么、成功时发生的事和一定要拥有的东西、成功的时间、成功的范围、成功与健康、被承认的方式、想拥有的权势和社会地位等。对有些人来讲,成功可能是一个抽象的、不能量化的概念,例如觉得愉快,或者在和谐的气氛中工作,有工作完成后的成就感和满足感。不同的人对成功有不同的理解,在职业生涯中,有的人追求职务晋升,有的人追求工作内容的丰富化。

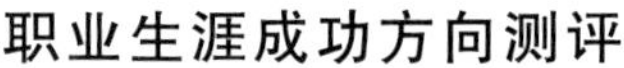

职业生涯成功方向测评

活动知识

职业生涯成功能使人产生自我实现感,从而促进个人素质的提高和个人潜能的发挥。职业生涯成功与否,靠一定的标准来判断。个人、家庭、企业、社会的判定标准存在一定的差异。从现实来看,职业生涯成功的标准与方向具有明显的多样性。

职业生涯成功方向测评用于测评你职业生涯发展方向的意愿,协助你策划自己的职业发展方向,更有效地发挥你的职业心理优势,进而有目的地调整自己的职业生涯规划。目前大家取得共识的职业生涯成功方向有五种不同的类型,如表 7-3 所示。

表 7-3　职业生涯成功方向测评表

类　型	特　　征
进取型	进取型的人希望在一个组织中不断地取得更高的职务,直至取得最高职务。他认为职务上升才是职业生涯成功的标志。他最愿意做一把手,最不愿意当副手。思维方式是"帝思维" 这种人适合朝高层职业经理人方向发展。
安全型	安全型的人对有没有更高的职务不是很重视,甚至有意回避。他追求稳定、被认可。这种人希望上级把他当做自己人,有事愿意跟他商量,即使是职务不变化也没有关系。 思维方式是"仕思维",这种人适合于做助手。
攀登型	攀登型的人不喜欢重复性的工作,他愿意干具有挑战性和冒险性的工作。这种人最适合做市场开发的工作。
自由型	自由型的人不愿意受控制,甚至上班时间也不愿意有明确的规定。这种人希望交给他一项工作,说好几天要什么结果,他就自己安排去做了,至于他是白天干还是晚上干,今天干还是明天干,不喜欢别人给他太多限制。这种人最讨厌的就是打卡机。
平衡型	平衡型的人追求在工作、家庭和自我发展这三者之间取得有意义的平衡发展,在他看来虽然每一方面都不是特别突出,没有取得让人羡慕的成就,但这三个方面一定要互相支持、能够均衡发展,他不愿意由于追求一件事的成功而牺牲其他的事。

每个人不同的“职业锚”决定了其职业需求类型与职业目标的差异，这就造成了个人在职业生涯成功标准上的多样性。即使同一个人，在不同的人生发展阶段其职业生涯成功的意义也可能不尽相同。

活动实践

设想你的职业生涯成功或失败

实践指导：请思考下面的问题，判断一下，你的成功标准倾向于哪一种。

1. 如果你的职业生涯是成功的，在你退休的那一天，你会满意地说这是因为你已经成功地完成了……（指出重点）

——最重要的一点是什么？

2. 如果你的职业生涯是失败的，在你退休的那一天，你会遗憾地说这是因为你没有做好……

——最重要的几点是什么？

——在这些点之间，你观察到其间有什么联系？

——从你的职业生涯中能得出什么样的结论？

3. 描述你的职业生涯轨迹：（在你的职业生涯开始的那天和退休这天的两点之间画出你的职业生涯路线）

——目前，你处在什么位置？你怎样解释自己的选择？

——前面的轨迹和后面的轨迹有什么关系？是否一致？

——这条路线的哪些地方是与你相适应的？（你所拥有的优势）

——哪些地方是你希望改进的，怎样改进？（你所拥有的劣势）

职业生涯成功方向与职业生涯成功是紧密相关的，目前大学生在象牙塔中接受教育，学习知识，练就自己的学习技能。另外，就是利用课余时间和暑假参与社会活动，积累实践经验。因此，在大学时代我们所做的职业生涯测评大部分来自学校，来自同学。当我们迈入职场之后，我们需要测评的方面，以及为我们作出评价的评价者往往会发生变化，在这里我们给出一张职场人员职业生涯成功评价体系表让同学们做一个简单的了解。

如表 7-4 所示，要对职业生涯成功进行全面的评价，必须综合考虑个人、家庭、企业、社会等各方面的因素。对于企业管理人员来说，按照其人际关系范围，可以将其职业生涯成功标准分为自我评价、家庭评价、企业评价和社会评价四类评价体系。

职业生涯成功标准是回答与职业生涯相关的价值观问题，职业生涯成功标准测评可以帮助你了解自己在职业生涯发展方面真实的价值取向，以便你更好地迈出职业生涯的下一步。如果一个人能在这四类体系中都得到肯定的评价，则其职业生涯必定成功。

表 7-4　职业生涯成功评价体系表

评价方式	评价者	评价内容	评价标准
自我评价	本人	自己的才能是否得到充分施展	个人的价值观念及个人的知识水平、能力
		对自己在企业发展、社会进步中所做的贡献是否满意	
		对自己的职称、职务、工资待遇等方面的变化是否满意	
		对处理职业生涯发展与日常生活的关系的结果是否满意	
家庭评价	父母、配偶、子女等家庭成员	是否能够得到理解和肯定	家庭文化
		是否能够给予支持和帮助	
企业评价	上级、平级、下级	是否有下级、平级的赞赏	企业文化及其总体经营结果
		是否有上级的肯定和表彰	
		是否有职称、职务的晋升或相同职务责权范围的扩大	
		是否有工资待遇的提高	
社会评价	社会舆论社会组织	是否有社会舆论的支持和好评	社会文明程度、社会历史进程
		是否有社会组织的承认和奖励	

本章小结

- 职业生涯评估，是指依据我们职业生涯个人行动计划所制订的目标、标准，采用一定的技术或手段，按照一定的程序，对我们的计划实施结果、价值或状态进行分析、研究，以判断其效果和价值的一种活动。
- “职业素质档案”是一套求职就业必备的工具，全程记录你的成长历程，在求职阶段可以向用人单位全方位展示你的综合实力，帮助你成功实现就业。它包括：我的名片、我的简历、我的测评报告、我的教育培训、我的社会实践、我的兴趣特长、我的专业作品、我的相册，还可加上若干自选栏目。
- 职业生涯成功是个人职业生涯追求目标的实现。
- 职业生涯成功标准测评可以帮助你了解自己在职业生涯发展方面真实的价值取向，以便你更好地迈出职业生涯的下一步，助你走向职业生涯成功。

关键词

职业生涯评估　职业素质档案

附　　录

参考文献：

[1] J. T. Kapes, M. M. Mastie, E. A. Whitfield. A counselor's guide to career assessment instruments. Natl Career Development Assn, 1994

[2] B. Shertzer. Career planning: freedom to choose. Houghton Mifflin Company, 1977

[3] D. E. Super, D. T. Hall. Career development: exploration and planning. Annual Review of Psychology, 1978

[4] S. L. Peterson. Career decision-making self-efficacy and institutional integration of underprepared college students. Research in Higher Education, 1993

[5] J. Z. Spade, C. A. Reese. We've come a long way, maybe: college students' plans for work and family. Sex Roles, 1991

[6] W. W. Munson, M. L. Savickas. Relation between leisure and career development of college students. Journal of Vocational Behavior, 1998

[7] R. W. Lent, S. D. Brown, R. Talleyran, E. B. McPartland. Career choice barriers, supports, and coping strategies: college students' experiences. Journal of Vocational Behavior, 2002

[8] Gianakos. Patterns of career choice and career decision-making self-efficacy. Journal of Vocational Behavior, 1999

[9] Peng Huiling, Herr, L. Edwin. The impact of career education courses on career beliefs and career decision making among business college students in Taiwan. Journal of Career Development, Volume 25. Number 4, pp. 275-290

[10] American College Testing. Career planning survey technical manual. Iowa City, IA: Author

[11] N. E. Amundson. Supporting clients through a change in perspective. Journal of Employment Counseling, p. 33, pp. 155-162, 1996

[12] M. Ballantine. Career development in mid-career: practice and problems from a British perspective. Paper presented at the National Association of Career Development Conference, Albuquergue, NM

[13] B. Beebe. The process called "behavior-based interviewing". Journal of Career Planning & Employment, pp. 41-45, 1996

[14] D. H. Blocker, R. Siegal. Toward a cognitive developmental theory of leisure and work. The Counseling Psychologist, 9(3), pp. 33-44

[15] J. Clements. How to build a net as recent graduate. Wall Street Journal Interactive Edition, 1998

[16] D. C. Feldman. Critical choices in early career planning. Unpublished paper read at Beta Gamma Sigma Initiation, University of Florida, 1987

[17] P. D. Gardner. Are college seniors prepared to work? In J. N. Gardner, G. van derveer, & Associates (Eds.), The senior year experience, pp. 60-78, 1998

[18] D. Gerken, R. Reardon, R. Bash. Revitalizing a career course: the gender roles infusion. Journal of

Career Development, 14, pp. 269-278, 1988

[19] M. J. Hennecke. Finding a corporate culture to suit your career goals. National Business Employment Weekly, 1996

[20] W. E. Hopke. The encyclopedia of career and vocational guidance. (10th ed.). Vols. pp. 1-4, 1997

[21] K. Hunt. Good luck finding after-hours day care. Tallahassee Democrat, p. 9D, 1994

[22] R. Wartzman. Learning by doing: apprentiseship plans spring up for students not headed to college. The Wall Street Journal, May 19, 1992, p. A1

[23] 【美】Robert D. Lock. 把握你的职业发展方向【M】. 钟谷兰，曾垂凯，时勘等译. 北京：中国轻工业出版社，2006

[24] 【美】斯蒂芬·库姆博，斯图加特·克雷纳，德斯·第尔腊夫. 成功人士职业生涯完全手册——职场冒险家生存指南【M】. 李玉霞，赵淑芬，李实译. 广州：广东经济出版社，2003

[25] 彭聃龄. 普通心理学(修订版)【M】. 北京：北京师范大学出版社，2001

[26] 陈敏. 大学生职业生涯发展与管理【M】. 上海：复旦大学出版社，2008

[27] 【英】Karen Holams, Corinne Leech. 个人与团队管理(上册)【M】. 天向互动教育中心编译. 北京：清华大学出版社，2008

[28] 【英】Karen Holams, Corinne Leech. 个人与团队管理(下册)【M】. 天向互动教育中心编译. 北京：清华大学出版社，2008

[29] 【美】杰弗里·H. 格林豪斯，【美】杰勒德·A. 卡拉南，维罗妮卡·M. 戈德谢克. 职业生涯管理(第三版)【M】. 王伟译. 北京：清华大学出版社，2006

[30] 赵麟斌. 大学生职业生涯规划与就业指导【M】. 北京：北京大学出版社，2008

[31] 张爱卿. 人才测评【M】. 北京：中国人民大学出版社，2005

[32] 【美】Nadene Peterson, Robert, Cortez, Gonzalez. 职业咨询心理学——工作在人们生活中的作用【M】. 时勘译. 北京：中国轻工业出版社，2007

[33] 刘德恩，包昆锦. 职业生涯规划——学习、就业与创业指导实践【M】. 北京：北京师范大学出版社，2006

[34] 【美】斯蒂芬·P. 罗宾斯. 管理学(第四版)【M】. 黄卫伟，孙建敏等译. 北京：中国人民大学出版社，1996

[35] 【美】斯蒂芬·P. 罗宾斯. 组织行为学(第七版)【M】. 孙健敏，李原等译. 北京：中国人民大学出版社，1997

[36] 【英】约翰·米多顿. 职业规划【M】. 陈东君译. 上海：上海远东出版社，2002

[37] 方伟. 大学生职业生涯规划咨询案例教程【M】. 北京：北京大学出版社，2008

[38] 【美】马库斯·白汉金. 现在，发现你的职业优势【M】. 苏鸿雁，谢京秀译. 北京：中国青年出版社

[39] 刘宇晖. 中职学生职业生涯规划教育途径探析【J】. 职业技术教育，2008(35)

[40] 印亚军. 对大学生职业生涯规划设计的思考【J】. 科技信息，2008(34)

[41] 霍平，郝丽艳. 大学生职业生涯设计【M】. 北京：首都师范大学出版社，2008

[42] 程社明. 你的船 你的海：职业生涯规划【M】. 北京：新华出版社，2007

[43] 王利平. 管理学原理(修订版)【M】. 北京：中国人民大学出版社，2005

[44] 贺拥军，周小李. 浅析当前大学生职业价值观现状【J】. 当代教育论坛，2007，(8)：110-111

[45] 曹鸣岐. 职业生涯规划【M】. 北京：高教出版社，2008

[46] 边慧敏. 大学生职业生涯规划【M】. 成都：西南财经大学出版社，2007

[47] 朱凌玲，吴笛. 从无领到白领 大学生毕业前职业规划【M】. 哈尔滨：哈尔滨出版社，2008
[48] 乔刚. 大学生职业生涯规划与管理【M】. 上海：复旦大学出版社，2008
[49] 曲振国. 大学生就业指导与职业生涯规划【M】. 北京：清华大学出版社，2008
[50] 钟谷兰. 大学生职业生涯发展与规划【M】. 上海：华东师范大学出版社，2008
[51] 唐晓林. 大学生职业生涯规划与就业指导【M】. 中国言实出版社，2006

职业相关网站网址一览表

1. 国家职业资格认证网：http://www.nvq.org.cn/
2. 国家职业资格工作网：http://www.osta.org.cn/index.html
3. 中国社区教育网：http://www.ccedu.org.cn/
4. 中国教育在线：http://career.eol.cn/gui_hua_4370/index.shtml
5. 毕业后：http://www.biyehou.com/
6. 职业生涯规划实训平台：http://www.woshibao.com/
7. 安全第一网：http://www.anquan1.com/
8. 通用管理能力官方网站：http://www.gmpchina.org/
9. 中国职业培训与技能鉴定服务网：http://www.cettic.cn/
10. UNITED STATES DEPARTMENT OF LABOR http://www.dol.gov/
11. Office for National Statistics http://www.statistics.gov.uk/default.asp
12. http://www.workpermit.com/canada/employee_list.html National Occupation Classification List
13. FEDERAL PUBLICATIONS INC. http://www.fedpubs.com/
14. NTis http://www.ntis.gov/products/soc.aspx
15. OLMIS WORKSOURCE http://www.qualityinfo.org/olmisj/OlmisZine